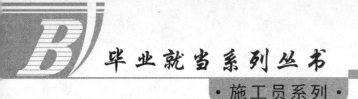

毕业就当系列丛书
· 施工员系列 ·

理论实际相联·快速适应职场的葵花宝典

理论+经验 → 基础+实务

以专家的高度·给您面对面的指导和帮助

毕业就当施工员
市政工程

主编 郑大为

哈尔滨工业大学出版社
HARBIN INSTITUTE OF TECHNOLOGY PRESS

内 容 简 介

本书依据最新市政施工与质量验收规范编写,首先介绍了施工员应该掌握的基础知识,然后根据实际工作需要进行详细的讲解,介绍了施工方法与技巧。本书主要介绍了道路工程、桥梁工程、管道工程和市政工程施工管理等方面的内容。

本书可供初涉施工员岗位的人员及初涉市政施工领域的大学毕业生使用。

图书在版编目(CIP)数据

毕业就当施工员:市政工程/郑大为主编. —哈尔滨:哈尔滨工业大学出版社,2011.5
(毕业就当系列丛书·施工员系列)
ISBN 978-7-5603-3261-1

Ⅰ.①市… Ⅱ.①郑… Ⅲ.①市政工程－工程施工 Ⅳ.①TU99

中国版本图书馆 CIP 数据核字(2011)第 063257 号

责任编辑	郝庆多
封面设计	刘长友
出版发行	哈尔滨工业大学出版社
社　　址	哈尔滨市南岗区复华四道街 10 号　邮编 150006
传　　真	0451－86414749
网　　址	http://hitpress.hit.edu.cn
印　　刷	哈尔滨市石桥印务有限公司
开　　本	787mm×1092mm　1/16　印张 15.75　字数 380 千字
版　　次	2011 年 5 月第 1 版　2011 年 5 月第 1 次印刷
书　　号	ISBN 978-7-5603-3261-1
定　　价	29.00 元

(如因印装质量问题影响阅读,我社负责调换)

编 委 会

主　编　郑大为

编　委　王立河　王　慧　白雅君　刘立华
　　　　刘艳君　齐丽娜　陈燕卿　李喜林
　　　　沈　阳　吴铁强　肖利萍　张凤武
　　　　胡　风　董　磊

前　言

　　市政工程一般是属于国家的基础建设，它所包含的城市道路、桥梁、管道等基础设施建设是城市生存和发展必不可少的物质基础，是提高人民生活水平和对外开放的基本条件。为适应市政工程建设的发展，迫切要求提高从业人员的素质，基层施工人员素质的高低将直接影响到整个工程的质量。虽然高等教育机构每年向社会输送大量的毕业生，但就业后都不能够很好地胜任工作。究其原因，大学生对实际市政工程施工缺乏经验，对实际工作没有深入的了解。因此，为了提高初涉施工员岗位人员的专业知识和业务能力，我们依据最新市政施工与质量验收规范，组织编写了本书，旨在帮助广大初涉市政施工领域的人员掌握市政工程施工知识，提高工程质量管理水平。

　　本书共分为五章，包括概述、道路工程、桥梁工程、管道工程和市政工程施工管理等方面的内容。

　　本书可供初涉市政工程施工员岗位的人员，以及初涉市政施工领域的大学毕业生使用。

　　由于作者水平有限，虽然在编写过程中反复推敲核实，但仍不免有疏漏之处，恳请广大读者热心指点，以便作进一步修改和完善。

编　者
2011.3

目 录

第1章 概 述 ... 1
1.1 施工员的地位与特征 ... 1
1.2 施工员应具备的条件 ... 2
1.3 施工员的主要任务 ... 3
1.4 施工员的职责、权利与义务 ... 5

第2章 道路工程 ... 7
2.1 道路工程施工基础知识 ... 7
2.2 路基工程施工 ... 14
2.3 路面基层施工 ... 37
2.4 水泥混凝土地面施工 ... 58
2.5 沥青路面施工 ... 72

第3章 桥梁工程 ... 85
3.1 桥梁工程施工基础知识 ... 85
3.2 明挖基础施工 ... 90
3.3 桩基础施工 ... 97
3.4 沉井基础施工 ... 109
3.5 桥梁墩台施工 ... 117
3.6 混凝土梁桥上部结构施工 ... 125
3.7 桥面系及附属工程施工 ... 140
3.8 拱桥施工 ... 148

第4章 管道工程 ... 160
4.1 管道工程施工基础知识 ... 160
4.2 土方工程施工 ... 169
4.3 地下管道的敷设 ... 178
4.4 给排水管道施工 ... 186
4.5 供热管道施工 ... 198
4.6 燃气管道施工 ... 212

第5章 市政工程施工管理 ... 226
5.1 施工技术管理 ... 226
5.2 施工质量管理 ... 231
5.3 施工安全管理 ... 237

参考文献 ... 242

第1章 概 述

1.1 施工员的地位与特征

1. 施工员的地位

(1)施工员是完成建筑安装施工任务的最基层的技术和组织管理人员,是建筑施工企业各项组织管理工作在基层的具体实践者。

施工员是施工现场生产一线的组织者和管理者,在建筑施工过程中具有极其重要的地位,具体表现在下列几个方面。

1)施工员是密切联系施工现场基层专业管理人员、劳务人员等各方面关系的纽带,需要指挥和协调好预算员、安全员、材料员、质量检查员等基层专业管理人员相互之间的关系。

2)施工员是单位工程施工现场的管理中心,是施工现场动态管理的体现者,是单位工程生产要素合理投入和优化组合的组织者,对单位工程项目的施工负有直接责任。

3)施工员对分管工程施工生产和进度等进行控制,是单位施工现场的信息集散中心。

4)施工员是其分管工程施工现场对外联系的枢纽。

(2)施工员的独特地位决定了他与相关部门之间存在着密切的关系,主要表现在下列几个方面。

1)施工员与设计单位。施工单位与设计单位之间存在着工作关系,设计单位应积极配合施工,负责交代设计意图,解释设计文件,及时解决设计文件在施工中出现的问题,负责设计变更和修改预算,并参加工程竣工验收。同时,施工员在施工过程中发现了尚未预料到的新情况,使工程或其中的任何部位在质量、数量和形式上发生了变化,应及时向上级反映,由设计单位、建设单位和施工单位三方协商解决,办理设计变更。

2)施工员与工程建设监理。监理单位与施工单位存在着监理与被监理的关系,因此施工员应积极配合现场监理人员在施工进度控制、施工质量控制、工程投资控制等三方面所做的各种工作和检查,全面履行工程承包合同。

3)施工员与劳务关系。施工员是施工现场劳动力动态管理的直接责任者,负责按计划要求向劳务管理部门或项目经理申请派遣劳务人员,并签订劳务合同;按计划分配劳务人员,并下达承包任务书或施工任务单;在施工中不断进行劳动力平衡、调整,并按合同支付劳务报酬。

2. 施工员的特征

建筑施工的特性决定了施工员的工作具有下列特征。

（1）施工员的工作场所在工地，施工员工作在施工第一线，工作对象是单位工程或分部分项工程。

（2）施工员从事的是基层专业管理工作，负责技术管理和施工组织与管理工作，具有很强的技术性和专业性。

（3）施工员的工作繁杂，在基层中需要管理很多的工作，项目经理和项目经理部各部门以及有关方面的组织管理意图都要通过基层施工员来实现。

（4）施工员的工作任务具有明确的期限和目标。

（5）施工员的工作条件艰苦，负担沉重，生活紧张。

1.2 施工员应具备的条件

1. 施工员应具备的职业道德

加强建筑行业职工道德建设，对于提高行业的质量和效益，树立行业新风，培养"有理想、有道德、有文化、有纪律"的建筑队伍，建设社会主义精神文明具有重要意义。

施工员作为建筑施工现场管理人员，应具备的职业道德可归纳为以下几点。

（1）施工员应以高度的责任感，根据技术人员的交底对工程建设的各个环节作出细致、周密的安排，并合理组织好劳动力，精心实施作业程序，使施工有条不紊地进行，防止盲目施工和窝工。

（2）以对国家财产和人民生命安全极端负责的态度，时刻不忘安全和质量，严格监督和检查，把好关口。

（3）不违章指挥，不玩忽职守，施工做到安全、优质、低耗，对已竣工的工程要主动回访保修，坚持良好的施工后服务，信守合同，维护企业的信誉。

（4）施工员应严格按图施工，规范作业。不使用没有合格证的产品和未经抽样检验的产品，不偷工减料，不在钢材用量、结构尺寸、混凝土配合比等方面做手脚，牟取非法利益。

（5）在施工过程中，时时处处要精打细算，降低原材料和能源的消耗，合理调度材料和劳动力，准确申报建筑材料的使用时间、型号、规格、数量，既保证及时供料，又不浪费材料。

（6）施工员应以实事求是、认真负责的态度准确签证，不多签或少签工程量和材料数量，不虚报冒领，不拖拖拉拉，完工即签证，并做好资料的收集和整理归档工作。

（7）做到施工不扰民，严格控制粉尘、噪声和施工垃圾对环境的污染，做到文明施工。

2. 施工员应具备的专业知识

施工员应具备的专业知识具体应包括以下几个方面。

（1）掌握建筑制图原理、识图方法以及常用的建设工程测量方法。

（2）掌握常用建筑材料（包括钢材、木材、水泥、砂石等）的性能和质量标准。

（3）掌握一般建筑结构的基本构造、建筑力学和简单施工计算方法。

(4)掌握地基处理、基础施工的一般原理和方法。
(5)掌握一般工业与民用建筑施工的规范、标准和施工技术。
(6)掌握一定的经济与经营管理知识,能编制施工预算,能进行工程统计和现场经济活动分析。
(7)掌握一定的质量管理知识。
(8)掌握一定的施工组织和科学的施工现场管理方法。
(9)了解一般房屋中水、暖、电、卫设备和设施的基本知识。
(10)了解一定的建筑机械知识和电工知识。

3. 施工员应具备的工作能力

在实际工作中,施工员应具备的工作能力如下。
(1)能有效地组织、指挥人力、物力和财力进行科学施工,取得最佳的经济效益。
(2)能够鉴别施工中的稳定性问题,初步分析安全质量事故。
(3)能比较熟练地承担施工现场的测量、图样会审和向工人交底的工作。
(4)能在不同地质条件下正确确定土方开挖、回填夯实、降水、排水等措施。
(5)能正确地按照国家施工规范进行施工,掌握施工计划的关键线路,保证施工进度。
(6)能根据施工要求,合理选用和管理建筑机具,具有一定的电工知识,科学管理施工用电。
(7)能根据工程的需要,协调各工种、人员、上下级之间的关系,正确处理施工现场的各种社会关系,保证施工能按计划高效、有序地进行。
(8)能运用质量管理方法指导施工,控制施工质量。
(9)能编制施工预算,进行工程统计、劳务管理、现场经济活动分析,有效管理施工现场。

4. 施工员应具备的身体素质

施工员长期工作在施工现场第一线,工作强度相当繁重,而且工作条件与生活条件也很艰苦,因此,施工员必须具有强健的体格与充沛的精力,才能胜任其工作。

1.3 施工员的主要任务

在施工全过程中,施工员的主要任务是:结合多变的现场施工条件,将参与施工的劳动力、机具、构配件、材料和采用的施工方法等,科学、有序地协调组织起来,在时间和空间上取得最佳组合,取得最好的经济效果,保质、保量、保工期地完成任务。

1. 做好施工准备工作

施工员在施工现场应做好的施工准备工作主要包括以下几个方面。
(1)现场准备。

1)现场"四通一平"(即水、电供应、道路、通讯通畅,场地平整)的检验和试用。

2)进行现场抄平、测量放线工作并进行检验。

3)根据进度要求组织现场临时设施的搭建施工;安排好职工的食、住、行等后勤保障工作。

4)根据进行计划和施工平面图,合理组织材料、构件、机具、半成品陆续进场,进行检验和试运转。

5)安排做好施工现场的安全、防火、防汛措施。

(2)技术准备。

1)熟悉审查施工图样、有关技术规范和操作规程,了解设计要求及细部、节点做法,并放必要的大样,做配料单,弄清有关技术资料对工程质量的要求。

2)调查收集必要的原始资料。

3)熟悉或制订施工组织设计及有关技术经济文件对施工顺序、施工方法、施工进度、技术措施及现场施工总平面布置的要求;并清楚完成施工任务时的关键工序和薄弱环节。

4)熟悉有关合同、招标资料及有关现行消耗定额等,计算工程量,弄清人、财、物在施工中的需求消耗情况,了解和制定现场工资分配和奖励制度,签发工程任务单、限额领料单等。

(3)组织准备。

1)根据施工进度计划和劳力需要量计划安排,分期分批组织劳动力的进场教育和各工种技术工人的配备等。

2)确定各工种工序在各施工段的搭接,流水、交叉作业的开工、完工时间。

3)全面安排好施工现场的一、二线,前、后台,施工生产和辅助作业,现场施工和场外协作之间的协调配合。

2.进行工程施工技术交底

(1)施工任务交底。向工人班组重点交代清楚工期要求、任务大小、关键工序、交叉配合关系等。

(2)施工技术措施和操作要领交底。交代清楚与工程有关的技术规范、操作规程和重点施工部位、节点、细部的做法以及质量要求和技术措施。

(3)施工消耗定额和经济分配方式的交底。交代清楚各施工项目劳动工日、机械台班数量、材料消耗、经济分配和奖罚制度等。

(4)安全和文明施工交底。提出有关的防护措施和要求,明确责任。

3.实行有目标的组织协调控制

在施工过程中,依照施工组织设计和有关技术、经济文件以及当地的实际情况,围绕工期、质量、成本等既定施工目标,在每一阶段、每一工序实施综合平衡、协调控制,使施工中的各项资源和各种关系能够配合最佳,以确保工程的顺利进行。为此,要抓好下面几个环节。

(1) 检查班组作业前的各项准备工作。
(2) 检查外部供应、专业施工等协作条件是否满足需要,检查进场材料和构件质量。
(3) 检查工人班组的施工方法、施工质量、施工操作、施工进度以及节约、安全情况,发现问题,应立即纠正或采取补救措施解决。
(4) 做好现场施工调度,解决现场劳动力、原材料、半成品、周转材料、工具、机械设备、运输车辆、施工水电、安全设施、季节施工、施工工艺技术及现场生活设施等出现的供需矛盾。
(5) 监督施工中的自检、互检、交接检制度和工程隐检、预检的执行情况,督促做好分部分项工程的质量评定工作。

4. 技术资料的记录和积累

在工程施工过程中,施工员应做好每项技术的记录和积累,主要包括的内容如下。
(1) 做好施工日志,隐蔽工程记录,填报工程完成量,办理预算外工料的签订。
(2) 做好质量事故处理记录。
(3) 做好混凝土砂浆试块试验结果,质量"三检"情况记录的积累工作,以便工程交工验收、决算和质量评定的进行。

1.4 施工员的职责、权利与义务

1. 施工员的职责

在市政工程施工阶段,施工员代表施工单位与业主、分包单位联系、协商问题,协调施工现场的施工、设计、工程预算、材料供应等各方面的工作。施工员对项目经理负责,负责对工程项目的全面管理,保证工程的顺利完成。施工员的主要职责如下。
(1) 在项目经理领导下,深入施工现场,协助搞好施工监理,与施工班组一起复核工程量,提高工程量正确性。
(2) 负责本工程项目的施工质量、工程技术质量以及安全工作。
(3) 熟悉施工图样,了解工程概况,绘制现场平面布置图,搞好现场布局。对质量要求、设计要求、具体做法要清楚地了解,组织班组认真按图施工。
(4) 全面负责本工程施工项目的施工现场勘察、测量、施工组织和现场交通安全防护设置等具体工作,组织班组努力完成开路口、路面破复、临时道路修筑等工程任务,及时解决施工中的有关问题,向上报告并保证施工进度。
(5) 参加图样会审,审理和解决图样中的疑难问题,碰到大的技术问题应与业主和设计部门联系,妥善解决。坚持按图施工,分项工程施工前,应写出书面技术交底。
(6) 参与班组技术交底、工程质量、安全生产交底、操作方法交底。严守施工操作规程,严抓质量,确保安全,负责对新工人上岗前培训,教育监督工人不违章作业。
(7) 编制单位工程生产计划。填写施工日志和隐蔽工程的验收记录,配合质检员整理技术资料和施工质量管理。

(8)按照安全操作规程规定和质量验收标准要求,组织班组开展质量、安全自检与互检,努力提高工人技术素质和自我保护能力。对施工现场设置的交通安全设施和机械设备等安全防护装置经组织验收合格后方可进行工程项目的施工。

(9)对原材料、设备、成品或半成品、安全防护用品等质量低劣或不符合施工规范规定和设计要求的,有权禁止使用。

(10)认真做好隐蔽工程分部、分项及单位工程竣工验收签证工作,收集、整理、保存技术的原始资料,办理工程变更手续,负责工程竣工后的决算上报。

(11)协助项目经理做好工程资料的收集、保管和归档工作。

2. 施工员的权利

施工员应具备的权利如下。

(1)在分部分项、单位工程施工中,在行政管理上(如对人员调动、劳动人员组合、规章制度等)有权处理和决定,如果发现问题,应及时请示和报告有关部门。

(2)根据施工要求,对劳动力、材料和施工机具等,有权合理使用和调配。

(3)对上级已批准的施工组织设计、施工方案和技术安全措施等文件,要求施工班组认真贯彻执行,未经有关人员同意,不得随意变动。

(4)发现不按施工程序施工,不能保证工程质量和安全生产的现象,有权加以制止,并提出改进意见和措施。

(5)对不服从领导和指挥、违反劳动纪律和违反操作规程的人员,经多次说服教育不改者,有权停止其工作,并做出严肃处理。

(6)督促检查施工班组做好考勤日报,检查验收施工班组的施工任务书,及时发现问题并进行处理。

3. 施工员的义务

施工员应具备的义务如下。

(1)努力学习和认真贯彻建筑施工方针政策和有关部门规定,学习好有关部门的施工规范、技术标准、操作规程和先进单位的施工经验,不断提高施工技术和施工管理水平。

(2)牢固树立"百年大计,质量第一"的思想,以为用户服务和对国家、对人民负责的态度,坚持工程回访和质量回访制度,虚心听取用户的建议和意见。

(3)对上级下达的各项经济技术指标,应积极、主动地组织施工人员完成任务。

(4)正确树立经济效益和社会效益、环境效益统一的思想。

(5)信守合同、协议,做到文明施工,保证工期,信誉第一,不留尾巴,工完场清。

(6)主动、积极做好施工班组的思想政治工作,关心职工生活。

第2章 道路工程

2.1 道路工程施工基础知识

【基　础】

◆ **城市道路的分类**

城市道路是建在城市范围内,供车辆及行人通行并具备一定技术条件和设施的道路。城市道路按其在城市道路系统中的地位、交通功能以及对沿线建筑物的服务功能分为快速路、主干路、次干路和支路。

1. 快速路

快速路是指为较高车速的远距离交通而设置的重要城市道路。快速路对向车道之间要设中间带以分隔对向交通,当有非机动车通行时,应加设两侧分隔带,快速路的进出口应采用全控制或部分控制。

快速路与交通量较小的次干道相交时,可以采用平面交叉;快速路与高速公路、快速路、主干路相交时,必须采用立体交叉;快速路与支路不能直接相交;快速路在过路行人集中地点应设置过街人行天桥或地道。

在快速路两侧不应设置吸引大量车流、人流的公共建筑物的进出口,对两侧一般建筑物的进出口应加以控制。

2. 主干路

主干路是指在城市道路网中起骨架作用的道路。主要用于联系城市的主要工业区、住宅区、港口、车站等客货运中心,负担城市的主要客货交通,是城市内部的交通大动脉。

自行车交通量大时,宜采用机动车与非机动车分隔的形式,如三幅路或四幅路。主干路两侧不应设置吸引大量车流、人流的公共建筑物的进出口。

3. 次干路

次干路是指城市中数量较多的一般的交通道路,同时具有服务功能。主要用来配合主干路组成道路网,起广泛连接城市各部分与集散交通的作用。

4. 支路

支路是指城市道路网中干路以外联系次干路或者供区域内部使用的道路,用以解决局部地区交通,以服务功能为主。除应当满足商业、工业、文教等区域特点的使用要求外,还要满足群众的使用要求,支路上不易通行过境交通工具。

◆城市道路的分级

城市道路中除快速路外,每类道路按照所在城市的规模、设计交通量、地形等分为Ⅰ、Ⅱ、Ⅲ级。大城市应采用各类道路中的Ⅰ级标准;中等城市应采用Ⅱ级标准;小城市应采用Ⅲ级标准。

1.按城市的规模分级

根据国务院《城市道路管理条例》规定,城市道路按照其市区和郊区的非农业人口数总数划分为三级(表2.1)。

表2.1 各类城市道路按城市规模分级

城市规模	大城市（人口50万以上）	中等城市（人口20万~50万）	小城市（人口20万以下）
标准/级	Ⅰ	Ⅱ	Ⅲ

2.按车辆行车速度分级

各级城市道路按计算行车速度分级(表2.2)。

表2.2 各类城市道路按计算行车速度分级

道路类别	快速路	主干路			次干路			支路		
道路级别	—	Ⅰ	Ⅱ	Ⅲ	Ⅰ	Ⅱ	Ⅲ	Ⅰ	Ⅱ	Ⅲ
计算行车速度/($km \cdot h^{-1}$)	80,60	60,50	50,40	40,30	50,40	40,30	30,20	40,30	30,20	20

注:条件许可时,宜采用大值。

3.按道路的设计年限分级

按道路交通量达到饱和状态时的设计年限进行道路分级(表2.3)。

表2.3 各类城市道路按设计年限分级

道路类别	快速路	主干路			次干路			支路		
道路级别	—	Ⅰ	Ⅱ	Ⅲ	Ⅰ	Ⅱ	Ⅲ	Ⅰ	Ⅱ	Ⅲ
设计年限/年	20	20			15			10~15		

【实 务】

◆道路的组成

1.线形组成

在道路线形设计中,为了便于确定道路中线的形状、位置及尺寸,我们要从路线平面、路线纵断面及空间线形三个方面来研究路线,如图2.1所示。道路中线在水平面上的投影称为路线平面,反映路线在平面上的形状、位置、尺寸的图形称为路线平面图。用一曲面沿道路中线竖直剖切展成的平面叫称为线纵断面,反映道路中线在断面上的形状、位置及尺寸的图形称为路线纵断面图。

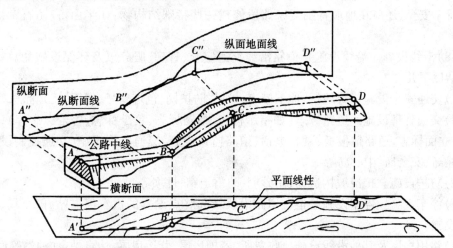

图2.1 公路的平面、纵断面及横断面

2. 结构组成

(1)路基。路基是道路行车部分的基础,它承受路面传递下来的行车荷载,是由土、石按照一定的尺寸、结构要求所构成的带状土工结构物,路基要稳定坚实。公路路基的结构、尺寸用横断面表示,沿公路中线上任一点所作的法向剖切面称为横断面,反映公路在横断面上的结构、尺寸形状的图形称为路基横断面图。

(2)路面。路面也称为行车部分,是用各种筑路材料分层铺筑在路基上的结构物,以供车辆在其上以一定车速,安全、舒适地行驶。对路面的具体要求有:足够的强度;较高的稳定性;一定的平整度;适当的抗滑能力;行车时不致产生过大的扬尘现象,以减少路面和车辆机件的损坏,减少环境污染。

(3)桥涵。道路在跨越河流、沟谷等天然或人工障碍物时所使用的结构物称为桥涵。涵洞是为宣泄地面水流而设置的横穿路堤的小型排水构造物。在低等级道路上,当水流不大时,可以修筑用大石块或卵石堆筑的具有透水能力的透水路堤,以通过平时无水或者水流很小的宽浅河流而修筑在洪水期间允许水流漫过的过水路面。

(4)排水系统。为了确保路基稳定,避免地面水及地下水等自然水的冲刷、侵蚀,道路还要修建排水设施。道路排水系统按其排水方向的不同,分为纵向排水及横向排水两个系统;按照排水位置分为地面排水及地下排水两个部分。

(5)隧道。隧道是为了使道路从地层内部或者水下通过而修筑的建筑物,由洞身及洞门两部分组成。明挖岩体后修筑拱式或棚式洞身,再覆土而建成的隧道叫明洞。隧道在道路中可以缩短道路里程,避免道路翻越山岭,确保道路行车的平顺性及快速性。

(6)防护工程。陡峻的山坡或沿河一侧的路基边坡受水流冲刷,会威胁路段的稳定。为保证路基的稳定,加固路基边坡所修建的人工构造物称为防护工程。在易发生雪害的路段可以设置防雪棚、防雪栅等,在沙害路段设置控制风蚀过程的发生及改变沙粒搬运与堆积条件的设施,沿河路基可设置导流结构物,例如格坝、丁坝、顺水坝及拦水坝等间接防护工程。

(7)特殊构造物。除了上述六种常见的构造物以外,为了保证路基稳定、道路连续,确保行车安全,还应在地质特别复杂路段修建一些特殊结构物,如半山桥、防石廊、悬出路台等。

(8)沿线设施。沿线设施是道路沿线交通安全、管理、服务以及环保设施的总称,主要包括以下几点。

1)交通安全设施。跨线桥、地下横道、护栏、防护网、色灯信号、照明、反光标志等。

2)交通管理设施。道路标志(如指示标志、指路标志、禁令标志、警告标志等)、路面标志、立面标志、道路情报板、紧急电话、道路监视设施、交通监视设施、交通控制设施以及交通岛、安全岛、中心岛等。

3)防护设施。抗滑坡构造物、防砂棚、防雪走廊、挑坝等。

4)停车设施。停车设施是指在道路沿线及起终点设置的汽车停靠站、停车场、回车道等设施。

5)路用房屋及其他沿线设施。收费所、养护房屋、营运房屋、休息站、加油站等设施。

6)绿化。道路分隔带、路旁、立交枢纽、休息设施、人行道等处的绿化,以及道路防护林带和集中的绿化区等。

◆路面分类

按路面的力学特性将路面分为柔性路面、刚性路面、半刚性路面;按路面材料可将路面分为沥青路面、水泥混凝土路面、其他路面。

1. 按路面力学特性分类

(1)柔性路面。柔性路面是指刚度较小、抗弯拉强度较低,主要靠抗剪、抗压强度来承受车辆荷载作用的路面。

用各种基层、垫层(水泥混凝土基层除外)与各种沥青面层、碎(砾)石面层、块石面层所组成的路面结构都属于柔性路面。

柔性路面的主要特点包括以下几点。

1)刚度小。

2)在车辆荷载的作用下产生的弯沉变形较大。

3)车辆荷载通过路面各结构层向下传递到路基的压应力较大,因而对路面基层和路基的强度和稳定性要求较高。

(2)刚性路面。刚性路面是指面层板体刚度较大,抗弯拉强度较高的路面。

素混凝土路面、碾压混凝土路面、钢筋混凝土路面、钢纤维混凝土路面等都属于刚性路面。

刚性路面的主要特点以下几点。

1)面板的弹性模量及力学强度大大高于基层和地基的相应模量和强度。

2)抗弯拉强度远小于抗压强度,为其 $1/7 \sim 1/6$。

3)断裂时的相对拉伸变形很小。

(3) 半刚性路面。半刚性路面是指用水泥、石灰等无机结合料处置的稳定土或稳定粒料及含有水硬性结合料的工业废渣做基层的路面结构。这类基层完工初期具有柔软的工作特性,但是随着时间的延长,其强度逐步提高,板体性增加,刚度增大,因此称为半刚性基层。其设计理论及方法是采用双圆均布与水平垂直荷载作用下的多层弹性连续理论,以设计弯沉值为整体路面刚度的设计指标。对半刚性材料的基层,底基层应进行层底拉应力计算。半刚性基层可以使用当地材料,成型工艺也相对比较简单,由于半刚性基层具有一系列良好的性能,其成为我国高级道路的主要类型之一。

2. 按路面材料分类

(1) 沥青路面。沥青路面是指在柔性基层、半刚性基层上,铺筑一定厚度的沥青混合料面层的路面结构。沥青面层分为沥青混凝土、沥青混合料(包括沥青混凝土混合料及沥青碎石混合料)、乳化沥青碎石、沥青灌入式、沥青表面处置等类型。

(2) 水泥混凝土路面。水泥混凝土路面是指以水泥混凝土面板和基(垫)层组成的路面,又称之为刚性路面。路面种类有普通混凝土路面、钢筋混凝土路面、碾压式混凝土路面、钢(化学纤维)纤维混凝土路面、连续配筋混凝土路面等。

(3) 其他路面。其他路面主要是指在柔性基层上用有一定塑性的细粒土稳定各种集料的中低级路面。路面种类有普通水泥混凝土预制块路面、连锁型路面砖路面、石料砌块路面、级配碎石路面及水(泥)结级配碎石路面等。

◆路面分级

路面的技术等级主要是按面层的使用品质和材料组成等划分的,常用数据见表2.4。目前,我国的路面分为四级。

表2.4 路面等级与常用数据表

路面等级	面层类型	设计使用年限/年	设计年限内累计标准轴次/(万次·车道$^{-1}$)
高级路面	沥青混凝土、沥青玛琋脂碎石	15	200~400
	水泥混凝土	20,30	>500
次高级路面	热拌沥青碎石,沥青贯入式	12	100~200
中级路面	砌块路面,水(泥)结碎石,级配碎石	8	10~100
低级路面	粒料改善土	5	≤10

1. 高级路面

高级路面是指由水泥混凝土、沥青混凝土等组成的路面。具有强度高、刚度大、稳定性好的特点,其使用寿命长,能承载繁重的交通,且平整无尘,能保证高速行车,养护费用少,运输成本低,但是初期建设投资高,需采用高质量的材料修筑。通常适用于交通量大、行车速度高的高速公路和一、二级公路及城市快速路、主干道。

2. 次高级路面

次高级路面是指由沥青贯入式、热拌沥青碎(砾)石组成的路面。强度、稳定性及耐久性均低于高级路面,所适应的交通量也较少,能保证车辆以较高速度行驶,但必须作经常性的维修和养护,其初期修建费用略低于高级路面,但使用期的养护费用较高。一般适用于交通量较大、行车速度较高的二、三级公路及城市次干道和支路。

3. 中级路面

中级路面是指由水结碎石、泥结碎石、级配砾(碎)石、不整齐块石等做面层的路面。一般适用于中等交通的三级以下公路及城市支路、街巷道路,其强度低,平整度差,行车速度低,易扬尘,需经常维修及养护,运输成本较高,但是可以使用当地材料,造价比较低。

4. 低级路面

低级路面是指由各种集料或当地材料改善土所筑成的路面,如砂砾土、炉渣土等。通常适用于交通量小的乡村公路,与中级路面相比,由于其强度更低、稳定性和平整度也差,易扬尘,只能保证低速行车,雨期通车困难,但是为使其成本降低可以采用当地材料。

◆ 道路工程的施工准备工作

道路工程的施工过程,可分为准备、施工、竣工验收三个阶段。其中施工准备工作是工程顺利实施的基础和保证。施工准备工作的好坏,直接影响到工程的进度、质量和承包商的经济效益,必须认真对待。施工准备工作的内容主要有:熟悉设计文件、编制施工组织设计、施工现场准备等,设计文件是组织工程施工的主要依据。

1. 熟悉设计文件

熟悉、审核施工图样是领会设计意图,明确工程内容,分析工程特点的重要环节,通常要注意以下9个方面。

(1)进行施工前的现场调查,核对设计计算的假定和采用的处理方法是否符合实际情况,工程质量能否保证,施工是否有足够的稳定性,对保证安全施工有无影响。

(2)核对设计是否符合施工条件,如需采用特殊施工方法及特定技术措施时,技术上和设备条件上有无困难。

(3)结合生产工艺和使用上的特点,核对有哪些技术要求,施工能否满足设计规定的质量标准。

(4)核对有无特殊的材料要求,这些材料的品种、规格、数量能否解决。

(5)核对图样说明有无矛盾,规定是否明确、齐全。

(6)核对图纸各构造物的主要尺寸、位置、标高有无错误。

(7)核对土建工程与设备安装有无矛盾,施工时如何交叉衔接。

(8)通过熟悉图纸,明确场外在施工中所需材料和构件等制备工程项目的安排。

(9)通过熟悉设计文件,确定与施工有关的组织、物质、技术等各方面的准备工作项目。

在有关施工人员熟悉图样、充分准备的基础上,由建设单位负责人召集设计、监理、施工、科研人员参加图样会审会议。设计人员应向承包商做图样交底,讲清设计意图和对施工的主要要求。施工人员要对图样及有关问题提出咨询,最终由设计单位吸收图纸会审中提出的合理化建议,按照程序进行变更设计或做补充设计。

2. 编制施工组织设计

要根据核实的工程量、工地条件、工期要求及本单位的施工设备情况,制定实施性施工组织设计(其中包括选择施工方案、确定施工方法、布置施工场地、编制施工进度计算、拟定关键工程的技术措施等),报监理工程师审批。同时,根据施工组织设计的要求,组织施工队伍,合理部署施工力量,做好后勤物资供应工作。

3. 施工现场准备

路基施工前,现场的准备工作主要包括以下8个方面。

(1)恢复路线。从路线勘察到施工进场一般要经过一段时间,在这段时间里原钉的桩志可能有部分丢失或发生移动,因此,监理工程师向承包商交桩后,承包商必须按设计图表对路线进行复测,把决定路线位置的各测点加以恢复。其内容包括导线、中线的复测和固定,水准点的复测与加设,横断面的检查与补测。

(2)划定路界。此项工作一般由建设单位(业主)完成。个别地段尚未划定的,要马上报告监理工程师,并会同业主尽快解决。

(3)路基放样。路基在施工前,应根据中线桩和设计图表在实地定出路基的几何轮廓形状,作为施工的依据,路基放样的主要工作内容有横断面放样和边坡放样等。

(4)清理场地。施工前,应清除施工现场内所有阻碍施工的障碍物,主要内容有三个方面。

1)房屋及其他构造物的拆除。

2)清除树木和灌木丛。

3)施工场地的排水。

(5)临时工程。主要包括"三通一平":"三通"指水通、电通、路通;"一平"指场地平整。临时工程的建设对于保证正常施工以及确保施工质量和安全,起着必备前提条件的作用,因此临时工程的施工要与正式工程一样进行周密的考虑。但是由于它只要求在施工期内达到预期的目的,所以在确保安全、满足使用要求的前提下,要尽可能简化。临时工程的建筑施工,要依照施工组织设计所确定的总体布置和施工方案进行。

(6)试验路段。高等级公路以及在特殊地区或者采用新技术、新工艺、新材料进行路基施工时,要采用不同的施工方案做试验路段,从中选出路基施工的最佳方案指导全线施工。

(7)自检质量保证体系。为了保证公路工程的施工质量,承包商必须有高度的质量意识,使所建工程经得起监理的抽检及政府质监部门的检查,因此,必须建立自检质量保证体系。其主要负责人是由承包商、有关的技术质量检查人员、施工设备及检测仪器等组成。

(8)开工报告。以上各项工作准备就绪后,就可向监理工程师提出工程的开工报告,开工报告的内容包括以下6项。

1)施工组织设计。(监理审批)

2)施工放样合格。(监理审批)

3）材料报验合格。（监理审批）
4）机械设备报验合格。
5）已落实必需的流动资金。
6）已建立自检质量保证体系。
一旦监理工程师同意，签发开工令，承包商即可正式开工。

2.2 路基工程施工

【基 础】

◆**路基用土的工程性质**

按照土的工程分类方法将土分为四大类，即巨粒土、粗粒土、细粒土和特殊土，如图2.2所示。

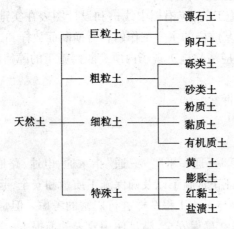

图2.2 土分类总系统图

1. 巨粒土

巨粒土有很高的强度及稳定性，是填筑路基的很好材料。对于漂石土，在砌边坡时，应正确选用边坡值，以保证路基稳定。对于卵石土，填筑时要保证有足够的密实度。

2. 粗粒土

砾类土由于粒径较大，内摩擦力也大，因而强度和稳定性都能满足要求。级配良好的砾类土混合料，密实程度好。对于级配不良的砾类土混合料，填筑时要保证密实度，防止由于空隙大而造成路基积水、不均匀沉陷或表面松散等。

砂类土可以分为砂、砂土和砂性土三种。砂和砂土无塑性，透水性强，毛细作用小，具有较大的内摩擦系数，强度和水稳定性均较好。但由于黏性小，易于松散，压实困难，需用振动法才能压实。为克服这一缺点，可添加一些黏质土，以改善其使用质量。砂性土既含有一定数量的粗颗粒，使路基具有足够的强度和水稳性，又含有一定数量的细颗粒,使其具有一定的黏性,不致过分松散。通常遇水不膨胀、干得快,干时扬尘少,有足够的黏结性,容易被压实。因此,砂性土是修筑路基的良好材料。

3. 细粒土

细粒土包含较多的粉土粒,干时稍有黏性,但易被压碎,扬尘多,浸水时很快被湿透。

粉质土的毛细作用强烈,毛细上升高度一般可达 0.9~1.5 m,在季节性冰冻地区,水分积聚现象严重,容易造成严重的冬期冻胀,春融期间出现翻浆,又称为翻浆土。如果遇粉质土,尤其是在水文条件不良时,要采取一定的措施,改善其工程性质。

黏质土透水性很差,黏聚力大,因而干时坚硬,不易挖掘。它具有较大的可塑性、膨胀性、黏结性,毛细现象也很显著,用来填筑路基比粉质土好,但不如砂性土。浸水后黏质土能较长时间保持水分,因此承载能力小。对于黏质土,如果在适当的含水量时加以充分压实和有良好的排水设施,筑成的路基也能获得较好的稳定性。

有机质土(如泥炭、腐殖土等)不应做路基填料,如果遇有机质土均应在设计和施工上采取适当措施。

4. 特殊土

特殊土包括黄土、膨胀土、红黏土和盐渍土。其中黄土属于大孔和多孔结构,具有湿陷性;膨胀土受水浸湿会发生膨胀,失水则收缩;红黏土失水后体积收缩量较大;盐渍土潮湿时承载力很低。因此,特殊土也不应做路基填料。

◆施工前的准备工作

施工单位在施工前的准备工作有很多,既应该统一安排,又要交错进行。

(1)开工前约请设计人员进行现场测量交底,按设计图认清实地水准基点、导线桩和栓桩做好"点之记"。对位于施工范围内的测量标志,必须要采取措施妥善保护,以免由于施工不慎而受损坏。

(2)核实施工范围内对施工有影响和需征地拆迁的各种建筑物和构筑物的确切位置、结构和数量,需拆迁的各种公用设施的杆、线、管道和附属设备的情况、类别和数量以及树木、农作物等的数量和情况,进行清点、丈量。

(3)复测原地面、纵横断面与设计图进行比较,并核对土方数量。弄清沿线缺土、弃土、余土、借土的地段和数量,便于土方平衡调度。

(4)查明沿线附近下水道的管径、流向或可供排水的沟渠情况,以及以往暴雨后的积水情况,便于考虑施工期间的排水措施。

(5)了解施工现场的给水、供电、电信设备及场内外运输路线等情况。

(6)绘制总平面图或局部段落平面图,以备施工申请临时占地。

(7)施工单位进行施工准备工作时要符合下面几个方面的规定。

1)复核地下隐蔽设施的位置和标高,并在图样上注明,以备施工交底。

2)对外露的检查井、消防栓、人防通气孔等应在图样上标明,以备核对,避免埋没或堵塞。

3)文物古迹、测量标志必须加以保护,园林绿地和公用设施等应避免污染损坏。

4)注意施工时的环境保护。

(8)施工期间尽可能维护交通运输,必须中断交通时要事先申报有关部门,做好断行绕行准备,必要时还应修建辅道,便于维持交通。

(9)二级及二级以上公路路堤和填方高度小于 1 m 的公路路堤,应将路基基底范围内的树根全部挖除,并将坑穴填平夯实;填方高度大于 1 m 的二级以下公路路堤,可保留树根,但根部不能露出地面,取土坑范围内的树根应全部挖除。

(10)应对路幅范围内、取土坑的原地面表层腐殖土、表土、草皮等进行清理,填方地段还应按设计要求整平压实,清出的表层土宜充分利用。

◆路基施工的一般要求

1. 重视路基施工,确保路基工程质量

路基是道路的主体和路面的基础,在承受路面传递下来的荷载和水、气温等自然因素的反复作用下,应具有足够的强度及整体稳定性,满足设计与使用要求。路基施工前,要从实际出发,按照施工组织设计的目标部署施工。施工前要先做好试验路段,尤其是采用新技术、新工艺、新材料、新设备的情况下,确保工程施工质量。

2. 加强施工管理,注意环境保护工作

路基主要是由土、石等修建的一种线形结构物,形式简单,但工程量大,这通常是控制施工进度的关键,同时对整个工程投资有重要影响。路基属于长距离施工,对用地和沿线环境保护影响较大。施工时要充分贯彻以挖作填的原则,合理安排挖填土量,做好平衡土方工作和部署取土、弃土地点。

3. 做好挖土、运输机械匹配工作,发挥机械施工效率

结合场地运输线路,尽可能地减少场内重复运输费用。同时还要考虑机械施工设备的操作转移,为其提供有利条件。施工期间应当确保交通安全及人身安全。尽可能地利用原有道路,如果必须切断原有道路时,应先修便道、便桥,并设置明显标志。

4. 做好路基排水工作

路基施工前要充分注意施工过程中的防汛、排水工作,率先做好截水沟、排水沟等排水设施,尤其在多雨地区或雨期施工。施工中,不论挖方或填方,均须做到各施工层表面不积水。因此,必须使各施工层随时保持一定的泄水横坡或纵向排水出口,防止由于路基施工影响附近生产、生活,市区道路还要防止进、出水口阻塞(经常检查疏导),避免路基遭受水浸。雨期施工时或因故中断施工时,必须将施工表面层修整平坦并予压实,避免松散土粒受水浸泡而产生隐患延误工期。

5. 综合考查材料

路基工程需要大量的填料,这是路基工程的物质基础,因此,在施工前的准备工作中,必须对路基工程范围内的水文、地质情况进行调查,并通过试验、取样,确定相关材料如工业废渣、土等的性质、数量,来保证施工所需。同时,要了解附近既有工程、建筑物对特殊土的处理方法,以便借鉴参考。按照设计文件提供的资料,对取自挖方、借土场、料场的路堤填料进行复查和取样试验。例如,设计文件提供的料场不足时,要自行勘查寻找,来保证施工用料质量可靠及数量充足。

6. 做好复查和试验

路基施工前的施工工地应当成立工地试验室,工地试验室建立后要立即投入试验工

作,例如:挖方、借土场和料场用作路堤填料的土要做以下试验。

(1)液限、塑限、塑性指数、天然稠度或液性指数试验。

(2)含水量试验。

(3)颗粒大小分析试验。

(4)密度试验。

(5)相对密度试验。

(6)土的击实试验。

(7)土的强度试验(CBR 值)。

(8)城市快速路、主干路应做有机质含量试验及易溶盐含量试验。

对于特殊土,除进行上述试验外,还应进行相应的专门鉴别试验以确定土的名称和种类及处置方法。

当使用新材料(如工业废渣等)填筑路堤时,除了要按有关规范进行试验以外,还应做对环境卫生有害成分的试验,同时提出报告,经监理工程师批准后方可使用。

此外,还要做各种原材料的质量试验,混凝土配合比试验、砂浆配合比试验,灰土密度试验、灰土含水量试验等,也要将试验结果报监理工程师批准。

◆路基的施工方法

路基的施工方法基本上分为五种,即人工施工、简易机械化施工、机械化施工或综合机械化施工、水力机械化施工及爆破法施工。

1. 人工施工

人工施工以使用手工工具为主,工程进度慢,工作效率低,人工的劳动强度大,难以保证工程质量,仅用于级别很低的城市道路路基的施工,例如,居民小区道路路基的施工,但是必须配备碾压机械。

2. 简易机械化施工

简易机械化施工以人力为主,再配以简易的施工机械进行施工,这种施工方法与人工施工相比,可在某种程度上减轻劳动强度,提高工作效率,此施工方法仍然是一种较为常用的施工方法。

3. 机械化施工或综合机械化施工

机械化施工使用主机和辅机相配套的施工机械,能使主要工序形成综合机械化施工作业的方法。此种施工方法可以极大地提高施工的工作效率,减轻工人的劳动强度,保证工程质量,显著地加快工程进度,确保施工安全,降低工程造价,提高工程经济效益和社会效益。此种施工方法是加快我国城市道路工程建设速度、实现城市道路工程施工现代化的唯一途径。

4. 水力机械化施工

水力机械化施工是使用水力机械,例如水枪、水泵等,喷射出强力水流,冲击所需挖土层,并把冲刷下来的泥土随着水流流到确定的位置沉积下来。此种施工方法适用于水源和电源比较充足、所挖土层比较松散而且集中的土方工程,也可用于地下工程的钻孔和采集砂料或地基加固。此外,还可用强力水流冲击砂砾来填筑路堤或回填基坑,以起到密实的作用,这就是水沉积法。

5. 爆破法施工

爆破法施工主要用于石质路堑的开挖和冻土的松动,还可以用于石料开采和淤泥排除等。定向爆破可将路堑开挖出的土方抛向低洼处用作填方,桩基的挤压爆破和扩孔爆破可用作软土地基的处理。此外,此方法在隧道工程的施工中也得到广泛的应用。

【实　务】

◆路基施工排除地面水

路基施工排水的目的就是要有效地排除施工期间由于降水或附近地带流入地基的地面水和施工用水,而这些水都属于应排除的地面水。经常采用的路基地面排水设施有边沟、截水沟、排水沟、跌水和急流槽等。这些排水设施可以起到迅速排除路基范围内的地面水,防止路基范围以外的地面水流入路基的作用。

1. 边沟的设置和施工要点

(1)边沟的设置。在挖方路段和高度小于边沟深度的填方地段均应设置边沟,边沟是用来汇集和排除路面、路肩及边坡流水而在路堑两侧设置的纵向水沟。路堤靠山一侧的坡脚应设置不渗水的边沟。为了防止边沟漫溢或冲刷,在平原区和重丘山岭区,边沟应分段设置出水口,一般地区边沟长度不超过 500 m,多雨地区梯形边沟每段长度不应超过 300 m,三角形边沟不应超过 200 m。

(2)边沟的施工要点。挖方路段及填土高度小于边沟深度的填方路段,应在挖方边坡或填方边坡坡脚外设置边沟,以汇集和排泄降落在坡面和路面上的表面水。边沟可采用三角形、碟形、梯形或矩形横断面,按公路等级、所需排泄的设计流量、设计位置和土质或岩质选定。高速公路及一级公路,宜采用三角形或碟形边沟;受条件限制而需采用矩形横断面时,应在顶面加带槽孔的混凝土盖板。二级及二级以下公路,可采用梯形横断面,边沟内侧坡度按土质类型采用1:1.0~1:1.5;岩石挖方路段,可采用矩形横断面,其内侧坡面用浆砌片石砌筑以保持直立。矩形和梯形边沟的底宽和深度不应小于0.4 m。挖方路段边沟的外侧坡面与路堑下部坡面的坡度一致。边沟的纵坡坡度应结合路线纵坡、地形、土质、出水口位置等情况选定,尽可能与路线纵坡坡度保持一致。当路线纵坡坡度小于沟底最小纵坡坡度时,边沟应采用沟底最小纵坡坡度,并缩短边沟出水口的间距。

边沟施工时,其平面位置、断面尺寸、坡度、标高及所用材料应符合设计文件和施工技术规范要求。修筑边沟时要注意线形的美观,直线顺直,曲线圆滑,无突然转弯等现象,纵坡顺适,沟底平整,排水畅通,无冲刷和阻水现象,表面平整美观。

(3)边沟加固施工。通常,边沟的纵坡与路线纵坡相同,但不宜小于 0.2%~0.5%,以免水流阻滞和使边沟淤塞。土质边沟纵坡大于3%时要采用浆砌片石、水泥混凝土预制块等进行加固。采用浆砌片石铺砌时,片石要坚固稳定,砂浆配合比符合设计要求,砌筑时片石间应咬扣紧密,砌缝砂浆饱满、密实,勾缝应平顺,无脱落且缝宽一致,沟身无漏水现象。采用干砌片石铺筑时,应选用有平整面的片石,砌筑时片石间应咬扣紧密、错缝,砌缝用小石子嵌紧,禁止贴砌、叠砌和浮塞。采用抹面加固土质边沟时,抹面应平整压光。当边沟纵坡超过7%时,由于水流速度变大而冲刷严重,可采用跌水或急流槽的形式缓冲水流。

2. 截水沟的设置和施工要点

(1)截水沟的设置。截水沟也称为天沟,在无弃土堆的情况下,截水沟的边缘离开挖方路基坡顶的距离视土质而定,以不影响边坡稳定为原则。例如,一般土质至少应离开5 m,对黄土地区不应小于10 m并应进行防渗加固。截水沟挖出的土,可在路堑与截水沟之间修成土台并进行夯实,台顶应筑成2%倾向截水沟的横坡。

路基上方有弃土堆时,截水沟应离开弃土堆脚1~5 m,弃土堆坡脚离开路基挖方坡顶不应小于10 m,弃土堆顶部应设2%倾向截水沟的横坡。

山坡上路堤的截水沟离开路堤坡脚至少2.0 m,并用挖截水沟的土填在路堤与截水沟之间,修筑向沟倾斜坡度为2%的护坡道或土台,使路堤内侧地面水流入截水沟排出。

(2)截水沟的施工要点。当路堑或路堤边坡上方流入路界的地表径流量大时,应设置拦截地表径流的截水沟。在坡面汇流长度大的山坡上,应酌情设置一道以上大致平行的截水沟。在坡体稳定性较差或有可能形成滑坡的路段,应在滑坡体的周界外设置截水沟。截水沟设在路堑坡顶5 m或路堤坡脚2 m以外,如土质良好、路堑边坡不高或沟壁进行铺砌时,前者也可不小于2 m。截水沟应结合地形和地质条件沿等高线布置,将拦截的水顺畅地排向自然沟谷或水道。截水沟长度以200~500 m为宜;超过500 m时,可在中间适宜位置处增设泄水口,由急流槽或急流管分流排引。截水沟一般采用梯形横断面,沟坡坡度为1:1.0~1:1.5,沟底宽度和沟的深度不宜小于0.5 m。

截水沟的施工要求与边沟基本相同。在地质不良、透水性较大、土质松软、裂缝多及沟底纵坡较大的地段,为防止水流下渗和冲刷,要对截水沟进行严密的防渗加固及处理。

3. 排水沟的设置和施工要点

排水沟就是将边沟、截水沟等沟槽及路基附近低洼处汇集的水引向路基以外的水沟,排水沟的横断面一般为梯形。

(1)排水沟的设置。排水沟的线形要求平顺,尽可能采用直线形,转弯处应做成弧线,其半径不应小于10 m,排水沟长度根据实际需要而定,通常不应超过500 m。

排水沟沿路线布设时,要离路基尽可能远一些,距路基坡脚不宜小于3~4 m。当水流的流速大于容许冲刷流速时,沟底、沟壁应采取排水沟表面加固措施。

(2)排水沟的施工要点。由拦水带泄水口通过路堤边坡上的急流槽或急流管引排到坡脚的水流,应汇集到设在路堤坡脚外1~2 m处的排水沟内,并排放到桥涵或自然水道中。深路堑或高路堤边坡设边坡平台时,在坡面径流量大的情况下可设置平台排水沟,以减少坡面冲刷,排水沟的断面形式和尺寸以及施工要求等与截水沟基本相同。

4. 跌水与急流槽的设置和施工要点

跌水是指在陡坡或深沟地段设置的沟底为阶梯形、水流呈瀑布跌落式通过的沟槽,急流槽是指在陡坡或深沟地段设置的坡度较陡、水流不离开槽底的沟槽。

(1)跌水与急流槽的设置。

1)跌水与急流槽必须用浆砌圬工结构,跌水的台阶高度可根据地形、地质等条件决定,多级台阶的各级高度可以不同,其高度与长度之比应与原地面坡度相适应。

2)急流槽的纵坡不应超过1∶1.5,同时应与天然地面坡度相配合。当急流槽较长时,槽底可用几个纵坡,通常是上段较陡,向下逐渐放缓。

3)急流槽分节长度宜为5~10 m,接头处应用防水材料填塞。混凝土预制块急流槽,分节长度宜为2.5~5.0 m,接头采用榫接。

4)急流槽的砌筑应使自然水流与涵洞进、出口之间形成一个过渡段,基础应嵌入地面以下,基底要求砌筑光滑平台并设置端护墙。路堤边坡急流槽的修筑,应能为水流入排水沟提供一个顺畅通道,路缘石开口及流水进入路堤边坡急流槽的过渡段应连接圆顺。

(2)跌水与急流槽的施工要点。在路堤和路堑坡面或者坡面平台上从坡顶向下竖向集中排水时,或者在截水沟或排水沟纵坡度很大时,可设置急流槽或急流管。构筑急流槽后使水流与涵洞进出口之间形成一个过渡段,可减轻水流的冲刷。急流槽可采用由浆砌片石铺砌的矩形横断面或者由水泥混凝土预制件铺筑的矩形横断面。浆砌片石急流槽的槽底厚度可为0.2~0.4 m,槽壁厚为0.3~0.4 m,混凝土急流槽的厚度可为0.2~0.3 m,槽顶应与两侧斜坡表面齐平。槽深最小0.2 m,槽底宽最小0.25 m,槽底每隔2.5~5.0 m应设置一个凸榫,嵌入坡体内0.3~0.5 m,以避免槽体顺坡下滑。

在陡坡或深沟地段的排水沟,为避免其出口下游的桥涵结构物、自然水道或农田受到冲刷,可设置跌水结构物。跌水可带消力池,并按坡度和坡长的不同,设置成单级或多级。不带消力池的跌水,其台阶高度不应大于0.5~0.6 m,以0.3~0.4 m最为适宜;高度和长度之比,应与原地面坡度相吻合。带消力池的跌水,单级跌水墙的高度为1 m左右为宜,消力槛的高度以0.5 m左右为宜,但高度与长度之比也应结合原地面的坡度确定。消力池台面应设2%~3%的外倾纵坡,消力槛顶宽不宜小于0.4 m,槛底应设泄水孔。跌水的槽身横断面可采用矩形,断面尺寸和要求与急流槽相同。

◆路基施工排除地下水

明沟、暗沟、渗沟、渗井等都是较为常用的路基地下排水设施,这些排水设施的作用是用来汇集、拦截、排除及疏通地下水。路基施工中,如果地下水严重影响路基稳定时,应立即要求设计部门提供地下排水设计。当地下水对路基、路面强度或边坡稳定影响较小时,施工单位可根据具体情况采取适当措施进行处理。

1. 排水沟的设置和施工要点

(1)排水沟的设置。排水沟也称明沟,当地下水位较高时,潜水层埋藏不深,可以采用排水沟截留地下水及降低地下水位,兼排地表水,但在寒冷地区不应用于排除地下水。明沟施工简单,造价低廉,比较常见的横断面形式有矩形和梯形,如图2.3所示。

明沟的沟底宽度一般不应小于0.6 m,沟底应埋入不透水层内,沟壁最下一排渗水孔(或裂缝)的底部应高出沟底不小于0.3 m。当明沟设在路基旁侧时,应沿路线方向布置,设在低洼地带或天然沟谷处时,应顺山坡的沟谷走向布置。

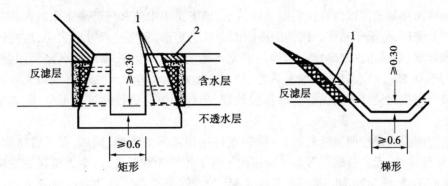

1—渗水孔； 2—填土夯实
图 2.3 矩形和梯形排水沟横断面（单位：m）

(2)排水沟的施工要点。当明沟采用混凝土浇筑或浆砌片石砌筑时,要在沟壁与含水地层接触面的高度处,设置一排或多排向沟中倾斜的渗水孔。沟壁外侧应填以粗粒透水材料或土工合成材料做反滤层。沿沟槽每隔 10～15 m 或当沟槽通过软硬岩层分界处时,要设置伸缩缝或沉降缝。

当基坑(槽)采用明沟排水时要注意以下六个方面。

1)如果在基坑范围内有大量积水,挖土前先排除积水,当基坑挖至设计深度时,应在基坑内四周挖排水沟及集水井,排除渗入之水。

2)集水井应有足够的深度和容积,集水井到排水沟之间应保持 1 m 以上的距离。由基坑和集水井所排出的水,应尽量引向离基坑较远的地点。

3)当需用排水泵时,应根据施工条件、渗水量、扬程及吸程要求选择,路基土壤的透水量参考表 2.5 进行计算。

表 2.5 各类土每平方米的透水量　　　　　　　　　　　　单位：m^3/h

土的种类	透水量
细砂	0.16
粗砂	0.3～3
中砂	0.24
砾石	20
有裂缝的石灰岩	0.4

4)按照估计水量,求出所需水泵的型号和数量。

5)用离心泵进行排水工作,应使吸水高度不超过 6 m,如果基坑过深时,为符合要求可将抽水泵安设于悬挂的或其他的平台上。

6)当基坑水头很大而坑底又是细砂或粉砂土时,应当按照现场情况及施工条件采用其他特殊施工方法,例如井点排水法、灌注水下混凝土法,以免产生流沙现象。

新建道路处于地下水位高的路段,水面距土基碾压面小于 0.6 m 时,施工前可沿路基两侧先开挖边沟,以降低地下水位,边沟的开挖应深入到含水层下 0.3 m。

2. 暗沟的设置和施工要点

(1)暗沟的设置。暗沟是一种把地下水流引排到路基范围以外的沟渠,它具有隔断、截流和排出路基范围以内或流向路基的泉水、地下集中水流和降低地下水的作用。从水力特性上来讲,它属于紊流。暗沟的横断面通常为矩形,各部位尺寸的大小,应按照排出水量和地形、地质条件来确定。暗沟的底宽一般为0.4 m左右,深度要满足使用要求,纵坡应大于0.5%,出水口处应加大纵坡,并高出地表排水沟常水位200 mm以上。寒冷地区的暗沟应按照设计要求做好防冻保温处理,出口处也应进行防冻保温处理,坡度宜大于5%。

暗沟的设置要按照当地材料、土质等条件选用暗沟的类型,例如,多孔管暗沟、乱石暗沟、瓦管暗沟、无砂管暗沟等。纵向暗沟平行于道路中线设置,可根据道路宽度决定设置一条或两条,横向暗沟应与道路中线成45~90°角,间距为10~20 m。图2.4所示的是与道路中线成45°角的横向暗沟平面布置,图2.5所表示的是与道路中线成90°角的横向暗沟平面布置。暗沟应设置土工织物或粒料反滤层,地下水的流量要按照含水层的宽度和长度、水流有无压力、层流或紊流、补给情况以及暗沟的位置等因素进行计算。

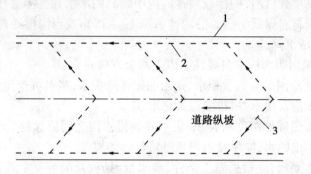

1—道路路面边线;2—纵暗沟;3—截水横暗沟
图2.4 与道路中线成45°角的横向暗沟平面布置

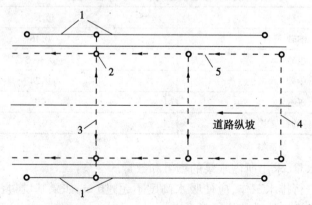

1—雨水支管;2—检查井或连接井;3—引出横向暗沟;4—横向暗沟;5—纵暗沟
图2.5 与道路中线成90°角的横向暗沟平面布置

当地下水位较高、潜水层埋藏较浅时,可采用暗沟截流地下水及降低地下水位,沟底必须埋入不透水层内,沟壁最低一排渗水孔应高出沟底至少200 mm。暗沟设在路基旁侧时,宜沿路线方向布置;设在低洼地带或天然沟谷处时,宜顺山坡的沟谷走向布置。

(2)暗沟的施工要点。如果在城市区域内或者城市的近郊区,道路下设置暗沟的处理方法是用大孔隙的填料,如粒径0.5~7.0 cm的砾石和0.5 cm以下的粗砂,把豆石混凝土滤水管或缸管包住,如图2.6所示。

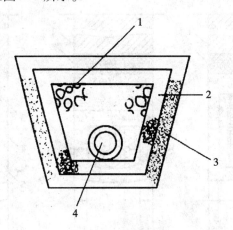

1—粒径3~7 cm砾石;2—粒径0.5~3.2 cm砾石;
3—粒径0.5 cm粗砂;4—300 mm豆石混凝土滤水管或缸管
图2.6 路基暗沟横断面构造

如果在城市的郊区或者远郊区,道路下面设置暗沟的处理方法是用片石砌筑排水孔道,孔道上盖石盖板,外面做反滤层,反滤层的上面反铺双层草皮,草皮的上面用黏土夯实,黏土厚度不得小于50 cm。

暗沟沟槽不应采用大放坡,应挖直立沟加支撑来支承。支撑形式可根据土质、地下水情况、槽深、开挖方法及地面荷载等因素而定,通常有以下几种情况。

1)水平式支撑,即横式支撑,适用于土质较好、地下水量较小的沟槽。

2)垂直式支撑,即竖板支撑,适用于挖沟较深、土质较差、地下水量较多的沟槽。

3)板桩式支撑,适用于地下水位很高,且有流沙的深沟槽。

拆除支撑时可从底部开始,边安装暗沟边拆除支撑,也可以待安装回填后拔除,沟壁所留空隙应用砂砾填充捣实。

暗沟沟槽排水可以分为明沟集水井排水和深水泵排水。暗沟沟槽开挖应由下游向上游施工,并应当随挖随支撑,随抽水。暗沟基础应平整,并要分段开挖,分段安装、回填。

暗沟采用混凝土或浆砌片石砌筑时,在沟壁与含水层接触面以上高度,应设置一排或多排向沟中倾斜的渗水孔,沟壁外侧应填筑粗粒透水材料或土工合成材料形成反滤层,沿沟槽底每隔10~15 m或在软硬岩层分界处应设置沉降缝和伸缩缝。

3. 渗沟的设置和施工要点

(1)渗沟的设置。渗沟主要用于吸收、汇集、引排路基土体的地下水,以达到疏干路基土的目的。渗沟分为填石渗沟、管式渗沟、洞式渗沟等,如图2.7所示。当地下水流量较大时,可在渗沟的底部增设排水管孔。

渗沟各部位的尺寸要按照埋设位置及排水需要等情况确定。渗沟的平面布置,当用作降低地下水位时,应尽可能靠近路基;用作拦截地下水时,要尽可能与地下水流方向垂直。沟宽应不小于0.6 m,沟的设置长度根据实际需要确定,一般间隔100~300 m设横向排水管。渗沟的顶部应设封闭层,可以采用M5砂浆砌片石或水泥混凝土。

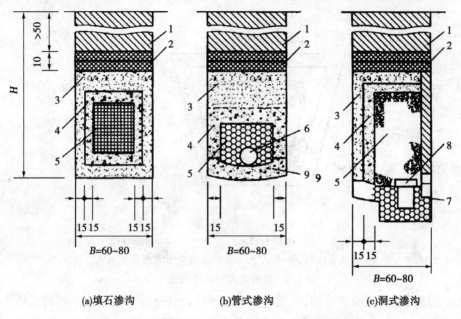

(a)填石渗沟　　　　(b)管式渗沟　　　　(c)洞式渗沟

1—黏土夯实;2—双层反铺草皮或铺土工布;3—粗砂;4—石屑;5—碎石;
6—带渗水孔的混凝土预制管或其他管材;7—浆砌片石洞壁;8—盖板;9—10号混凝土

图2.7　渗沟的构造(单位:cm)

1)填石渗沟。石料应洁净、坚硬、不易风化;砂料宜采用中砂,含泥量应小于2%,严禁用粉砂、细砂,渗水材料的顶面(指封闭层以下)不得低于原地下水位。当用于排除层间水时,渗沟底部应埋置在最下面的不透水层。在冰冻地区,渗沟埋置深度不得小于当地最小冻结深度。填石渗沟纵坡不宜小于1%,出水口底面标高应高出渗沟外最高水位200 mm。

2)管式渗沟。管式渗沟长度大于100 m时,应在其末端设置疏通井,并设横向泄水管,分段排除地下水。泄水孔应在管壁上交错布置,间距不宜大于200 mm。渗沟顶标高应高于地下水位。管的渗水孔径为1.5~2.0 cm,管壁可采用渗水土工织物形成反滤层,管节宜用承插式柔性接头连接。

3)洞式渗沟。洞式渗沟是适用于地下水流量较大的地段的一种渗沟,它是在填石渗沟的下面设置排水孔,排水孔的上面有盖板覆盖。洞式渗沟填料顶面宜高于地下水位,渗沟顶部必须设置封闭层,厚度应大于500 mm。

(2)渗沟的施工要点。渗沟用来降低地下水位或者拦截地下水,设置在地面以下。渗沟的各部位尺寸应根据埋设位置和排水需要确定,应采用槽形断面,最小底宽0.6 m,沟深大于3 m时最小底宽1.0 m。渗沟内部用坚硬的碎、卵石或片石等透水性材料填充,沟顶和沟底应设封闭层,用干砌片石层封闭顶部,并用砂浆勾缝;底部用浆砌片石做封闭层,出水口采用浆砌片石端墙式结构。渗沟应尽量布置成与渗流方向垂直。

渗沟沟壁应设置反滤层和防渗层。沟底挖至不透水层形成完整渗沟时,迎水层一侧设反滤层,背水面一侧设防渗层。反滤层一般采用砂砾石、渗水土工织物或无砂混凝土板等材料,防渗层一般采用夯实黏土、浆砌石或土工薄膜等防渗材料。

渗沟宜从下游向上游开挖,开挖作业面应根据土质选用合理的支撑形式,并应随挖随支撑、及时回填,不可暴露太久,支撑渗沟应分段间隔开挖。

◆路面排水设施

1. 路肩排水设施

路肩排水设施主要由拦水带、急流槽和路肩排水沟三部分组成。路肩排水设施的纵坡应与路面纵坡一致。当路面纵坡坡度小于0.3%时,可采用横向分散排水方式将路面水排出路基,同时对路基边坡采取相应防护措施。当路堤边坡较高、采用横向分散排水不经济时,要采用集中排水方式,在硬路肩边缘设置拦水带,然后通过急流槽将水排出路基。拦水带可用水泥混凝土预制块或沥青混凝土筑成,高出路肩12 cm,顶宽8~10 cm。急流槽的设置应满足拦水带拦水量大小的要求,间距应为20~50 m。当硬路肩汇水量较大时,可在土路肩上设置路肩排水沟,沟底纵坡同路肩纵坡且坡度不小于0.3%,可用V形水泥混凝土预制构件砌筑。

2. 中央分隔带排水设施

中央分隔带排水设施是由纵向排水沟、渗沟、雨水井、集水井、横向排水管等部分组成。

排水沟的断面尺寸及分段长度通过流量计算确定,一般孔径为20~40 cm,纵坡可与路面纵坡相同,但不应小于0.3%。

排水沟横断面可采用蝶形、三角形、V形或矩形,一般用水泥混凝土预制件或浆砌片石砌筑。

纵向排水沟与横向排水管之间用集水井连接,横向排水管一般为孔径20~60 cm的水泥混凝土管或塑料排水管,管底纵坡应不小于1%,出口处的路基应加固。雨水井设置在有超高路段的中央分隔带内,井间距离应根据流量计算确定,一般为10~30 m,用浆砌片石或水泥混凝土预制块砌筑。相邻雨水井间用直径为20~40 cm的水泥混凝土管纵向连接,管底纵坡不应小于0.3%。

雨水井汇集的雨水可直接排入桥涵或通过横向排水管排出。多雨地区的中央分隔带表面不做封闭时,可设地下排水渗沟。渗沟两侧可用沥青砂、沥青土、土工布或黏土封闭,渗沟顶与路床顶面齐平,渗沟内应用直径为5~8 cm的硬塑料管将水引至路基边坡以外。

◆土质路堑的开挖

路基挖土又称路堑开挖。路堑开挖是指当路基的设计标高低于自然地面时,将路基设计标高以上的天然土体挖掉,并运到填方路段或其他地点的施工活动。在进行路堑开挖时,应根据施工现场收集的资料,结合断面的土层分布、地形条件、施工方法以及土方的利用和废弃情况综合考虑。路堑开挖遵循挖、装、运、卸、填各道工序相互配合的原则,选择最佳的切实可行的施工方案。在一般情况下,路堑开挖可采用横挖法、纵挖法和混合式开挖法等。

1. 横挖法

横挖法(图2.8、图2.9)是从路堑的一端或两端按照整个设计横断面的全宽延路中线逐步向前开挖,此种开挖方法适用于短而深的路堑。掘进时逐段成型向前推进,运土由相反方向送出。当路堑的设计深度较深时,可将路堑分成几个台阶,以便增加作业面,容纳更多的施工开挖机械,加快施工进度,这种开挖方法称为多层横挖法。

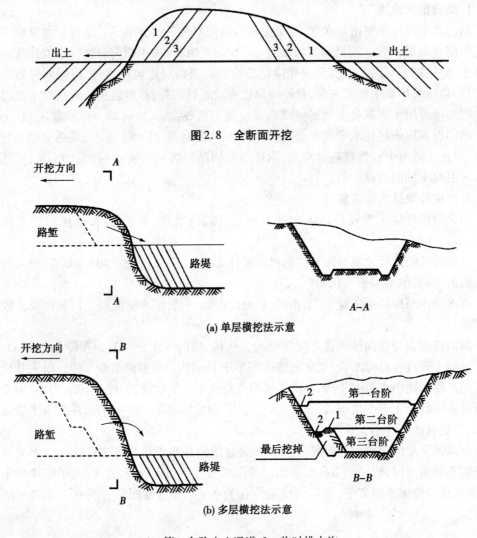

图2.8 全断面开挖

(a) 单层横挖法示意

(b) 多层横挖法示意

1—第二台阶出土通道;2—临时排水沟
图2.9 横挖法示意

无论是单层开挖还是多层(图2.9)开挖,各施工层都有单独的出土通道和临时排水的出路。在施工过程中,要做到合理安排,防止相互干扰、影响工作效率或发生事故。多层开挖的台阶高度,应以能够提高工作效率和确保安全而定。

(1)用人力按横挖法挖路堑时,可在不同高度分几个台阶开挖,其深度视工作与安全而定,一般为1.5~2.0 m。无论是自两端一次横挖到路基标高还是分台阶横挖,均要设单独的运土通道及临时排水沟。

(2)用机械按横挖法挖路堑且弃土(或以挖作填)运距较远时,应用挖掘机配合自卸汽车进行。每层台阶高度可增加到3~4 m,其余要求与人力开挖路堑相同。

(3)路堑横挖法也可用推土机进行。若弃土或以挖作填运距超过推土机的经济运距时,可用推土机推土堆积,再用装载机配合自卸汽车运土。

(4)机械开挖路堑时,边坡应配以平地机或人工分层修刮平整。

2. 纵挖法

纵挖法(图2.10)可以分为分层纵挖法、通道纵挖法和分段纵挖法。

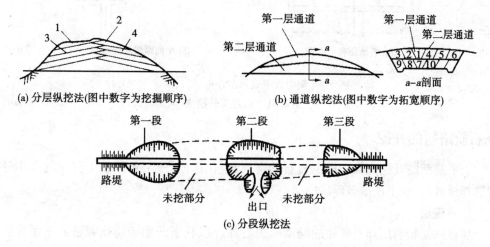

图 2.10 纵挖法

(1)分层纵挖法(图2.10(a))。当路堑较深时,可沿路堑全宽采用以深度不大的上层在前、下层随后的台阶式纵向分层挖掘前进的作业方式,称为分层纵挖法。这种施工方法适用于较长的路堑开挖。在进行开挖施工时,挖掘的地表面要向外倾斜,使排水方便,不易形成积水。若采用分层纵挖法挖掘的路堑长度较短(不超过100 m),开挖的深度不大于3 m,地面坡度较陡时,应采用推土机作业。当路堑长度较长时(超过100 m),应采用铲运机作业。

(2)通道纵挖法(图2.10(b))。通道纵挖法是指先沿路堑纵向挖一通道,然后开挖两旁,上层通道拓宽至路堑边坡后,再开挖下层通道。本法适用于较长、较深、两端地面纵坡较小时的路堑开挖,可采用人力或机械挖掘。

(3)分段纵挖法(图2.10(c))。沿路堑纵向选择一个或几个适宜位置,将较薄一侧路堑横向挖穿,使路堑分成两段或数段,各段再纵向开挖称为分段纵挖法。这种施工方法适用于路堑过长、弃土运距过远的傍山路堑,或侧向堑壁不厚的路堑开挖,同时还应满足其中间段有弃土场、土方调配计划有多余的挖方废弃的条件。拟设挡土墙的路堑,亦可考虑采用纵向分段开挖,以便同时分段修筑挡土墙。

3. 混合式开挖法

混合式开挖法(图2.11)是指将横挖法、通道纵挖法混合使用,即先沿路堑方向开挖通道,然后沿横向坡面挖掘,以增加开挖坡面。每一开挖坡面要容纳一个施工组或一台机械。在较大的挖土地段，还可沿横向再挖沟，配以传动设备或布置运土车辆。

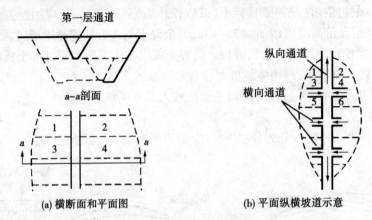

(图中数字表示工作面号数)

图2.11 混合式开挖法

◆ 石质路堑的开挖

石质路堑的开挖一般应根据岩石的类别、风化程度、施工条件及工程量的大小等合理选择爆破法、松土法或破碎法施工。

1. 爆破法

爆破法是指利用炸药爆炸的能量将土石炸碎以利于开挖运输或者借助于爆炸能量将土石移到预定位置。用这种方法开挖石质路堑具有工效高、速度快、人工消耗少、施工成本低等优点，对于岩质坚硬，不可用人工或机械开挖的石质路堑，一般采用爆破法开挖。爆破后用机械清渣，是非常有效的路堑开挖方法。

按照炸药用量的多少，爆破法分为中小型爆破和大爆破，其中使用频率最高的是中小型爆破，大爆破的应用通常受到多种因素的限制。爆破对山体破坏较大，对周围环境也有较大影响，因此，必须按照有关施工规定和安全规程进行作业，严格按照设计文件实施。通常要做试爆分析，作为指导施工的依据。

2. 松土法

松土法开挖是指充分利用岩体的各种裂缝和结构面，先用推土机牵引松土器将岩体翻松，再利用推土机或装载机和自卸汽车配合将翻松的岩块搬运到指定地点。松土法开挖避免了爆破作业的危险性，而且有利于挖方边坡的稳定和附近建筑设施的安全，凡能用松土法开挖的石方路堑，应尽可能不采用爆破法施工。随着大功率施工机械的使用，松土法越来越多地应用于石质路堑的开挖，而且开挖的效率也越来越高。

松土法施工的效率与岩体的破裂面情况及风化程度有关。岩体被破碎岩石分割成较大的块体时，松开效率较高。当岩体已裂开成为小块石或呈粒状时，松土只能劈成沟槽，效率较低。砂岩、页岩、石灰岩等沉积岩有沉积层面，是比较容易松开的岩石，而且沉积层越薄越容易松开。片麻石、片岩、石英岩等变质岩，松开的难易程度要根据其破裂面发育程度而定。花岗岩、安山岩、玄武岩等岩浆岩不呈层状或带状，松开比较困难。坚硬完整的岩石难于翻松,可进行适当的浅孔松动爆破,再进行松土作业。松土施工所采用的松土器分为单齿松土器和多齿松土器两种。

3. 破碎法

破碎法开挖是指利用破碎机凿碎岩块,然后进行挖运等作业。这种方法是将凿子安装在挖掘机上,利用活塞的冲击作用使凿子产生冲击力以凿碎岩石,其破碎岩石的能力取决于活塞的大小。

破碎法主要用于岩体裂缝较多、岩块体积小、抗压强度低于100 MPa的岩石,由于开挖效率不高,只能用于上述两种方法不能使用的局部场合,作为爆破法和松土法的辅助作业方式。

◆石质路基爆破

(1)路基岩石爆破,应根据爆破工点周围的环境及施工机具,结合地形、地质条件,选择合理的爆破方案,制订爆破施工设计文件。爆破参数应通过现场试验,确认无误后,方能在施工中正式采用。

(2)选择炮眼位置及其间距应根据岩石的性质、装药重量、炸药种类、各个炮眼爆炸的先后次序及其引起相邻炮眼爆炸的可能性而定。

在选择炮眼位置时应注意下列事项。

1)必须注意检查石层、石纹、石质、石穴、石状,以在无裂缝干燥的岩石上打眼为宜。

2)选眼时可用锤敲击,应避开发生空音处。

3)炮眼应尽量选在暴露面的一边或暴露面较多的适当位置。

4)炮眼应避免选在两种岩石硬度相差很大的边界处。

5)每次爆破前应考虑为下一炮创造更多的暴露面,以形成"阶梯式"暴露面为宜,可在路堑中开炸纵横槽,以增加暴露面。

6)平排炮眼要前后错开,眼距应根据所用炸药爆炸力决定,通常不超过2.5 m。

7)群炮炮眼(即多数炮眼同时爆炸)的间距,在坚石上至少应等于最小抵抗线长度的1.5~2倍,次坚石为1~1.5倍,在软石上不宜超过最小抵抗线。

8)有两个以上暴露面时,炮眼位置应与各暴露面的距离接近相等。

(3)石方集中或石质特别坚硬时,以使用机械钻孔为宜。使用机械钻孔时,应事先检查是否备有足够的钻头和磨钻机等配件。

(4)在山坡上开炸石方修筑路堑或半挖路基时,可根据爆破层厚度采用小眼炮、药壶炮(烘堂炮)、蛇穴炮(猫洞炮)或采用平排炮等方法进行爆破。厚度小于2 m时采用炮眼法;厚度为2~6 m时采用炮眼药壶法或直井法;厚度超过6 m时采用深眼法、深眼药壶法或洞室法。采用直井或平洞装药法爆破石方时,药室应靠近被炸阶台的暴露面。

(5)一般炮眼(洞室)的深度应根据岩石坚硬度和爆破方法考虑。

1)炮眼法施工时炮眼深度应为爆破层厚度的1.0~1.5倍;如果爆破层下有较软土石层时,则炮眼深度可为爆破层厚度的0.7~0.9倍。

2)直井深度应为爆破层厚度的0.9~1.0倍。

3)炮眼法施工时炮眼深度应根据阶台下部和底部土石的坚硬度、阶台斜坡的角度和爆破层的厚度而定,一般可为阶台高度的0.9～1.3倍。

(6)炸石所用的炸药数量及炮眼的分布位置需根据炮眼深度、岩石的质量和形状、石质的坚硬程度和质量炸药爆炸力的大小等条件而定。施工时应按照设计和试炸结果对以上因素进行分析作出决定,作为正式施工的依据。

(7)当路堑不长时,可从路堑两端开始同时进行石方爆破;如路堑较长,为加速施工进度,可在路堑中段的适当地点增辟新的工作场地。

(8)已炸碎的优质石料应放置在适当地点,不可与废石混在一起或任意抛弃。

(9)用挖土机装运炸碎石料时,石料尺寸不得超过挖土铲斗最小边长的2/3。

(10)用爆破法开沟槽时,炮眼深度不得超过沟宽的0.5倍。如果沟深超过沟宽的0.5倍时应分层进行。接近边坡及路基顶面时,应注意炮眼深度及位置,使爆破断面符合设计要求,边沟部分应钻小孔,用少量炸药爆破。

(11)一般可用电雷管通电引起爆破,或用引线雷管点火引起爆破。当分组使整个炮同时起爆或地势险要不易躲避时,应采用通电爆破方法。

引线雷管的导火线长度应根据爆破员在点火后避入安全地点所需的时间来规定,但不得短于1 m。

(12)在砂岩、砾岩、页岩、片岩等不属于整体岩石,尤其是易塌的堆积层中,均不宜采用大爆破;当岩石倾斜朝向路线及岩层中夹有砂层或黏性土层时,也不宜采用大爆破。

(13)当岩层不太零乱,路堑较深及路线通过突出的山嘴,采用大爆破为宜。采用大爆破施工时,必须进行大爆破设计。

(14)大爆破分抛塌、扬弃爆破和多面临空等不同爆炸方法。其用药量必须根据岩石性质最小抵抗线等进行计算确定。在可能情况下除引炸药包用硝铵炸药(约占总药量1/10)外,其余采用铵油炸药较为经济。药室的位置、竖井和横洞的布置、爆炸安全半径及竖井和横洞等的开挖工作,均需根据爆破设计进行。

(15)在潮湿条件下进行爆破时,传爆线及导火线的各段均应用防水材料加以保护。露于地面上的传爆线,在气温高于30℃时,应加遮盖,避免日光直接照射。

(16)爆破后如有瞎炮,应由原施工人员参加处理,采取安全措施排除。对于大爆破,应找出线头接上电源重新起爆,或者沿导洞小心掏取堵塞物,取出起爆体,用水灌浸药室使炸药失效,然后清除。对中小型炮,可在距瞎炮的最近距离不小于0.6 m处,另行打眼爆破,当炮眼不深时,也可用裸露药包爆破。

(17)石质路堑边坡清刷及路床检验。

1)石质挖方边坡应顺直、圆滑、大面平整。边坡上不得有松石、危石,凸出于设计边坡线的石块,其凸出尺寸不应大于20 cm,超爆凹进部分尺寸也不应大于20 cm。对于软质岩石,凸出及凹进尺寸均不应大于10 cm,否则应进行处理。

2)挖方边坡应从开挖面往下分级清刷边坡,下挖2～3 m时,应对新开挖边坡刷坡,对于软质岩石边坡可用人工或机械清刷。对于坚石和次坚石,可使用炮眼法、裸露药包法爆破清刷边坡,同时清除危石、松石,清刷后的石质路堑边坡不应陡于设计规定。

3)石质路堑边坡如因过量超挖而影响上部边坡岩体稳定时,应用浆砌片石补砌超挖的坑槽。

4)石质路堑路床底高应符合设计要求,开挖后的路床基岩面标高与设计标高之差应符合设计的要求,如过高,应凿平;过低,应用开挖的石屑或灰土碎石填平并碾压密实。

5)石质路堑路床顶面宜使用密集小型排炮施工,炮眼底标高宜低于设计标高10~15 cm,装药时宜在孔底留5~10 cm空眼,装药量按松动爆破计算。

6)当石质路床超挖大于10 cm的坑洼有裂隙水时,应采用渗沟连通,渗沟宽不宜小于10 cm,渗沟底略低于坑洼底,坡度不宜小于0.6%,使可能出现的裂隙水或地表渗水由浅坑洼渗入深坑洼,并与边沟连接。如渗沟底低于边沟底则应在路肩下设纵向渗沟,沟底应低于深坑洼底至少10 cm,宽不宜小于60 cm;纵向渗沟由填方路段引出。渗沟应填碎石,并与路床同时碾压到规定的要求。

(18)开挖石方的清运与二次爆破。

1)开挖石方如横向调运或小于100 m的纵向调运用作填方时,可用推土机推运,但调运的石块必须符合填料粒径要求,对大块石料,可集中于挖方区进行二次爆破。

2)开挖石方如为废弃方,如装运受装载运输机械的限制,可对个别大石块进行二次爆破。

3)石方开挖区可分幅或分段进行爆破,石方清除和打炮眼可轮流作业。

◆路堤的填筑

1. 土质路堤的填筑

(1)分层填筑法。

1)水平分层填筑。填筑时按照横断面的整个宽度分成水平层次,逐层向上填筑。例如,原地面不平,要由最低处分层填起,每填一层经过压实后再填下一层,如图2.12(a)所示。

2)纵坡分层填筑。利用推土机或铲运机从路堑取土填筑到邻近的路堤上,依纵坡方向分层,逐层向上填筑,如图2.12(b)所示。

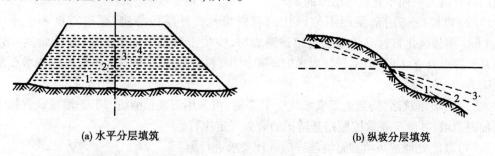

(a)水平分层填筑　　　　　　　　　　(b)纵坡分层填筑

图2.12　分层填筑法

(2)竖向填筑法。在深谷陡坡地段填筑路堤,无法自下而上分层填筑,可采用竖向填筑法。竖向填筑是指从路堤的一端或两端按横断面全部高度,逐步推进填筑,如图2.13(a)所示。

竖向填筑由于填土过厚不易压实,而且会产生不均匀沉陷,施工时需采取以下措施:

1)选用振动式或夯击式压实机械。

2)选用沉陷量较小及颗粒粒径均匀的砂石材料。

3)暂不修建较高级的路面,容许短期内自然沉降。

(3)混合填筑法。在路堤填筑时,受到地形的限制或者遇到路堤的堤身较高的情况,尽可能采用混合填筑法,如图2.13(b)所示,即在路堤下层竖向填筑,上层水平分层填筑,使上部填土经分层压实获得需要的压实度。

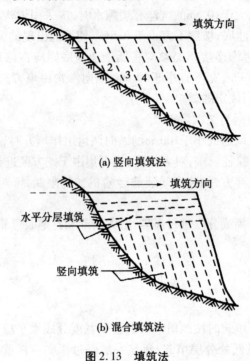

图2.13 填筑法

2. 石质路堤的填筑

(1)填石路堤的石料强度不应小于15 MPa(用于护坡的不应小于20 MPa)。填石路堤的石料最大粒径不宜超过层厚的2/3。

(2)边坡应选用坚硬而不易风化的石料填筑。外层应叠砌,叠砌宽度不应小于1.0 m。用强风化石料或软质岩石填筑路堤时,应按土质路堤施工规定,先检验其CBR值是否符合要求,CBR值不符合要求时不得使用,符合要求时应按土质筑堤的技术要求施工。

(3)山坡填筑路堤,当地面横坡陡于1∶2时,可采用石砌护肩、护脚、护墙或设置挡土墙加固边坡,其施工要求按照路基防护的有关规定执行。

(4)基底处理按照填方路堤基底的处理要求进行施工。

(5)石质路堤的填筑应先做好支挡结构,叠砌边坡应与填筑交错进行。

1)石块应分层整平,不得任意抛填,每层铺填厚度应为30~40 cm。如果填筑石料的粒径较大、级配较差、填层较厚或石块间空隙较大,可于每层表面空隙间填入石屑、石碴或中、粗砂,再用压力水将其冲入下部,填满空隙为止。

2)路床顶1.5 m以下的路堤必须分层填筑,并配合人工整理,将石块大面向下安放稳固,挤靠紧密,再用小石块回填缝隙。每层铺填厚度不应大于30 cm,填石最大粒径不得大于层厚的0.7倍。

3)石质路堤的压实宜选用2.5 t以上的夯锤、12 t以上的振动压路机或25 t以上的轮胎压路机,路床顶的压石料回填压实标准是12~15 t压路机的碾压轮迹不应大于5 mm。

(6)管线沟槽的胸腔和管顶上30 cm范围内,用5 cm以下的土夹石料回填压实,路床顶以下30 cm内的沟槽顶部可采用片石铺砌,并以细料嵌缝,整平压实。

(7)填石路堤倾填前,路堤边坡坡脚应采用粒径大于30 cm的硬质石料码砌。当设计无规定时,填石路堤设计高度小于或等于6 m时,其码砌厚度不应小于1 m;当高度大于6 m时,码砌厚度不应小于2 m。

(8)填筑路段石料不足时,可在路基外部填石、内部填土或下部填石、上部填土,土、石上下结合面应设置反滤层。

3. 机械填筑路堤的施工方法

(1)挖掘机填筑路堤。利用挖掘机填筑路堤,施工方法一般可分为以下两种方式。

1)从路基一侧挖土,直接卸向另一侧填筑路堤。此种方式,用反铲挖掘机施工比较方便。

2)配合运土车辆,挖掘机挖土装车后,运至路堤施工现场卸土填筑。这是挖土机填筑路堤施工的主要方式,正、反铲挖掘机都能适用,而且一般在取土场比较集中、运距较长的情况下,最应采用。

(2)推土机填筑路堤。用推土机直接推土填筑路堤,施工方法通常可分为以下两种。

1)土方由自卸汽车运来,按路基纵、横向每层需铺土方数量卸成土堆,然后由推土机摊平,达到预计需要的松铺厚度后由压路机进行压实,如此反复进行每一层施工直至要求的路基标高。

2)从路堤两侧或一侧的取土坑直接取土,横向推土到填土断面,分层摊平、碾压,直至设计的路基顶面。

以上两种方式都应以推土机配合施工。

(3)平地机路堤施工。

1)平整路基表面。当路堤填筑完成时,用推土机粗平并经碾压机械压实达到要求压实度后,再用平地机平整达到铺路面的设计标高。

2)修整路拱。利用调整刮刀角度的办法,可以按设计要求将路基或路面底基层稳定土层平整路拱。有时也可换用路拱形状的刮刀,平整时可一次刮出路拱。

3)修刷边坡。用平地机伸出刮刀并倾斜角度的方法,可以很方便地修刷路堤边坡,但其高度不能大于1.5 m,当从坡顶路基上及坡脚护道上两个方向分两次修刷时,高度可达3 m。超出此高度需人工配合,即由人工将平地机刮刀无法达到的地方的土修整下来,由平地机一次刮齐。

(4)铲运机填筑路堤。铲运机填筑路堤,通常适用于取土范围与填筑路堤之间的运距为100~700 m,最远也可达1 km左右,超过此范围则应考虑采用装载机配合汽车运土填筑,低于此范围则适用推土机施工。铲运机填筑路堤时,每一循环作业也可分为铲土、运土、卸土、空回四个环节,在最短距离内以最快速度装土、运土、卸土和空回是提高铲运机效率的关键。

◆雨期、冬期路基的施工

1. 雨期施工

(1) 雨期施工前的准备工作。

1) 对选择的雨期施工地段应进行详细的现场调查研究,据实编制实施性的雨期施工组织设计。认真按照批准的施工组织计划执行,施工单位的一切施工活动,要按照计划进行组织安排。

2) 应修建施工便道并保持晴雨畅通。为确保大型机械及大批量的物资进出,正式施工前,必须要解决好施工便道问题。石料来源充足的地方,最好在施工便道表面铺上碎石、卵石或者碎石土,并注意加强日常维护,保证交通运输的安全畅通。同时应注意除施工车辆外,严格控制其他车辆在施工现场通行。

3) 住地、库房、车辆机具停放场地和生产设施等都应在最高洪水位以上地点或高地上。同时,还要做好防洪抢险准备,制定有效的雨期施工的安全技术措施,并对施工人员进行专项安全教育确保雨期安全施工。

4) 修建临时排水设施,保证雨期作业的场地不被洪水淹没并能及时排除地面水。在暴雨前后,还要检查现场临时设施,如果有不安全因素,要及时进行修理加固或立即排除,要提前做好施工人员安全撤离的准备工作。

5) 雨期施工应根据当地气象预报及施工所在地地质情况、物资供应、施工能力等,同时还要储备足够的工程材料和生活物资。

(2) 雨期开挖路堑的施工要点。

1) 土质路堑开挖前,在路堑边坡顶2 m以外开挖截水沟并接通出水口。

2) 开挖土质路堑宜分层开挖,每挖一层均应设置排水纵横坡。挖方边坡不宜一次挖到设计标高,应沿坡面留厚度为30 cm的覆盖层,待雨期过后再整修到设计坡度,以挖作填的挖方应随挖随运随填。

3) 土质路堑挖至设计标高以上30~50 cm时应停止开挖,并在两侧挖排水沟,待雨期过后再挖到路床设计标高后压实。

4) 土的强度低于规定值时应按设计要求进行处理。

5) 雨期开挖岩石路堑,炮眼应尽量水平设置。边坡应按设计坡度自上而下层层刷坡,坡度应符合设计要求。

(3) 雨期填筑路堤的施工要点。

1) 雨期填筑路堤,低洼地带应在主汛期前填土至汛期水位以上,且做好路基表面、边坡与排水防护冲刷措施,填方应避开主汛期施工。

2) 雨期填筑路堤,在填筑前,应在填方坡脚以外挖掘排水沟,将流水引至附近桥涵处或预留的桥涵缺口处,保持场地不积水,如原地面松软,应采取换填等措施进行处理。如果是在斜坡地带修筑路堤,还应在其上方开挖一条截水沟,将水截住排走,以免冲毁已筑好的路堤。

3) 雨期填筑路堤,要特别注意填料选择。要选用透水性好的碎石、卵石、砂砾、石方碎渣和砂类土等作为填料。利用挖方作填方时,如果土质过湿,要将其风干后再用。含水量符合要求时,应随挖随填,及时压实。对于含水量过大无法晾干的黏性土,由于雨期常常降水,达到压实最佳含水量有困难,不得用作雨期施工填料。

4)雨期土质路堤施工,主要是抓紧晴好天气,讲究操作方法,采取在雨后较短时间内填上一层。必须做到随挖、随运、随铺、随压实。应分层填筑,每一层的表面应做成2%~4%的排水横坡,当天填筑的土层应当天(或雨前)完成压实。填土过程中遇雨,应及时碾压已摊铺的虚土。

5)雨期填筑路堤需借土时,取土坑距离填方坡脚不宜小于3 m。平原区路基纵向取土时,取土坑深度一般不宜大于1 m。

2. 冬期施工

在反复冻融地区,昼夜平均温度在 -3 ℃以下,连续10 d以上时进行的路基施工称为冬期路基施工。当昼夜平均温度虽然上升到 -3 ℃以上,但冻土未完全融化时,也应按冬期施工处理。

(1)冬期施工前的准备工作。

1)对冬期施工项目应按次序排列,编制实施性的施工组织设计。

2)冬期施工项目在冰冻前应进行现场放样,保护好控制桩并树立明显的标志,防止被冰雪掩埋。

3)在冰冻之前,应清除路基范围内的全部草皮、树根和杂物,修通现场的施工便道。

4)在冰冻之前,应挖好坡地上填方的台阶,清除石方挖方的表面覆盖层、裸露岩体。

5)准备施工队伍的生活设施、取暖照明设备、燃料和其他越冬所需的物质。

6)维修保养冬期施工需用的车辆、机具设备,充分备足冬期施工的工程材料。

(2)冬期挖方路堑的施工要点。

1)开挖冻土应根据冻土深度、机械设备情况,可采用人工破碎或冲击机械、正铲挖掘机等设备进行破碎。

2)开挖冻土,如果采用机械或人工刨除表面冻层,挖到设计标高时应立即碾压成型。如果当日无法达到设计标高,下班前应将操作面覆盖或刨松,防止冻结。当冻土层破开挖到未冻土后,应连续作业,分层开挖,中间停顿时间较长时,应在表面覆雪保温,避免重复被冻。

3)挖方边坡不应一次挖到设计线,应预留30 cm厚台阶,待到正常施工季节再削去预留台阶,整理达到设计边坡。

4)路堑挖至路床面以上1 m时,挖好临时排水沟后,应停止开挖并在表面覆以雪或松土,待到正常施工时,再挖去其余部分。

5)冬季开挖路堑必须从上向下开挖,严禁从下向上掏空挖"神仙土",以防发生安全事故。

6)冬季开挖路堑,每日开工时,应先开挖向阳处,气温回升后再开挖背阴处,开挖遇水应做临时排水沟及时排水。

7)冬季施工开挖路堑的弃土要远离路堑边坡坡顶堆放。弃土堆高度一般不应大于3 m。弃土堆坡脚到路堑边坡顶的距离一般不得小于3 m,深路堑或松软地带应保持5 m以上。弃土堆应摊开整平,严禁把弃土堆在路堑边坡顶上。

(3)冬期填方路堤的施工要点。

1)冬期施工室外平均气温在 -5 ℃以上时,填土高度不受限制;平均气温在 -5 ℃以下时,填土高度不宜超过表2.6的规定。

表2.6 冬期施工的填土高度

温度范围/℃	填土高度/m
-10 ~ -5	4.5
-15 ~ -11	3.5
-20 ~ -16	2.5

2)用砂、砂砾、石块填筑路基时,填土高度不受气温条件的限制。

3)在填土之前,要将地面的积雪、冰块清除干净,并按照工程需要及设计要求,决定是否刨出冻层,再水平分层填土压实。

4)填土后立即铺筑高级路面或次高级路面的路基,严禁用冻土填筑。在填筑冻土的路段,当年不得铺筑高级路面或者次高级路面,必须经春融后,并将路槽以下60 cm进行灰土处理加固后,方可铺筑路面。在铺筑之前,要检验填土的密实度,符合土质路基最低压实度后方可铺筑。

5)城市快速路、主干路的路基不应用含有冻土块的土料填筑。次干路以下道路填土材料中冻土块含量应小于15%,冻土块粒径不应大于10 cm。冻土必须与好土掺匀,严禁集中使用。

6)季节性冰冻地区春融期施工的冻土,还要根据地区特点,做好冻融土的开挖、风干及碾压工作,同时要注意防止受到雨水浸泡,加强路基排水。

7)冬期施工的路堤填料,要选用未冻结的砂类土、碎、卵石土,开挖石方的石块、石碴等透水性良好的土,禁止用含水量过大的黏性土。

8)冬期填筑路堤,要按照横断面全宽平填,每层松铺厚度应按正常施工减少20% ~ 30%,并且最大松铺厚度不得超过300 mm。压实度不得低于正常施工时的要求,当天填的土必须当天完成碾压。

9)当路堤距路床底面1 m时,碾压密实后应停止填筑,在上面铺一层雪或松土保温。待冬期过后整理复压,再分层填筑至设计标高。

10)在挖填方交界处,填土低于1 m的路堤都不应在冬期施工。

11)冬期施工取土坑要远离填方坡脚。如果条件限制需要在路堤附近取土时,取土坑内侧到填方坡脚的距离要大于正常施工护坡道的1.5倍。

12)冬期填筑的路堤,每层每侧应当宽于填层设计宽度,压实宽度不得小于设计宽度,待冬期过后修整边坡削去多余部分并拍打密实或加固。

2.3 路面基层施工

【基 础】

◆路面基层的分类

1. 碎石基层

（1）级配碎石基层。级配碎石基层是指粗、中、细碎石集料和石屑各占一定比例的混合料，当其颗粒组成符合密实级配，经拌和、摊铺、碾压成型及养护后，其抗压强度、稳定性和密实度要符合规定的要求。其特点是：强度较高、稳定性较好，适用于各级公路和城市道路的基层和底基层。当混合料改为粗、细砾石和砂而成为级配砾石时，其特点是强度低、稳定性较差。

（2）填隙碎石基层。填隙碎石基层是指用单一尺寸的粗碎石做主集料，形成嵌锁作用，用石屑填满碎石间的孔隙，增加密实度及稳定性。这种结构的基层适用于一般道路的基层和各级道路的底基层。

2. 石灰稳定类基层

石灰稳定类基层是指在粉碎的或原来松散的土中，掺入一定比例的水和石灰，经过拌和得到的混合料经摊铺压实及养护后，其抗压强度或耐久性要符合规定的要求。

石灰稳定土是指用石灰稳定细粒土得到的混合料。用石灰稳定粗粒土或中粒土得到的混合料，根据所用原材料而定，当原材料为天然砂砾土时，称之为石灰砂砾土；当原材料为天然碎石土时，称之为石灰碎石土。

此外，只使用少量石灰改善土的塑性指数或提高其强度，又无法达到石灰稳定土规定的强度要求时，称之为石灰改善土。

3. 石灰工业废渣稳定类基层

工业废渣包括粉煤灰、煤渣、炉渣、高炉矿渣、钢渣（已经过崩解达到稳定）、煤矸石及其他粉状废渣。用一定比例的石灰与这些废渣中的一种或几种经加水拌和、压实和养护后得到的一种强度和耐久性都有很大提高并符合规范规定要求的废渣，称为石灰工业废渣，稳定土也称石灰工业废渣。

石灰工业废渣材料包括石灰粉煤类和石灰其他废渣类两类。

同时用石灰和粉煤灰稳定细粒土（含砂）得到的混合料，简称为二灰土。同时用石灰和粉煤灰稳定级配碎石和级配砂砾时，分别简称为二灰碎石和二灰砂砾。

4. 水泥稳定类基层

水泥稳定类基层是指在粉碎的或原来松散的土中，掺入一定比例的水和水泥，通过拌和得到的混合料经摊铺压实及养护后，其抗压强度及耐久性符合规定的要求。

用水泥稳定砂性土、黏性土及粉性土得到的混合料，简称水泥稳定土。用水泥稳定砂得到的混合料，简称水泥稳定砂。用水泥稳定粗粒土或中粒土得到的混合料，根据所用原材料,可简称水泥稳定碎石、水泥稳定砂砾等。

在稳定各种土时,通常按照设计强度和耐久性以及地方材料的供应情况,同时用水泥及石灰、水泥和粉煤灰稳定某种土,这样得到的混合料,称之为综合稳定类基层。

此外,只使用少量水泥改善土的塑性指数或提高其强度而无法达到水泥稳定土规定的强度要求时,称之为水泥改善土。

◆路面基层的技术要求

1. 足够的强度和刚度

基层必须能够承受车辆荷载的反复作用,即在预定设计标准轴载反复作用下,基层产生的残余形变不会太多,更不会产生剪切破坏(无结合料的粒料基层)或疲劳弯拉破坏(用各种结合料处治的基层)。基层要满足上述的技术要求,除了必需的厚度之外,主要取决于基层材料本身的强度。材料的强度包括以下两个方面:

(1)材料的强度是石料颗粒本身的硬度或强度,可用集料压碎值或集料磨耗值表示。

(2)材料的强度是材料整体(混合料)的强度和刚度,如回弹模量、承载比、抗压强度、抗弯拉强度、抗剪切强度。

基层的刚度(回弹模量)必须与面层的刚度相匹配。如果面层和基层的刚度差别过大,会使面层由于过大的拉应力或拉应变而过早开裂破坏。因此,在高等级道路上,无论是混凝土面层还是沥青面层,都要选用结合料稳定的材料做基层,最好是用水泥或石灰粉煤灰等稳定的粒料。

2. 有足够的水稳性和冰冻稳定性

进入路面结构层的水(包括气态水)可使含土较多、土的塑性指数较大的基层或底基层材料的含水量增加及强度降低,从而导致路面过早损坏。如果是在冰冻地区,此种水造成的危害就会更大。因此,要用水稳性好的材料做路面的基层和底基层。就各种基层材料的水稳性而言,水泥粒料的水稳性最好,石灰粉煤灰粒料次之,细土含量多且塑性指数大的级配碎石和级配砾石的水稳性最差。

3. 有足够的抗冲刷能力

为了提高高等级道路上路面基层的抗冲刷性能,应采取以下措施:

(1)在采用水泥稳定粒料基层时,粒料的级配要依照基层施工规范中规定的级配碎石或级配砾石基层的集料级配范围而定,同时限制集料中小于0.075 mm的颗粒含量不超过5%(有塑性指数)或7%(无塑性指数)。

(2)在采用石灰粉煤灰粒料基层时,混合料中粒料的比例应是80%~85%,同时粒料要具有良好的级配,且其中小于0.075 mm的颗粒含量应等于0。

(3)在采用石灰稳定级配粒料土或石灰土稳定级配粒料时,混合料中粒料的比例要接近85%。

4. 有足够的平整度

基层的平整度直接影响面层的使用质量和寿命,平整度对较厚沥青混凝土面层的影响虽不如对薄沥青面层的影响那么大,但是基层的不平整会引起沥青混凝土面层厚薄不匀,使沥青面层在使用过程中的平整度降低较快,并导致沥青混凝土面层产生一些薄弱面,成为路面使用期间产生温度收缩裂缝的起点。

5. 收缩性小

对于高等级道路基层,尤其是半刚性基层,还应该要求其收缩性小,半刚性材料的收缩性包括以下两个方面:

(1)由于温度降低而产生的收缩。

(2)由于水分减少而产生干缩的程度。

6. 与面层结合良好

面层与基层间的良好结合,对于沥青面层的使用质量是非常重要的,可减少面层底面由于车辆荷载引起的拉应力和拉应变,通常情况下可减小50%以上,有时甚至可减小到1/4,还可明显减小由温度变化引起的沥青面层内的拉应力及拉应变。基层与面层良好结合还可以使薄沥青面层不产生滑动、推移等破坏。为此,基层表面应该稳定并且具有一定的粗糙度,表面还应该结构均匀,无松散颗粒。

【实 务】

◆砂石基层施工

1. 砂石基层原材料的要求

组成的砂石级配要符合规范规定,颗粒应坚硬,最大粒径应小于0.7倍砂石基层厚度,最大也不应大于100 mm,粒径5 mm以下颗粒含量不得大于30%(体积分数),细长及扁平颗粒的含量不应超过20%,含泥量不应大于砂石料质量的10%。

2. 施工前准备

在进行砂石基层施工之前,首先应对运输的道路进行检查,需要进行修整的部位要进行修整,对于已经松动或遗失的测桩,要进行补钉。对于原路基应进行测量、修整,使路基的质量达到所规定的要求。

3. 摊铺

砂石基层摊铺厚度应按设计厚度乘以松铺系数,但是每层的厚度不应超过30 cm。松铺系数应通过试验确定,人工摊铺混合料时,其松铺系数为1.40~1.50;平地机摊铺混合料时,其松铺系数为1.25~1.35。在摊铺砂石料时,应均匀一致,无粗细颗粒分离现象。对于在摊铺时所发生的砂窝及梅花现象,应当及时处理,挖出换填合格的砂石料。

4. 洒水碾压

砂石摊铺至少有一个碾压段长度(30~50 m)后,才能开始泼水,洒水量应使全部砂石湿润,但是不得使路基积水。当砂石层的厚度小于10 cm时,可以预先在砂石料堆上泼水。泼水后待表面稍干即可以进行碾压,在碾压过程中,要随时补水,以保持湿润。在冬期施工时,应根据施工环境的最低温度,泼洒防冻剂,防冻剂的掺量和浓度应经试验确定,并应做到随泼洒随碾压。当泼洒盐水时,盐水的浓度和冰点见表2.7。碾压由路边向路中线逐次碾压,路边先碾压3~4遍,先轻后重。采用12 t以上压路机进行,初始碾速应为25~30 m/min;砂石初步稳定后,碾速应控制在30~40 m/min。碾压深度不大于

5 mm,在碾压成活后,砂石表面应平整、坚实,如果发现有粗、细集料集中的部位,应挖出,换填合格材料重新进行碾压成活,砂石碾压成活后,要派专人泼水养护。

表 2.7　不同浓度盐水溶液冰点

溶液密度/(g·cm^{-3}) 15 ℃时	食盐含量/g		冰点/℃
	在 100 g 溶液内	在 100 g 水内	
1.04	5.6	5.9	-3.5
1.06	8.3	9.0	-5.0
1.09	12.2	14.0	-8.5
1.10	13.6	15.7	-10.0
1.14	18.8	23.1	-15.0
1.17	22.4	29.0	-20.0

注:溶液浓度应用相对密度控制

5.砂石基层施工的注意事项及工艺流程图

(1)砂石基层施工注意事项。

1)对路基要进行测量、修整。

2)基层不同厚度、不同季节洒水量参考值见表 2.8。

表 2.8　砂石基层不同厚度、不同季节洒水量参考值

厚度/cm	季　节	
	春秋季/(kg·m^{-2})	夏季/(kg·m^{-2})
10	6~8	8~12
15	9~12	12~16
20	12~16	16~20
25	15~20	20~28

(2)工艺流程如图 2.14 所示。

6.质量标准

(1)表面应平整、坚实,无松散和粗、细集料集中现象。

(2)用 12 t 以上压路机碾压后轮迹深度不应大于 5 mm。

(3)砂石基层和底基层允许偏差应符合表 2.9 的规定。

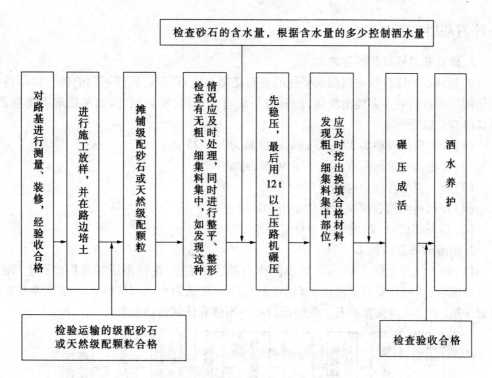

图 2.14 砂石基层施工工艺流程图

表 2.9 砂石基层和底基层允许偏差

项目	允许偏差		检验频率			检验方法
			范围	点	数	
中线偏位/mm	≤20		100 m	1		用经纬仪测量
纵断高程/mm	基层	±15	20 m	1		用水准仪测量
	底基层	±20				
平整度/mm	基层	≤10	20 m	路宽/m	<9	1	用 3 m 直尺和塞尺连接量两次，取较大值
	底基层	≤15			9~15	2	
					>15	3	
宽度/mm	不小于设计规定 + 施工时必要的附加宽度		40 m	1		用钢尺测量
横坡	±0.3% 且不反坡		20 m	路宽/m	<9	2	用水准仪测量
					9~15	4	
					>15	6	
厚度/mm	砂石	+20, -10	1 000 m²	1		用钢尺测量
	砾石	+20, -10% 层厚				

◆碎石基层施工

1. 碎石基层原材料的要求

轧制碎石的原材料应用质地坚硬的破碎花岗石或石灰石,软硬不同的碎石料不得掺和使用。碎石料应为多棱角块体,碎石中不应有黏土块、植物根叶、腐殖质等有害物质,并且应符合以下要求:

(1)碎石料的规格为 30 ~ 70 mm,嵌缝料为 15 ~ 25 mm。
(2)碎石料的抗压强度不应小于 80 MPa。
(3)碎石料的含泥量应小于 2%。
(4)碎石料的软弱颗粒含量应小于 5%。
(5)扁平细长(1∶2)的碎石含量应小于 20%。

2. 填隙碎石基层施工

(1)施工流程如图 2.15 所示。填隙碎石基层施工中,在初步压实的粗碎石上,需要多次撒铺嵌缝料,并要分层碾压,直到全部孔隙被填满为止。填缝料不应在粗碎石表面自成一层,表面要看见粗碎石。在碾压过程中不能有任何蠕动现象。

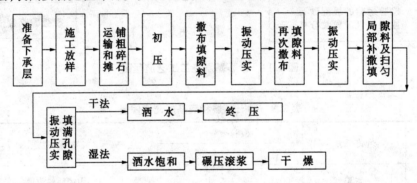

图 2.15 填隙碎石基层图

(2)施工要求。

1)准备下承层。要求填隙碎石结构层下面的底基层和土基平整、坚实,无松散或软弱地点,平整度、压实度、控制标高都要符合规范规定的要求。

2)施工放样。在下承层上恢复中线,直线段每 15 ~ 20 m 设一桩,平曲线段每 10 ~ 15 m设一桩,并在两侧路肩外缘外设指示桩,在两侧指示桩上用明显标记标出基层边缘的设计标高。

3)备料。根据各路段基层或底基层的宽度、厚度及松铺系数,计算各段需要的粗碎石数量;根据运料车辆的车厢体积,计算每车料的堆放距离,填隙料的用量约为粗碎石质量的 30% ~ 40%。

4)运输与摊铺粗碎石。

①碎石装车时,应控制每车料的数量基本相等。

②在同一料场供料的路段内,由远到近将粗碎石按相关规定计算的距离卸置于下承层上。卸料距离应严格掌握,避免有的路段料不够或料过多。

③料堆每隔一定距离应留一缺口。

④用平地机或其他合适的机具将粗碎石均匀地摊铺在预定的宽度上,表面应力求平整,并有规定的路拱,应同时摊铺路肩用料。

⑤检查松铺材料层的厚度是否符合预计要求,必要时,应进行减料或补料工作。

5)撒铺填隙料和碾压。从施工工艺上包括干法施工(也称干压碎石)与湿法施工。

①干法施工。(也称干压碎石)

a.初压。用8 t两轮压路机碾压3~4遍,使粗碎石稳定就位。在直线和不设超高的平曲线段上,碾压从两侧路肩开始,逐渐错轮向路中心进行;在设超高的平曲线段上,碾压从内侧路肩开始,逐渐错轮向外侧路肩进行。错轮时,每次重叠1/3轮宽。在第一遍碾压后,应再次找平。初压终了时,表面应平整,并具有要求的路拱和纵坡。

b.撒铺填隙料。用石屑撒布机或类似的设备将干填隙料均匀地撒铺在已压稳的粗碎石层上,松铺厚度约2.5~3.0 cm。必要时,用人工或机械扫匀。

c.碾压。用振动压路机慢速碾压,将全部填隙料振入粗碎石间的孔隙中。如没有振动压路机,可用重型振动板。碾压方法同a项,但路面两侧应多压2~3遍。

d.再次撒布填隙料。用石屑撒布机或类似的设备将干填隙料再次撒铺在粗碎石层上,松铺厚度约2.0~2.5 cm,用人工或机械扫匀。

e.再次碾压。用振动压路机按c项进行碾压。在碾压过程中,对局部填隙料不足之处,人工进行找补,局部多余的填隙料应扫除。

f.再次碾压后,如表面仍有未填满的孔隙,则应补撒填隙料,并用振动压路机继续碾压,直到全部孔隙被填满为止。同时,应将局部多余的填隙料铲除或扫除。填隙料不应在粗碎石表面自成一层,表面必须能看得见粗碎石,如填隙碎石层上为薄沥青面层,应使粗碎石的棱角外露3~5 mm。

g.当需分层铺筑时,应将已压成的填隙碎石层表面粗碎石外露约5~10 mm,然后在上摊铺第二层粗碎石,并按a~f项要求施工。

h.填隙碎石表面孔隙全部填满后,用12~15 t三轮压路机再碾压1~2遍。在碾压过程中,不应有任何蠕动现象。在碾压之前,宜在表面先洒少量水,洒水量宜为3 kg/m² 以上。

②湿法施工。(也称水结碎石)

a.湿法施工开始的工序与干法施工①中a~f项要求相同。

b.粗碎石层表面孔隙全部填满后,立即用洒水车洒水,直到饱和,但应注意避免多余水浸泡下承层。

c.用12~15 t三轮压路机跟在洒水车后进行碾压。在碾压过程中,将湿填隙料继续扫入所出现的孔隙中。需要时,再添加新的填隙料。洒水和碾压应一直进行到填隙料和水形成粉浆为止。粉砂浆应填塞全部孔隙,并在压路机轮前形成微波纹状。

d.干燥。碾压完成的路段应让水分蒸发一段时间。结构层变干后,表面多余的细料以及细料覆盖层都应扫除干净。

e.当需分层铺筑时,应待结构层变干后,将已压成的填隙碎石层表面的填隙料扫除一些,使表面粗碎石外露5~10 mm,然后在上摊铺第二层粗碎石,并按a~d项要求施工。

填隙碎石施工完毕后,表面粗碎石间的孔隙应填满,但不得使填隙料覆盖粗集料而自成一层,表面应看得见粗碎石。碾压后基层的固体体积率应不小于85%,底基层的固体体积率应不小于83%。填隙碎石基层未洒透层沥青或未铺封层时,禁止开放交通。

3. 级配碎石基层路拌法施工

级配碎石的施工方法有路拌法和厂拌法两种,城市道路施工中一般采用路拌法。

(1)工艺流程。(图2.16)

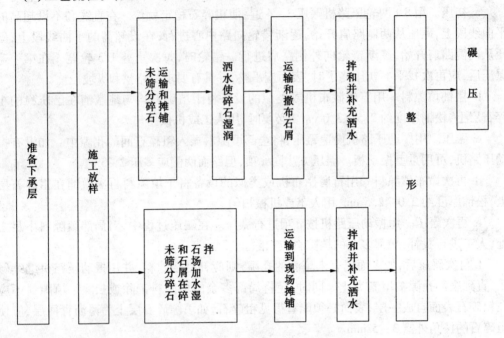

图2.16 级配碎石基层路拌法施工工艺流程图

(2)准备工作。

准备工作包括准备下承层、清底放样、准备施工机具等。准备下承层主要包括以下两个方面。

1)下承层不宜做成槽式断面。

2)准备下承层,有关要求同水泥稳定土。

(3)施工放样。在底基层或路床上恢复道路中线,直线段每15~20 m设一桩,平曲线段每10~15 m设一桩,并在两侧路肩边缘外设指示桩,在两侧指示桩上用明显标记标出基层面设计标高。

(4)备料。按照试验进行配比,把碎石屑等原材料运至搅拌站内,不同粒级碎石和石屑等细集料应隔离,分别堆放,计算材料用量时要按以下要求。

1)采用未筛分碎石和石屑组成级配碎石时,按表2.10的要求,计算未筛分石和石屑的配合比。

表 2.10 级配碎石及级配碎砾石的颗粒范围及技术指标

项 目		通过质量百分率/%			
		基层		底基层	
		次干路及以下道路	城市快速路、主干路	次干路及以下道路	城市快速路、主干路
筛孔尺寸/mm	53			100	
	37.5	100		85~100	100
	31.5	90~100	100	69~88	83~100
	19.0	73~88	85~100	40~65	54~84
	9.5	49~69	52~74	19~43	29~59
	4.75	29~54	29~54	10~30	17~45
	2.36	17~37	17~37	8~25	11~35
	0.6	8~20	8~20	6~18	6~21
	0.075	0~7	0~7	0~10	0~10
液限/%		<28	<28	<28	<28
塑性指数		<6(或9)	<6(或9)	<6(或9)	<6(或9)

注：1. 潮湿多雨地区的塑性指数应小于6，其他地区的塑性指数应小于9。
  2. 对于无塑性的混合料，小于0.075 mm 的颗粒含量接近高限。
  3. 底基层所列为未筛分碎石颗粒组成范围。

2）采用不同粒级的单一尺寸碎石和石屑组成级配碎石时，按表 2.10 的要求，计算不同粒级碎石和石屑的配合比。

3）级配碎石及级配碎砾石石料的压碎值应符合表 2.11 的规定。

表 2.11 级配碎石及级配碎砾石石料的压碎值

项 目	压 碎 值	
	基层/%	底基层/%
城市快速路、主干路	<26	<30
次干路	<30	<35
次干路以上道路	<35	<40

4. 泥结碎石基层

泥结碎石是指以碎石为集料，经碾压后灌浆，依靠碎石的嵌锁和黏土的黏结作用而形成的结构层。其强度与稳定性主要取决于碎石的嵌锁作用，黏土的黏结作用只起辅助作用。泥结碎石只适用于低等级路面的基层或垫层，施工方法主要有灌浆法和拌和法，但灌浆法修筑效果较好，其工序如下。

（1）准备工作。准备工作包括准备下承层及排水设施、施工放样、布置料堆、拌制泥浆等。泥浆通常按水与土为 0.8∶1~1∶1 的体积比配制。过稠、过稀、不均匀，均将影响施工质量。

(2)碎石摊铺和初碾压。摊铺碎石时采用的松铺系数通常设为 1.20~1.30,摊铺力求表面平整,并具有规定的路拱。初压时用 8 t 双轮压路机碾压 3~4 遍,使粗碎石稳定就位。

在直线路段,由两侧向路中心碾压,在超高路段,由内侧向外侧,逐渐错轮进行碾压,每次重叠 1/3 轮宽。初压终了时,表面要平整,并具有规定的路拱和纵坡。

(3)灌浆及带浆碾压。如果碎石过干,可先洒水润湿,以利于泥浆一次灌透。泥浆浇灌到相当面积后,即可撒 5~15 mm 嵌缝料(用量为 1~1.5 m^3/100 m^2)。用中型压路机进行带浆碾压,使泥浆能充分灌满碎石缝隙,次日即进行必要的填补和修整工作。

(4)最终碾压。待表面已干、内部泥浆尚属半湿状态时,可进行最终碾压,一般碾压 1~2 遍后撒铺薄层(3~5 mm)石屑并扫匀,然后进行碾压,使碎石缝隙内泥浆能翻到表面上与所撒石屑黏结成整体。接缝处及路段衔接处,均应妥善处理,保证平整密合。

5. 质量标准

(1)表面应平整、坚实,无推移、松散、浮石现象。

(2)用 12 t 以上压路机碾压后,轮迹深度小于 5 mm。

(3)碎石基层和底基层允许偏差应符合表 2.9 的规定。

◆石灰土类基层施工

1. 石灰稳定土施工要求

石灰稳定土使用范围广,适用于各级路面的基层及垫层,还可用来处理软土地基及道路翻浆等病害。

(1)石灰土层应在春末和夏季组织施工。施工期的日最低气温应在 5 ℃ 以上,并应在第一次重冰冻(-4~-3 ℃)到来之前一个月到一个半月完成。稳定土层宜经历半月以上温暖和热的气候养生。多雨地区,应避免在雨季进行石灰土结构层的施工。

(2)石灰稳定土结构层应用 12 t 以上的压路机碾压。用 12~15 t 三轮压路机碾压时,每层的压实厚度不应超过 15 cm;用 18~20 t 三轮压路机和振动压路机碾压时,每层的压实厚度不应超过 20 cm;对于石灰稳定土,采用能量大的振动压路机碾压时,或对于石灰土,采用振动羊足碾与三轮压路机配合碾压时,每层的压实厚度可以根据试验适当增加。压实厚度超过上述规定时,应分层铺筑,每层的最小压实厚度为 10 cm,下层宜稍厚。对于石灰土,应采用先轻型、后重型压路机碾压。

(3)石灰稳定土层宜在当天碾压完成,碾压完成后必须保温养生,不使稳定土层表面干燥,也不应过分潮湿。

(4)石灰稳定土层上未铺封层或面层时,禁止开放交通;当施工中断、临时开放交通时,应采取保护措施,不使基层表面遭破坏。

(5)石灰稳定土基层施工时,严禁用薄层贴补的办法进行找平。

(6)在采用石灰土做基层时,必须采取措施防止表面水透入基层,同时应经历一个月以上的温暖和热的气候来养生。作为沥青路面的基层时,还应采取措施加强基层与面层的联结。

2. 石灰稳定土路拌法施工

(1)石灰稳定土路拌法施工工艺流程,如图 2.17 所示。

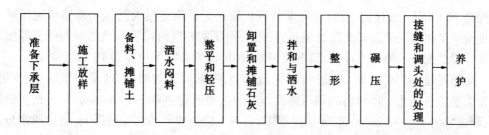

图 2.17 石灰稳定土路拌法施工的工艺流程

(2)备料及摊铺。选取合格的土、石灰和水,通过实验确定石灰的剂量及最佳含水量。石灰应堆放在临近水源的场地上,并在应用前 7~10 d 充分消解。通常每吨生石灰的用水量为 600~800 kg。消解后的石灰应保持成稍湿的颗粒状且不飞扬为佳。石灰消解时会放出大量的热量,要注意安全操作及环保工作。

按照各路段的宽度、厚度、预定的干密度、混合料配比及含水量等,计算出土的松铺厚度及石灰用量,通常将石灰折算成摊铺厚度或体积用量。在铺摊土之前,要事先通过试验确定铺摊系数,铺摊系数也称为虚铺系数和压实系数,人工摊铺混合料时,其松铺系数可按表 2.12 选用。

表 2.12　人工摊铺混合料松铺系数表

材料名称	松铺系数	备 注
石灰土	1.53~1.58	现场人工摊铺土和石灰,机械拌和,人工整平
	1.65~1.71	路外集中拌和,运到现场人工摊铺
石灰土砂砾	1.52~1.56	路外集中拌和,运到现场人工摊铺

(3)整平和轻压。对人工摊铺的土层整平后,用 6~8 t 两轮压路机碾压 1~2 遍,使其表面平整,并有一定的压实度。

(4)卸置和摊铺石灰。

1)按计算所得的每车石灰的纵横间距,用石灰在土层上做标记,同时画出摊铺石灰的边线。

2)用刮板将石灰均匀摊开,石灰摊铺完后,表面应没有空白位置。量测石灰的松铺厚度,根据石灰的含水量和松密度,校核石灰用量是否合适。

(5)拌和与洒水。用稳定土拌和机、平地机、推土机、农用旋转耕作机与多铧犁配合进行拌和作业。在拌和开始阶段要反复检查拌和深度,严禁在石灰土层与下承层之间残留一层素土,但也不能切入下承层太深,破坏下承层的表面。拌和过程中要及时检查含水量,按最佳含水量的要求,根据具体情况洒水闷料。拌和完成的标志为混合料色泽一致,无灰条和灰团,无明显粗细集料离析现象,且水分合适、均匀。

(6)整形与碾压。混合料拌和均匀后,要用平地机或路拱板进行初步整形,并用平地机或者轮胎压路机立即在初平的路段上快速碾压一遍,以暴露潜在的不平整,及时予以修整。在整形过程中,严禁任何车辆通行。

整形后,当混合料的含水量为最佳含水量(±1%~±2%)时,应立即用轻型压路机并配合12 t以上压路机在结构层全宽内进行碾压。采用能量大的振动压路机碾压或采用振动羊足碾与三轮压路机配合碾压时,每层的压实厚度可以适当增加。当压实厚度超过碾压设备的最大碾压厚度时,应分层铺筑,每层的最小压实厚度为10 cm。

碾压要遵循先轻后重、先慢后快、先边后中、先低后高的原则,通常需碾压6~8遍,至无明显轮迹为止。压路机的碾压速度,初压时,碾速宜为20~30 m/min,灰土初步稳定后,碾速宜为30~40 m/min。碾压过程中,石灰土的表面要始终保持湿润,要按照水分蒸发速度进行补洒少量的水,禁止大水碾压,如出现松散、起皮、"弹簧"等现象,要及时翻开重新拌和或用其他方法处理,使其达到质量要求。

(7)接缝和调头处的处理。

1)同日施工的两工作段的衔接处,应采用搭接形式。前一段拌和整形后,留5~8 mm不进行碾压,后一段施工时,应与前段留下未压部分一起再进行拌和。

2)拌和机械及其他机械不宜在已压成的石灰稳定土层上调头。如必须调头,应采取措施保护调头部分,使石灰稳定土表层不受破坏。

3)纵缝的处理应符合相关规定。

3. 石灰稳定土厂拌法施工

石灰稳定土可以在中心站用多种机械集中拌和,如强制式拌和机,双转轴桨叶式拌和机等,集中拌和有利于保证配料的准确性和拌和的均匀性。

(1)备料。土块要粉碎,最大尺寸要不大于20 mm。集料的最大粒径和级配都应符合要求,必要时,应先筛除集料中不符合要求的颗粒。配料应准确,在潮湿多雨地区施工时,还应采取措施保护集料,尤其是细集料和石灰免遭雨淋。

(2)拌制。拌制所用土应预先打碎、过筛(20 mm方孔),集中堆放、集中拌和,在正式拌制稳定土混合料之前,必须先调试所用的厂拌设备,使混合料的颗粒组成和含水量都达到规定的要求。集料的颗粒组成发生变化时,应重新调试设备。应根据集料和混合料的含水量及时调整加水量,拌和要均匀。

(3)运输。已拌成的混合料应尽快运送到铺筑现场。如果气温高、运距远,则车上的混合料要加以覆盖,以防止水分过多蒸发。此外,还要采取防扬尘措施。

(4)摊铺及碾压。下承层为石灰稳定土时,要先将下承层顶面拉毛,再摊铺混合料。

摊铺要采用沥青混凝土摊铺机、水泥混凝土摊铺机或稳定土摊铺机摊铺混合料,每次摊铺长度应为一个碾压段。在没有以上摊铺机的情况下,可以用摊铺箱或自动平地机摊铺混合料。用摊铺机或摊铺箱摊铺时,要求拌和机与摊铺机的生产能力相协调,若拌和机的生产能力较低,则要用最低速度摊铺,以减少摊铺机停机待料的情况。在摊铺时应保证路床湿润。压实系数应经试验确定,现场人工摊铺时,压实系数应用1.65~1.70。在摊铺机后面应设专人消除粗、细集料离析现象,要铲除局部粗集料"窝",并用新混合料填补。

摊铺后要用振动压路机、三轮压路机和轮胎压路机及时进行碾压。用平地机摊铺混合料时,依照铺筑层的厚度和要求达到的压实干密度,计算每车混合料的铺筑面积。将混合料均匀地卸在路幅中央,路幅宽时,可将混合料卸成两行,用平地机将混合料按松铺厚度摊铺均匀,平地机后面应及时消除粗集料"窝"和粗集料带。

(5)横向接缝处理。

1)用摊铺机摊铺混合料时,每层的工作缝要做成横向接缝,摊铺机应驶离混合料末端。

2)人工将末端混合料处理整齐,紧靠混合料放两根方木,方木的高度与混合料的压实厚度相同,整平紧靠方木的混合料。方木的另一侧用长约3 m、高度高出方木的砂砾或碎石回填。

3)将混合料碾压密实。在重新开始摊铺混合料之前,将砂砾(或碎石)和方木除去,并将下承层顶面清扫干净并拉毛。

4)摊铺机返回到已压实层的末端,重新开始摊铺混合料。

5)如果压实层末端未用方木作支撑处理,在碾压后末端成一斜坡,则在第二天开始摊铺新料之前,应将末端斜坡挖除,并挖成一横向(与路中心线垂直)垂直向下的断面。挖出的混合料加水到最佳含水量拌匀后仍可使用。

(6)纵向接缝处理。尽可能地避免纵向接缝。在不能避免纵向接缝的情况下,纵缝必须垂直相接,严禁斜接,并按规定方法处理:在前一幅摊铺时,在靠后一幅的一侧用方木或钢模板做支撑,方木或钢模板的高度与稳定土层的压实厚度相同。养护结束后,在回铺另一幅之前,拆除支撑木(或板)。

(7)养护及路缘处理。方法与路拌法相同。

4. 人工拌和法施工

人工拌和法施工又称为人工沿路拌和法施工。

(1)范围。次干路以下的小工程可以采用人工沿路拌和法施工。

(2)备料。将需稳定的土料按照事先计算的数量运到路上分堆堆放,应每隔一定距离留一缺口。然后将消石灰按照事先计算的数量运到路上,直接卸在土堆上或卸在土堆旁。

(3)拌和。

1)筛拌法。将土和石灰混合或交替过孔径15 mm的筛,筛余土块应随打碎随过筛。过筛以后,适当加水,拌和到均匀为止。

2)翻拌法。将过筛的土和石灰先干拌1~2遍,然后加水拌和,应不少于3遍,直到均匀为止。

3)为使混合料的水分充分均匀,可在当天拌和后堆放闷料,第二天再摊铺。

(4)摊铺。将拌好的石灰土混合料按松铺厚度摊铺均匀。

(5)整形和碾压。整形和碾压的施工方法与路拌法相同。

5. 质量标准

(1)表面应平整、坚实,无粗细集料集中现象,无明显轮迹、推移、裂缝,接茬平顺,无贴皮、散料。

(2)石灰土类基层质量或允许偏差应符合表2.13要求。

表 2.13 石灰土类基层及底基层允许偏差

项目		允许偏差	检验频率			检验方法
			范围	点数		
中线偏位/mm		≤20	100 m	1		用经纬仪测量
纵断高程/mm	基层	±15	20 m	1		用水准仪测量
	底基层	±20				
平整度/mm	基层	≤10	20 m	路宽/m	<9	1	用 3 m 直尺和塞尺连续量两尺,取较大值
	底基层	≤15			9～15	2	
					>15	3	
宽度/mm		不小于设计规定 + B	40 m	1		用钢尺测量
横坡		±0.3% 且不反坡	20 m	路宽/m	<9	2	用水准仪测量
					9～15	4	
					>15	6	
厚度/mm		±10	1 000 m²	1		用钢尺测量

◆石灰粉煤灰类基层施工

1. 施工前准备

在石灰、粉煤灰、砂砾基层施工之前,首先要对运输道路进行检查,将需要修整的部位进行修整,对于已经松动或遗失的测桩应进行补钉,下承层表面要平整、坚实,具有规定的路拱,下承层的平整度和压实度应符合规范的规定。

对于土基,必须用 12～15 t 三轮压路机或等效的碾压机械进行 3～4 遍碾压检验。在碾压过程中,如果发现土过干、表面松散的现象,要进行适当的洒水;如果土过湿,发生"弹簧"现象,要采用挖开晾晒、换土、掺石灰或水泥等措施进行处理。对于底基层,要进行压实度检查,对于柔性底基层还要进行弯沉值检验。

凡是不符合设计要求的路段,按照不同的情况采取不同的措施。对于下承层上的低洼及坑洞,应仔细填补及压实;搓板和辙槽应刮除;松散处,要耙松洒水并重新碾压,达到平整密实。

新完成的底基层或土基,必须按照规范规定进行验收。如果遇到验收不合格的路段,根据不同的情况采取不同的措施,使其达到标准后,才能铺筑石灰粉煤灰砂砾基层。要按照规范规定逐个断面检查下承层标高。在槽式断面的路段,两侧路肩上每隔一定距离(可以为 5～10 m)交错开挖泄水沟。在下承层上进行恢复中线的测量时,直线段每 15～20 m 设一桩,平曲线段每 10～15 m 设一桩,并在两侧路肩边缘外设指示桩,在两侧指示桩上用明显标记标出石灰粉煤灰砂砾基层边缘的设计标高。

在基层施工之前,要完成所有在结构层以下的各种管线,其管线包括地下管线、配套工程、雨水口、支管等均已竣工验收合格等工程。

在石灰粉煤灰砂砾基层未施工之前,应进行路肩土的施工,如果快车道隔离带不宽,可将快车道隔离带全部填高30 cm,在慢车道的路边培土埂高×宽为30 cm×50 cm。人工摊铺路肩土,可由人工脚踏几遍,然后再用夯夯打一遍。

石灰粉煤灰砂砾基层的施工,要密切注意天气预报,做好临时排水工作。

2. 路拌法施工

(1)石灰粉煤灰砂砾基层的施工工艺流程。石灰粉煤灰砂砾基层的施工工艺流程如图2.18所示。

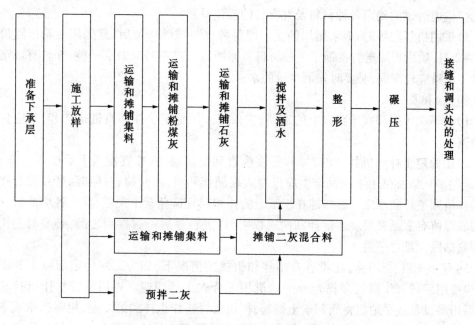

图2.18　石灰粉煤灰砂砾基层的施工工艺流程

(2)备料。

1)运到现场的粉煤灰,应含有足够的水分,防止扬尘。在干燥和多风季节,应使料堆表面保持湿润,或者覆盖。如在堆放过程中,部分粉煤灰凝结成块,使用时应将灰块打碎。场地集中堆放的粉煤灰,应予覆盖,避免雨淋过分潮湿。

2)石灰应选择公路两侧宽敞、临近水源且地势较高的场地集中堆放。当堆放时间较长时,应覆盖封存。石灰堆放在集中拌和场地时间较长时,也应覆盖封存。

3)生石灰块应在使用前7~10 d充分消解。消解后的石灰应保持一定的湿度,不得产生扬尘,也不可过湿成团。消石灰宜过孔径10 mm的筛,并尽快使用。

4)计算材料用量。根据各路段石灰粉煤灰砂砾基层的宽度、厚度及预定的干密度,计算各路段需要的干混合料质量,根据混合料的配合比、材料的含水量以及所用运料车辆的吨位,计算各种材料每车料的堆放距离。

5)如果路肩用料与石灰粉煤灰砂砾基层用料不同,应采取培肩措施,先将两侧路肩培好,路肩料层的压实厚度应与石灰粉煤灰砂砾基层的压实度相同。在路肩上,每隔5~10 m应交错开挖临时泄水沟。

6)在预定堆料的下承层上,在堆料前应先洒水,使其表面湿润。

(3)运输和摊铺。

1)材料装车时,应控制每车料的数量基本相等。

2)采用二灰时,应先将粉煤灰运到现场;采用二灰稳定土时应先将土运到现场。在同一料场供料的路段内,由远到近将料按计算出来的各种材料每车料的堆放距离卸置于下承层上,卸料距离应均匀。

3)料堆每隔一定距离应留一缺口。材料在下承层上的堆置时间不应过长。

4)应通过试验确定各种材料及混合料的松铺系数。

5)采用机械路拌时,应采用层铺法。即每种材料摊铺均匀后,宜先用两轮压路机碾压1~2遍,然后再运送并摊铺下一种材料。摊铺每层材料时应力求平整,并具有规定的路拱。集料应较湿润,必要时先洒少量的水。

(4)拌和及洒水。

1)对于次干路和次干路以上的道路,应采用专用稳定土拌和机进行拌和,并应先干拌两遍。

2)用稳定土拌和机拌和时,拌和深度应直到稳定层底,并宜浸入下承层5~10 mm(不应过多),以加强上下层黏结。应设专人跟随拌和机,随时检查拌和深度并配合拌和机操作员调整拌和深度。直接铺在土基上的拌和层宜避免素土夹层,其余各层严禁在拌和层底部留有素土夹层。通常拌和两遍以上,在进行最后一遍拌和之前,必要时先用多铧犁紧贴底面翻拌一遍。

3)对于支路、街坊路,在没有专用拌和机械的情况下,如为二灰稳定细粒土和中粒土,也可用旋转耕作机与多铧犁或平地机相配合先干拌四遍。先用旋转耕作机拌和两遍,后用多铧犁或平地机将底部素土翻起,再用放置耕作机拌和第二遍,用多铧犁或平地机将底部料再翻起,随时检查调整翻犁的深度,使稳定土层全部翻透。严禁在稳定土层与下承层之间残留一层素土,但也应防止翻犁过深,过多破坏下承层的表面。

4)对于支路、街坊路,在没有专用拌和机械的情况下,如拌和二灰稳定中粒土和粗粒土,也可用缺口圆盘耙与多铧犁或平地机相配合干拌。用平地机或多铧犁在前面翻拌,用圆盘耙跟在后面拌和,即采用边翻边耙的方法。圆盘耙的速度应尽量快,使二灰和集料拌和均匀。共翻拌四遍,开始的两遍不应翻犁到底,以防二灰落到底部,后面的两遍,应翻犁到底,随时检查调整翻犁的深度,要求同3)。

5)用喷管式洒水车将水均匀地喷洒在干拌后的混合料上,洒水距离应长些,水车起洒处和另一端调头处都应超出拌和段2 m以上。洒水车不应在正进行拌和的及当天计划拌和的路段上调头和停留,应防止局部水量过大。

6)拌和机械应紧跟在洒水车后面进行拌和,尤其在纵坡大的路段上应配合紧密,以减少水分流失。

7)在洒水拌和过程中,应及时检查混合料的含水量,水分宜大于最佳含水量1%左右。

8)拌和过程中,要及时检查拌和深度,要使石灰粉煤灰砂砾基层全深都拌和均匀。拌和完成的标志是:混合料色泽一致,没有灰条、灰团和花面,没有粗细颗粒"窝"或"带",且水分合适和均匀。

9)对于二灰级配集料,应先将石灰和粉煤灰拌和均匀,然后均匀地摊铺在砾石层上,再一起进行拌和。

(5)整形。

1)平地机整形。

①混合料拌和均匀后,先用平地机初步整平和整形。在直线段及不设超高的平曲线段,平地机由两侧向路中心进行刮平;在设超高的平曲线段,平地机由内侧向外侧进行刮平。必要时,再返回刮一遍。

②用拖拉机、平地机或轮胎压路机快速碾压1~2遍,以暴露潜在的不平整。

③再用平地机进行整形,并用拖拉机、平地机或轮胎压路机再碾压一遍。整形过程中,应及时消除粗细集料离析现象。

④对于局部低洼处,应用齿耙将其表层5 cm以上耙松,并用新拌的二灰级配集料找补平整。

⑤再用平地机整形一次。

⑥每次整形都要按照规定的坡度和路拱进行,并应特别注意接缝顺适平整。

2)人工整形。人工用锹和耙先将混合料摊平,用路拱板进行初步整形。用拖拉机初压1~2遍后,根据试验确定的松铺系数,确定纵横断面的标高,并钉桩、挂线,利用锹耙按线整形,并再用路拱板校正成型。

3)在整形过程中,必须禁止任何车辆通行。

4)初步整形后,检查混合料的松铺厚度,必要时应进行补料或减料。二灰土的松铺系数约为1.5~1.7;二灰集料的松铺系数约为1.3~1.5;人工铺筑石灰煤渣土的松铺系数为1.6~1.8;石灰煤渣集料的松铺系数为1.4。用机械拌和及机械整形时,集料松铺系数约为1.2~1.3。

(6)碾压。

1)混合料的每层压实厚度最大为20 cm,最小为10 cm。

2)碾压人工拌和人工摊铺的混合料,应先用6~8 t(或8~10 t)两轮压路机,轮胎压路机或履带拖拉机自两侧向路中稳压两遍,然后用12 t及以上重型碾压实。

3)碾压机械拌和机械摊铺的混合料,可选用12 t及以上重型碾压实。

4)最后应碾压至表面平整无明显轮迹。

5)由于工作间断或分段施工,衔接处可留出一定长度不碾压;人工摊铺时约留2 m左右,机械摊铺时要留10 m左右。也可先把接头压实,待摊铺下一段时,再挖松、洒水、整平、重压。

6)初压时要及时找平,高处铲平,低处先挖松、洒水,再填补混合料,然后再碾压成活,切忌贴薄层找平。

7)混合料从摊铺、整形到碾压成活前要完全断绝交通。

(7)接缝和调头处的处理。

1)同日施工的两工作段的衔接处,应采用搭接。前一段拌和整形后,留5~8 m不进行碾压,后一段施工时,前段留下未压部分,应再加部分石灰重新拌和,并与后一段一起碾压。

2)经过拌和,整形的石灰粉煤灰砂砾混合料,应在试验确定的延迟时间内完成碾压。

3)应注意每天最后一段末端缝(即工作缝)的处理,工作缝和调头处可按下述方法处理。

①在已碾压完成的石灰粉煤灰砂砾基层末端,沿基层挖一条横贯铺筑层全宽的宽约30 cm 的槽,直挖到下承层顶面。此槽应与路的中心线垂直,靠基层的一面应切成垂直面,并放两根与压实厚度等厚、长为全宽一半的方木紧贴其垂直面。

②用原挖出的素土回填槽内其余部分。

③如拌和机械或其他机械必须到已压成的石灰粉煤灰砂砾基层上调头,应采取措施保护调头作业段。一般可在准备用于调头的约8~10 m 长的基层上,先覆盖一张厚塑料布或油毡纸,然后铺上约10 cm 厚的土、砂或砂砾。

④第二天,邻接作业段拌和后,除去方木,用混合料回填。靠近方木未能拌和的一小段,应人工进行补充拌和。整平时,接缝处的石灰粉煤灰砂砾混合料应较已完成断面高出约5 cm,以利形成一个平顺的接缝。

⑤整平后,用平地机将塑料布上大部分土除去(注意勿刮破塑料布),然后人工除去余下的土,并收起塑料布。

在新混合料碾压过程中,应将接缝修整平顺。

4)纵缝的处理。石灰粉煤灰砂砾基层的施工应该避免纵向接缝,在必须分两幅施工时,纵缝必须垂直相接,不应斜接。

纵缝应按以下步骤处理。

①在前一幅施工时,在靠中央一侧用方木或钢模板做支撑,方木或钢模板的高度与基层的压实厚度相同。

②混合料拌和结束后,靠近支撑木(或板)的一部分,应人工进行补充拌和,然后整形和碾压。

③养生结束后,在铺筑另一幅之前,拆除支撑木(或板)。

④第二幅混合料拌和结束后,靠近第一幅的部分,应人工进行补充拌和,然后进行整形和碾压。

3. 厂拌法施工

(1)石灰粉煤灰砂砾混合料可以在中心站用多种机械进行集中拌和,对于城市快速路和主干路,应采用专用稳定土集中厂拌机械拌制混合料。集中拌和时,应符合下列要求。

1)粉煤灰的规格质量应符合规定。

2)不同粒级的砾石及细集料都应分开堆放。

3)石灰、粉煤灰和细集料都应有覆盖,防止雨淋过湿。

4)配料应准确,拌和应均匀。

5)混合料的含水量应略大于最佳含水量,使混合料运到现场摊铺后碾压时的含水量能接近最佳值。

(2)石灰粉煤灰砂砾混合料厂拌法工艺流程。石灰粉煤灰砂砾混合料厂拌法施工工艺流程如图2.19所示,其中,进入下料斗的粉煤灰、石灰、土和细集料都不应潮湿。如拌制基层用二灰级配集料,则至少应有三个集料下料斗,分装粗细集料。

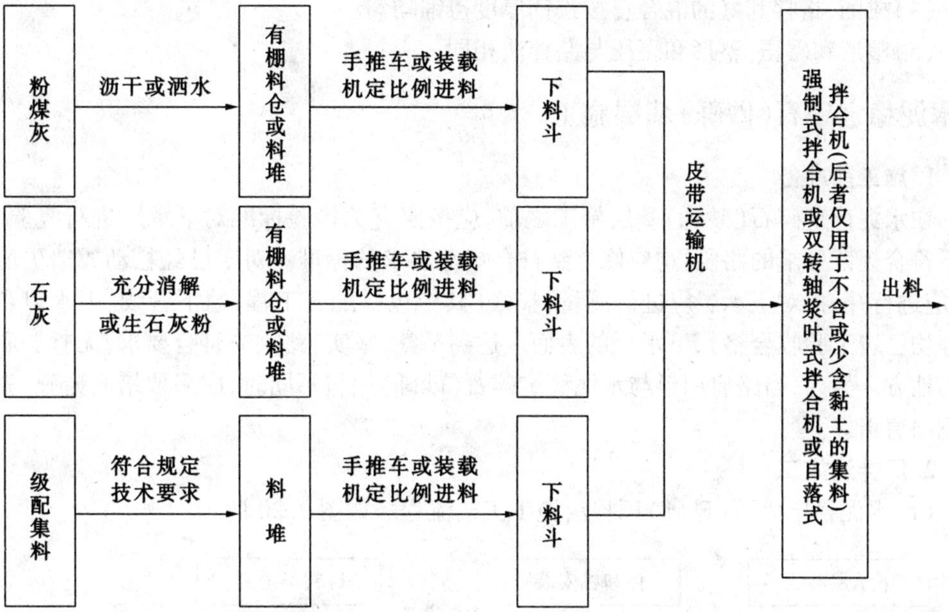

```
┌──────┐  沥干或洒水  ┌──────┐  手推车或装载  ┌────┐
│粉煤灰│─────────→│有棚料仓│─机定比例进料→│下料│─┐
│      │            │或料堆  │              │斗  │ │
└──────┘            └──────┘              └────┘ │
                                                    │
┌──────┐ 充分消解   ┌──────┐  手推车或装载  ┌────┐ │皮带  ┌────────────┐
│石灰  │─或生石灰粉→│有棚料仓│─机定比例进料→│下料│─┤运输  │拌合机(后者仅用于│
│      │            │或料堆  │              │斗  │ │机    │不含或少含黏土的 │──→出料
└──────┘            └──────┘              └────┘ │      │集料)强制式拌合机│
                                                    │      │或双转轴浆叶式拌 │
┌──────┐ 符合规定   ┌────┐  手推车或装载  ┌────┐ │      │合机或自落式     │
│级配  │─技术要求──→│料堆│─机定比例进料→│下料│─┘      └────────────┘
│集料  │            │    │              │斗  │
└──────┘            └────┘              └────┘
```

图 2.19 石灰粉煤灰砂砾混合料厂拌法施工工艺流程

(3)除满足下列两项外,其他要求同石灰土类基层厂拌法施工要求。

1)拌成混合料的堆放时间不宜超过 24 h,宜在当天将拌成的混合料运送到铺筑现场,不应将拌成的混合料长时间堆放。

2)关于横向接缝。如压实层末端未用方木作支撑处理,在碾压后末端成一斜坡,则在第二天开始摊铺新混合料之前,应将末端斜坡挖除,并挖成一横向(与路中心线垂直)垂直向下的断面。挖出的混合料加水到最佳含水量拌匀后仍可以使用。

4. 人工拌和法施工

(1)对于支路、街坊路和不适宜采用机械施工的小工程,可以采用人工沿路拌和法施工。

(2)备料。

1)将集料按事先计算的数量(或折算成体积)运到路上分堆堆放,且应每隔一定距离留一缺口。

2)将粉煤灰按事先计算的数量(或折算成体积)运到路上,直接卸在集料堆旁。

3)将石灰按事先计算的数量(或折算成体积)运到路上,直接卸在粉煤灰上。

(3)拌和。

1)筛拌法将粉煤灰和石灰混合或交替过孔径 15 mm 的筛,筛余粉煤灰块随打碎随过筛。过筛以后,适当加水至比最佳含水量大 1%~2%,并拌和均匀。

2)翻拌法将过筛的粉煤灰和石灰先干拌 1~2 遍,然后加水拌和均匀,不宜少于 3 遍。

3)对于二灰集料,应先将石灰和粉煤灰拌和均匀,然后再与集料一起拌和均匀。

4)为使混合料的水分均匀,应在当天拌和后堆放闷料,第二天再摊铺。

(4)摊铺,将拌和好的混合料按松铺厚度摊铺均匀。

(5)整形和碾压,整形和碾压与路拌法相同。

◆水泥稳定碎石(砂砾)基层施工

1. 施工前准备

在水泥稳定碎石(砂砾)基层施工之前,应按照有关检验标准对下承层进行复验,凡是不符合规范要求的路段,均应修整到符合规范要求的标准。对于已经松动或遗失的测桩,应进行补钉,对下承层应进行测量、整修(其中包括配套工程、地下管线、雨水口和支管等均已竣工验收合格),下承层的表面应达到平整、坚实,路拱应符合要求,无软弱和松散的地方。另外,当路肩用料与水泥稳定碎石(砂砾)用料不同时,应采取培肩措施,先将两侧路肩培好。

2. 厂拌法施工

(1)水泥稳定碎石(砂砾)厂拌法施工工艺流程。如图2.20所示。

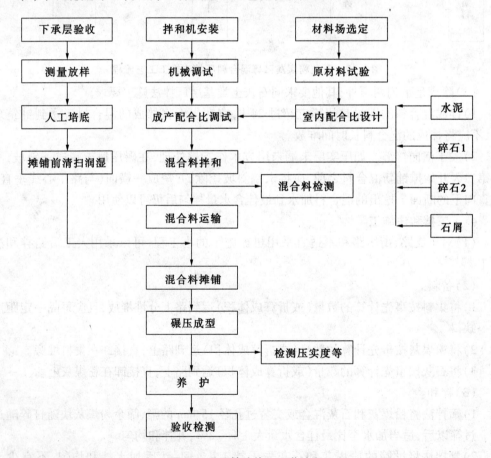

图2.20 厂拌法施工工艺流程

(2)集中拌和。城市快速路和主干路所使用的水泥砂砾,应采用专用拌和设备集中拌和。集料应过筛,级配符合设计要求,混合料配合比计算准确,含水量符合施工要求,拌和均匀。拌和设备的生产能力应满足基层摊铺进度的要求。集中拌和厂(站)应提供产品质量合格证及水泥用量、粒料级配、混合料配合比、R7、R28 强度标准值。水泥砂砾拌和好以后,在运输时应采取措施,防止混合料水分损失。

(3)摊铺。施工前应通过试验确定压实系数。水泥土的压实系数应为 1.53~1.58,水泥稳定砂砾的压实系数应为 1.30~1.35。摊铺水泥砂砾应采用水泥砂砾专用摊铺机或沥青混凝土摊铺机、水泥混凝土路面摊铺机等施工机械摊铺水泥砂砾。水泥砂砾在摊铺之前,应先铺筑试验路段,经反复试验,当试验路段所取得的各种数据完全符合要求的标准后,再进行正式的水泥砂砾基层的摊铺施工。在正式摊铺之前,应清除下承层表面的杂物、浮土等,并洒水湿润。水泥砂砾自拌和到完成摊铺工作,时间应控制在 3 h 以内。分层摊铺时,应在下层养护 7 d 后,方可摊铺上层材料。

每段连续摊铺长度不得小于 30 m,应按下式计算每车料的摊铺长度,即

$$L = \frac{P}{BH\gamma_{max}} \tag{2.1}$$

式中 L——计算的摊铺长度,单位为(m);

P——每车混合料的质量,单位为(t);

B——摊铺的宽度,单位为(m);

H——压实后的厚度,单位为(m);

γ_{max}——水泥砂砾最大干密度,单位为(t/m³)。

(4)碾压。水泥砂砾摊铺后应找平、整形,并测定含水量,当含水量等于或略大于最佳含水量时,应及时碾压。在开始碾压时,应先用 12~18 t 压路机碾压,再用 25 t 的振动压路机震压,最后用 18 t 压路机或轮胎压路机碾压直至达到要求的压实度。当使用振动压路机时,应符合环境保护、保护周围建筑物及地下管线、构筑物的要求,摊铺的水泥砂砾应在水泥初凝之前完成碾压工作。为了保护已经碾压成型的路面或正在碾压的路面,在碾压过程中,严禁压路机在已经碾压成活或正在碾压的路面上调头、刹车。

(5)接缝(茬)。在摊铺水泥碎石(砂砾)时,应进行全幅摊铺。当分幅摊铺时,应采用两台摊铺机进行摊铺,两台摊铺机应相距 5~8 m 进行同步摊铺。水泥碎石(砂砾)的纵缝应设在中线处。接缝应做成阶梯形,梯级宽不应小于 1/2 层厚。横缝应尽量减少,在摊铺水泥碎石(砂砾)的纵、横缝处,应采用方木或钢模板作为挡边,挡边的高度应与水泥碎石(砂砾)的厚度相同。在继续摊铺前,应在已经摊铺好的水泥碎石(砂砾)层的端部切除 50 cm 宽的水泥碎石(砂砾)。在摊铺纵、横接缝时,应采用直茬相接。

3. 交通管制和养护

水泥碎石(或砾石)基层分两层用摊铺机铺筑时,下层分段摊铺和碾压密实后,在不采用重型振动压路机碾压时,宜立即摊铺上层,否则在下层顶面应撒少量水泥或水泥浆。

每一段碾压完成并经压实度检查合格后,应立即开始养护。养护宜采用湿砂进行养护,砂层厚宜为 7~10 cm。砂铺匀后,应立即洒水,并在整个养护期间保持砂的潮湿状态,不得用湿黏性土覆盖。养护结束后,必须将覆盖物清除干净。水泥碎石基层也可采用沥青乳液进行养护,沥青乳液的用量按 0.8~1.0 kg/m²(指沥青用量)选用,宜分两次

喷洒。第一次喷洒沥青含量约35%的慢裂沥青乳液,使其能稍透入水泥碎石基层表层。第二次喷洒浓度较大的沥青乳液。如不能避免施工车辆在养护层上通行,应在乳液分裂后撒布3~8 mm的小碎(砾)石,做成下封层。无上述条件时,也可用洒水车经常洒水进行养护。每天洒水的次数应视气候而定,整个养护期间应始终保持水泥碎石层表面潮湿。

2.4 水泥混凝土地面施工

【基 础】

◆**水泥混凝土路面的分类**

水泥混凝土路面按照钢筋情况和施工方法的不同,分为普通混凝土路面、钢筋混凝土路面、预应力混凝土路面、连续配筋混凝土路面、碾压混凝土路面、钢纤维混凝土路面。目前应用最为广泛的是就地浇筑的普通混凝土路面。

1. **普通混凝土路面**

普通混凝土路面是指除接缝区和局部范围外不配置钢筋的混凝土路面,也称无筋混凝土路面或素混凝土路面。

2. **钢筋混凝土路面**

钢筋混凝土路面是为防止可能产生的裂缝缝隙张开,而在板内配置纵、横向钢筋或钢筋网的水泥混凝土路面。钢筋混凝土路面适用于当混凝土板的平面尺寸较大,面板形状不规则、预计路基或基层有可能产生不均匀沉陷,板下埋有地下设施等路段。

3. **预应力混凝土路面**

预应力混凝土路面是指对混凝土面板施加预压应力以抵消部分轮载和温度产生拉应力的水泥混凝土路面。这种路面的板厚可减薄到10~15 cm,板长可增大到100~150 m,具有较大的柔性和弹性,可适应基础较大的不均匀变形。

4. **连续配筋混凝土路面**

沿纵向配置连续的钢筋,除了在与其他路面交接处或邻近构造物处设置胀缝以及视施工需要设置施工缝外,横向不设伸缩缝的水泥混凝土路面称为连续配筋混凝土路面。

5. **碾压混凝土路面**

碾压混凝土路面是指采用沥青混凝土路面的主要施工机械将单位用水量较少的干硬性水泥混凝土摊铺、碾压成型的一种混凝土路面。

6. **钢纤维混凝土路面**

钢纤维混凝土路面是指在混凝土面层中掺入钢纤维的水泥混凝土路面。钢纤维混凝土路面一般适用于标高受限制地段的路面、旧混凝土路面的加铺层、公共汽车站、收费站、桥面铺装等路段。

◆水泥混凝土路面材料要求

1. 水泥

水泥混凝土路面应采用强度高、收缩性小、耐磨性强和冰冻性好的水泥。应根据交通等级合理选用水泥强度等级。重交通以上等级道路、城市快速路、主干路应采用42.5级以上的道路硅酸盐水泥或硅酸盐水泥、普通硅酸盐水泥;中、轻交通等级的道路可采用矿渣水泥,其强度等级不宜低于32.5级。用于不同交通等级道路面层水泥的弯拉强度、抗压强度的最小值应符合表2.14的规定。

表2.14 道路面层水泥的弯拉强度、抗压强度最小值

道路等级	特重交通		重交通		中、轻交通	
龄期/d	3	28	3	28	3	28
抗压强度/MPa	25.5	57.5	22.0	52.5	16.0	42.5
弯拉强度/MPa	4.5	7.5	4.0	7.0	3.5	6.5

水泥应有出厂合格证(含化学成分、物理指标),并经复验合格后方可使用。不同等级、厂牌、品种、出厂日期的水泥不得混存、混用,出厂期超过三个月或受潮的水泥,必须经过试验,合格后方可使用。

2. 细集料

混凝土用细集料宜采用质地坚硬、细度模数在2.5以上,符合级配规定的洁净粗砂、中砂;无法取得粗、中砂时,经配合比试验可行,可采取用泥土杂物含量小于3%的细砂,云母含量不大于1%。海砂不得直接用于混凝土面层,淡化海砂不应用于城市快速路、主干路、次干路,可用于支路,城市快速路、主干路宜采用一级砂和二级砂,不同产地的砂应分别堆放,分别配料使用,砂的技术要求见表2.15。

表2.15 砂的技术要求

项目			技 术 要 求					
颗粒级配	筛孔尺寸/mm		粒 径					
			0.15	0.30	0.60	1.18	2.36	4.75
	累计筛余量/%	粗砂	90~100	80~95	71~85	35~65	3~35	0~10
		中砂	90~100	70~92	41~70	10~50	0~25	0~10
		细砂	90~100	55~85	16~40	10~5	0~15	0~10
泥土杂物含量(冲洗法)/%			一级		二级		三级	
			<1		<2		<3	
硫化物和硫酸盐含量(折算为SO_3)(摩尔分数,%)			<0.5					
氧化物(氧离子质量计)			≤0.01		≤0.02		≤0.03	
有机物含量(比色法)			颜色不应深于标准溶液的颜色					
其他杂物			不得混有石灰、煤渣、草根等其他杂物					

使用机制砂时,除应满足表2.15的规定外,还应检验砂磨光值,其值宜大于35,不宜使用抗磨性较差的水成岩类机制砂。

3.粗集料

混凝土板用的粗集料应采用质地坚硬、耐久、洁净的碎石、砾石、破碎砾石,并应符合表2.16的规定。粗集料的最大公称粒径,碎砾石不应超过26.5 mm,碎石不应超过31.5 mm,砾石不宜超过19.0 mm;钢纤维混凝土粗集料最大粒径不宜大于19.0 mm。用于抗冻性混凝土的碎(砾)石,应进行冻融和坚固性试验;但在一月份平均温度不低于-10 ℃的地区,不考虑石料的抗冻性。城市快速路、主干路、次干路及有抗(盐)冻要求的次干路、支路混凝土路面使用的粗集料级别不应低于Ⅰ级。Ⅰ级集料吸水率不应大于1.0%,Ⅱ级集料吸水率不应大于2.0%。

表2.16 粗集料的技术指标

项 目	技 术 要 求	
	Ⅰ级	Ⅱ级
碎石压碎指标/%	<10	<15
砾石压碎指标/%	<12	<14
坚固性(按质量损失计)/%	<5	<14
针片状颗粒含量(质量分数)/%	<5	<8
含泥量(质量分数)/%	<0.5	<1.0
泥块含量(质量分数)/%	<0	<0.2
有机物含量(比色法)/%	合格	合格
硫化物及硫酸盐(摩尔分数)/%	<0.5	<1.0
空隙率/%	<47	
碱集料反应	经碱集料反应试验后无裂缝、酥裂、胶体外溢等现象,在规定试验龄期的膨胀率小于0.10%	
抗压强度/MPa	火成岩:≥100;变质岩:≥80;水成岩:≥60	

粗集料宜采用人工级配,其级配范围宜符合表2.17的规定。

表2.17 人工合成级配范围

粒径 \ 级配	方筛孔尺寸/mm							
	2.36	4.75	9.50	16.0	19.0	26.5	31.5	37.5
	累计筛余(质量分数)/%							
4.75~16	95~100	85~100	40~60	0~10	—	—	—	—
4.75~19	95~100	85~95	60~75	30~45	0~5	0	—	—
4.75~26.5	95~100	90~100	70~90	50~70	25~40	0~5	0	—
4.75~31.5	95~100	90~100	75~90	60~75	40~60	20~35	0~5	0

4. 水

饮用水可直接作为混凝土搅拌和养护用水。对水质有疑问时,应检查下列指标,合格者方可使用。

(1)硫酸盐含量(按 SO_4^{2-} 计)小于 0.0027 mg/mm³。

(2)含盐量不得超过 0.005 mg/mm³。

(3)pH 值不得小于 4。

5. 外加剂

为了改善混凝土的技术性质,可在混凝土的制备过程中加入一定数量的外加剂(无氯盐类)。常用的外加剂有早强剂、减水剂、加气剂、缓凝剂等,外加剂的质量要符合现行的国家标准。

混凝土掺用的外加剂,要经配合比试验符合要求后方可使用。掺用的外加剂,可按照下列规定选用。

(1)冬期施工为提高早期强度或为缩短养护时间,可掺入早强剂。

(2)为了减少混凝土拌和物的用水量,改善和易性,节约水泥用量,提高混凝土强度,可掺入减水剂。

(3)严寒地区为抗冻,可掺入加气剂。

(4)夏季施工或需要延长作业时间时,可掺入缓凝剂。

6. 接缝材料

接缝材料按使用性能分为接缝板和填缝料两类。接缝板应能适应混凝土面板的膨胀和收缩,具有施工时不变形、复原率高和耐久性好等性能。填缝料应具有与混凝土面板缝壁粘结力强、弹性好、拉伸量大、不溶于水、不渗水、高温时不流淌、低温时不脆裂和耐久性好等性能。

接缝板的品种主要有杉木板、泡沫橡胶板、泡沫树脂板和纤维板等,其技术要求应符合表 2.18 的规定。

表 2.18 接缝板的技术要求

试验项目	接缝板种类			备 注
	木材类	塑料泡沫类	纤维类	
压缩应力/MPa	5.0~20.2	0.2~0.6	2.0~10.0	
复原率/%	>55	>90	>65	吸水后不应小于不吸水的90%
挤出量/mm	<5.5	<5.0	<4.0	
弯曲荷载/N	100~400	0~50	5~40	

填缝料按施工温度分为加热施工式填缝料和常温施工式填缝料两种。加热施工式填缝料的品种主要有聚氯乙烯胶泥类、沥青橡胶类和沥青玛脂类等,其技术要求应符合表 2.19 的规定。

表 2.19 加热施工式填缝料的技术要求

试验项目	低弹性型	高弹性型
针入度/0.1 mm	<50	<90
弹性(复原率)/%	>30	>60
流动度/mm	<5	<2
拉伸量/mm	>5	>15

常温施工式填缝料的品种主要有聚氨酯焦油类、氯丁橡胶类、乳化沥青橡胶类等。其技术要求应符合表 2.20 的规定。

表 2.20 常温施工式填缝料的技术要求

试验项目	技术要求
灌入稠度/s	<20
失粘时间/h	6~24
弹性(复原率)/%	>75
流动度/mm	0
拉伸量/mm	>15

【实 务】

◆ 施工准备

在水泥混凝土面层施工之前,应进行一系列的施工准备工作,根据总体施工方案和现场条件,编制好施工组织设计,落实责任,分工合作。另外,在施工前要根据设计要求,选择原材料并做好水泥混凝土的施工配合比工作。当道路改建、扩建或利用原有路基的时候,应该检查其结构强度是否符合设计要求,并对表面的坑槽、松散的部分进行处理。

1. 选择混凝土拌和方式及拌和场地

混凝土的拌和方式有厂内集中拌和和现场拌和等。集中拌和具有管理方便、质量容易控制、生产效率高、对环境的污染较小等优点,因而在城市道路中采用较广泛。

2. 进行材料试验和混凝土配合比设计

根据技术设计要求与当地材料供应情况,做好混凝土各组成材料的试验,进行混凝土各组成材料的配合比设计。

3. 基层与垫层的准备

(1)混凝土路面的路基,应符合下列要求。

1)路基的高度、宽度、纵横坡度和边坡等应符合设计要求。

2)路基应有良好的排水系统。

3)路基应坚实、稳定,压实度和平整度应符合设计要求。

4)对现有路基加宽,应使新旧路基结合良好,压实度要符合设计要求。

(2)混凝土路面的基层,应采用板体性好、强度高的石灰稳定土、工业废渣类、级配碎(砾)石掺灰和水泥稳定砂砾(包括砾石土)等半刚性基层,及泥灰结碎(砾)石基层。

(3)混凝土路面基层的强度应满足设计要求,基层施工应符合下列要求。

1)石灰稳定土基层,应做到土块粉碎,石灰合格,配料准确,拌和均匀,控制最佳含水量,碾压密实。石灰含量宜占土的8%～12%。当日平均气温低于5℃(摄氏度)时,应停止施工,并应在冻结前达到规定强度,石灰稳定土基层不宜在雨天施工。

2)对煤渣、粉煤灰、冶金矿渣等工业废渣类基层,应按其化学成分和颗粒组成,掺入一定数量石灰土或石碴组成混合料,加水拌和压实,洒水养护。当日平均气温低于5℃时,不应施工,并应在冻结前达到规定强度。

3)泥灰结碎(砾)石基层,应严格控制泥灰的含量。泥灰的总含量不宜大于总混合料的20%,石灰含量宜占土的8%～12%,土的塑性指数宜为10～14。施工可采用灌浆法或拌和法,采用拌和法时,应先拌匀灰土。

注:土的塑性指数,为采用76克平衡锥标准测定液限。如采用100克平衡锥,土的塑性指数宜为15～22。

4)级配碎(砾)石掺石灰基层的碎(砾)石颗粒应符合级配要求。细料含量宜为20%～30%,石灰含量宜占细料的8%～12%。

5)水泥稳定砂砾(包括砾石土)基层的砂砾应有一定的级配,最大粒径不应超过5 cm,水泥含量不宜超过混合料总重的6%,压实工作必须在水泥终凝前完成。

(4)基层完成后,应加强养护,控制行车,不使出现车槽。如有损坏应在浇筑混凝土板前采用相同材料修补压实,严禁用松散粒料填补。对加宽的基层,新旧部分的强度应一致。

(5)设置垫层时,垫层施工应符合下列要求。

1)宜选用当地的砂砾或炉渣等材料。

2)垫层施工前,应处理好路基病害,并完成排水设施。

3)垫层铺筑应碾压密实、均匀。

4)冰冻地区采用灰土垫层时,当日平均气温低于5℃时,不应施工,并应在冰冻前达到规定强度。

(6)混凝土路面施工,应按设计要求,及时完成路肩、排水及人行道等工程。

4. 施工放样

根据设计图纸放出路中心线及路边线,并定出各种控制桩。测量放样必须经常复核,做到勤测、勤复核、勤纠偏。

(1)在验收合格的道路基层上,根据设计图纸放出中心及道路边线,并将路线的起始点及曲线折点中心桩拴在路旁固定建筑物上。

(2)每隔100～200 m应在路线两旁测设临时水准点。

(3)按设计规定划分路面板。由路口开始,在曲线段及路口"八字"分块时,应注意曲线上内侧和外侧纵的混凝土分块距离,应使横向分块线与路中心线垂直,以免路面板出现锐角,分块线距检查井盖的边缘宜大于1 m。

5. 模板准备

(1) 机械摊铺水泥混凝土路面采用钢模板的要求。钢模板的高度应与混凝土板的厚度一致。钢模板应具有足够刚度,通常直线段可使用定型钢模板。

(2) 机械摊铺水泥混凝土路面采用木模板的要求。木模板应选用质地坚实、变形小、无腐朽、扭曲、裂纹的木料。直线部分板厚不宜小于5 cm,每0.8~1 m设1处支撑装置;弯道部分板厚宜为1.5~3 cm,每0.5~0.8 m设1处支撑装置,长度应大于一块路面板长,宽度与路面板厚度相同,内侧和顶部需刨光,纵缝衔接。一般为平接,也可采用凸形企口,模板衔接。

(3) 钢模板应直顺、平整,每1 m设置1处支撑装置。

(4) 模板制作允许偏差应符合表2.21的规定。

表2.21 模板制作允许偏差

施工方式 检测项目	三辊轴机组	轨道摊铺机	小型机具
高度/mm	±1	±1	±2
局部变形/mm	±2	±2	±3
两垂直边夹角/(°)	90±2	90±1	90±3
顶面平整度/mm	±1	±1	±2
侧面平整度/mm	±2	±2	±3
纵向直顺度/mm	±2	±1	±3

◆ 安装模板

在摊铺混凝土之前,应先安装模板。如果采用人工摊铺混凝土,则模板的作用仅用于支撑混凝土,可采用厚4~8 cm的木模板,在弯道和交叉口路缘处,应采用1.5~3 cm厚的薄模板,以便弯成弧形。条件许可时应采用钢模,不仅节约木材,而且保证工程质量。钢模可用厚4~5 mm的钢板冲压制成,或用3~4 mm厚钢板与边宽40~50 m的角钢或槽钢组合而成。

1. 安装前的检查

当用机械摊铺混凝土时,轨道和模板的安装精度直接影响到轨道式摊铺机的施工质量和施工进度,安装前应先对轨道及模板的有关质量指标进行检查和校正,安装中要用水准仪、经纬仪、钢尺等定出路面高程和线型,每5~10 m一点,用挂线法将铺筑线型和高程固定下来。

2. 模板安装

模板按预先标定的位置安放在基层上,两侧用铁钎打入基层以固定位置,间距为0.8~1 m,弯道处为0.5~0.8 m,内侧铁钎应高出模板,模板接头应平顺,模板与路基间的空隙应堵严,保证振捣时模板不下沉,使混凝土板厚度均匀一致。

模板顶面用水准仪检查其标高,稍有歪斜和不平,便会反映到面层,使其边线不齐,厚度不准和表面呈现波浪形。因此,施工时必须经常校验,严格控制。

支好的模板应高程准确,线条直顺,内侧与顶部光滑平整,棱角整齐,拼缝接头处严密不漏浆。

模板支好后,在模板内侧涂刷肥皂液、隔离剂或其他润滑剂,以便拆模。

3. 水泥混凝土路面层模板安装允许偏差

水泥混凝土路面层模板安装允许偏差见表2.22。

表 2.22　水泥混凝土路面层模板安装允许偏差表

检验项目	允许偏差			检验频率		检验方法
	三辊轴机组	轨道摊铺机	小型机具	范围	点数	
中线偏位/mm	≤10	≤5	≤15	100 m	2	用经纬度、钢尺测量
宽度/mm	≤10	≤5	≤15	20 m	1	用钢尺测量
顶面高程/mm	±5	±5	±10	20 m	1	用水准仪测量
横坡/%	±0.10	±0.10	±0.20	20 m	1	用钢尺测量
相邻板高差/mm	≤1	≤1	≤2	每缝	1	用水平尺、塞尺测量
模板接缝宽度/mm	≤3	≤2	≤3	每缝	1	用钢尺测量
侧面垂直度/mm	≤2	≤2	≤4	20 m	1	用水平尺、卡尺测量
纵向顺直度/mm	≤3	≤2	≤4	40 m	1	用20 m线和钢尺测量
顶面平整度/mm	≤1.5	≤1	≤2	每两缝间	1	用3 m直尺、塞尺测量

◆ 混凝土拌和物的运输

混凝土的运输应根据运距、混凝土搅拌能力、摊铺能力确定运输车辆的数量与配置。混凝土的运输,运距不超过1 km时,应采用小翻斗车;运距为1~5 km时,应采用自卸汽车;运距大于5 km时,应采用搅拌输送车,以防止水泥混凝土在运输中水分流失和颗粒离析。混凝土拌和物从搅拌机出料后,运至铺筑地点进行摊铺、振捣、做面,直至浇筑完毕的允许最长时间,由试验室根据水泥初凝时间及施工气温确定,并应符合表2.23的规定。装运混凝土拌和物,不应漏浆,并应防止离析。夏季和冬季施工,必要时应有遮盖或保温措施。出料及铺筑时的卸料高度,不可超过1.5 m,当有明显离析时,应在铺筑时重新拌匀。

表 2.23　混凝土拌和物出料到运输、铺筑完毕允许最长时间

施工气温/℃	到运输完毕允许最长时间/h		到铺筑完毕允许最长时间/h	
	滑膜、轨道	三辊轴、小机具	滑膜、轨道	三辊轴、小机具
5~9	2.0	1.5	2.5	2.0
10~19	1.5	1.0	2.0	1.5
20~29	1.0	0.75	1.5	1.25
30~35	0.75	0.50	1.25	1.0

注:施工气温指施工时间的日间平均气温,使用缓凝剂延长凝结时间后,本表数值可增加0.25~0.5 h。

◆混凝土拌和物的摊铺和振捣

1. 摊铺前检查

（1）砂垫层表面的平整及压实情况。

（2）模板尺寸、位置、高度及隔离剂的涂刷等是否符合要求，支撑是否牢固，模板内杂物是否清理干净。

（3）预埋伸缝板的位置是否正确。

（4）边缘、角隅及其他加固钢筋的位置，安放是否准确。传力杆是否与伸缝垂直，绑扎是否牢固，套筒是否套好。

（5）已完成混凝土板侧面纵缝有无涂沥青。

（6）混凝土运输路线是否符合要求，雨期施工时是否备有防雨罩。

2. 混凝土拌和物摊铺

混合料用手推车、翻斗车或自卸汽车运送。合适的运距视车辆种类和混合料容许的运输时间而定。通常，夏季在 30~40 min，冬季在 60~90 min。高温天气运送混合料时应采取覆盖措施，来防止混合料中水分蒸发。运送用的车厢必须在每天工作结束后，用水冲洗干净。

当运送混合料的车辆到达摊铺现场后，通常将混合料直接倒向安装好侧模的路槽内，并用人工找补均匀，注意防止出现离析现象。摊铺时要考虑混凝土振捣后的沉降量，虚高可以高出设计厚度约 10%，使振实后的面层标高符合设计要求。

3. 混凝土拌和物振捣

混凝土混合料的振捣器具，由插入式振捣器、平板振捣器和振动梁配套作业。混凝土路面板厚在 0.22 m 以内时，靠边角应先用插入式振捣器顺序振捣，再用功率不小于 2.2 kW 的平板振捣器纵横交错全面振捣。纵横振捣时，应重叠 1/3 或 10~20 cm，然后用振动梁振捣拖平。

插入式振捣器在每一处的持续时间，至混凝土表面不再冒气泡和泛水泥浆为限，不得过振，也不能少于 20 s，当水灰比小于 0.45 时，不应少于 30 s；当混凝土板厚较大时，可先插入振捣，然后再用平板振捣，以避免出现蜂窝现象。

平板振捣器在同一位置停留的时间不应少于 15 s，直至表面振出浆水，混合料不再沉落时为宜。平板振捣后，用带有振捣器的、底面符合路拱横坡的振捣梁，两端搁在侧模上，沿摊铺方向振捣拖平。拖振过程中，多余的混合料将随着振捣梁的拖移而刮去，低陷处则应随时补足。随后，再用直径 75~100 mm 长的无缝钢管，两端放在侧模上，沿纵向滚压一遍。

需要注意的是，当振捣或摊铺混合料时，不要碰撞模板和传力杆，以避免其移动变位。

当采用真空脱水工艺时，要选用真空度稳定、有自动脱水计量装置、有效抽速要不小于 15 L/s 的脱水机；每台真空脱水机要配备 3 块以上的真空吸垫，吸垫要密封性好、脱水效率高、铺放容易、操作方便、清洗方便，脱水前，要检查真空泵空载真空度应不小于 0.08 MPa，并检查吸管、吸垫连接后的密封性；开机脱水后，最大真空度不能超过

0.085 MPa,当达到规定时间和脱水量的要求后(双控),要将吸垫四周微微掀起 10～20 mm,继续抽吸 15 s,以便吸尽作业表面和吸管中的余水。

◆接缝的施工

(1)胀缝的施工,应符合下列规定。

1)胀缝应与路面中心线垂直;缝壁必须垂直;缝隙宽度必须一致;缝中不得连浆。缝隙上部应浇灌填缝料,下部应设置胀缝板。

2)胀缝传力杆的活动端,可设在缝的一边或交错布置。固定后的传力杆必须平行于板面及路面中心线,其误差不得大于 5 mm。传力杆的固定,可采用顶头木模固定或支架固定安装的方法,并应符合下列规定。

①顶头木模固定传力杆安装方法,宜用于混凝土板不连续浇筑时设置的胀缝。传力杆长度的一半应穿过端头挡板,固定于外侧定位模板中。混凝土拌和物浇筑前应检查传力杆位置;浇筑时,应先摊铺下层混凝土拌和物用插入式振捣器振实,并应在校正传力杆位置后,再浇筑上层混凝土拌和物。浇筑邻板时应拆除顶头木模,并应设置胀缝板、木制嵌条和传力杆套(图 2.21)。

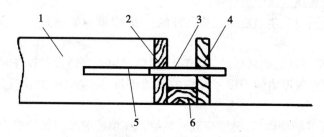

1—先浇混凝土;2—端头挡板;3—半段涂沥青;4—外侧定位横板;5—传力杆;6—固定横木
图 2.21 顶头木模固定传力杆安装图

②支架固定传力杆安装方法,宜用于混凝土板连续浇筑时设置的胀缝。传力杆长度的一半应穿过胀缝板和端头挡板,并应用钢筋支架固定就位。浇筑时应先检查传力杆位置,再在胀缝两侧摊铺混凝土拌和物至板面,振捣密实后,抽出端头挡板,空隙部份填补混凝土拌和物,并用插入式振捣器振实(图 2.22)。

(2)缩缝的施工方法,应采用切缝法。当受条件限制时,可采用压缝法。民航机场道面和高速公路必须采用切缝法。切缝法和压缝法的施工,应符合下列规定。

1)切缝法施工,当混凝土达到设计强度 25%～30% 时,应采用切缝机进行切割。切缝用水冷却时,应防止切缝水渗入基层和土基。

2)压缝法施工,当混凝土拌和物做面后,应立即用振动压缝刀压缝。当压至规定深度时,应提出压缝刀,用原浆修平缝槽,严禁另外调浆。然后,应放入铁制或木制嵌条,再次修平缝槽,待混凝土拌和物初凝前泌水后,取出嵌条,形成缝槽。

(3)施工缝的位置应与胀缝或缩缝设计位置吻合。施工缝应与路面中心线垂直,多车道路面及民航机场道面的施工缝应避免设在同一横断面上。施工缝传力杆长度的一半锚固于混凝土中,另一半应涂沥青,允许滑动,传力杆必须与缝壁垂直。

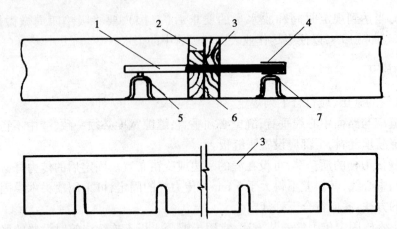

1—传力杆;2—嵌条;3—端头挡板;4—套管;5—横向托筋;6—胀缝板;7—小支架

图 2.22 支架固定传力杆安装图

(4)纵缝施工方法,应按纵缝设计要求确定,并应分别符合下列规定。

1)平缝纵缝,对已浇筑混凝土板的缝壁应涂刷沥青,并应避免涂在拉杆上,浇筑邻板时,缝的上部应压成规定深度的缝槽。

2)企口缝纵缝,宜先浇筑混凝土板凹榫的一边;缝壁应涂刷沥青,浇筑邻板时应靠缝壁浇筑。

3)整幅浇筑纵缝的切缝或压缝,应符合(2)的规定。纵缝设置拉杆时,拉杆应采用螺纹钢筋,并应设置在板厚中间。设置拉杆的纵缝模板,应预先根据拉杆的设计位置放样打眼。

(5)混凝土板养护期满后,缝槽应及时填缝。在填缝前必须保持缝内清洁,防止砂石等杂物掉入缝内。

(6)填缝采用灌入式填缝的施工,应符合下列规定。

1)灌注填缝料必须在缝槽干燥状态下进行,填缝料应与混凝土缝壁黏附紧密不渗水。

2)填缝料的灌注深度宜为 3~4 cm。当缝槽大于 3~4 cm 时,可填多孔柔性衬底材料。填缝料的灌注高度,夏天宜与板面平,冬天宜稍低于板面。

3)热灌缝填料加热时,应不断搅拌均匀,直至规定温度。当气温较低时,应用喷灯加热缝壁。施工完毕,应仔细检查填缝料与缝壁黏结情况,在有脱开处,应用喷灯小火烘烤,使其黏结紧密。

(7)填缝采用预制嵌缝条的施工,应符合下列规定。

1)预制胀缝板嵌入前,缝壁应干燥,并应清除缝内杂物,使嵌缝条与缝壁紧密结合。

2)缩缝、纵缝、施工缝的预制嵌条,可在缝槽形成时嵌入,嵌缝条应顺直整齐。

◆ 水泥混凝土路面的养护

1. 湿法养护

混凝土抹面 2 h 后,当表面已有相当硬度,用手指轻压不显痕迹时即可开始养护。一般采用保湿膜、土工毡、土工布、麻袋、草袋、草帘等覆盖物,或者用 20~30 mm 厚的湿砂覆盖于混凝土表面。每天均匀洒水数次，使其经常保持潮湿状态。气温较高时，养护不应少于 14 d；低温时，养护不应少于 21 d。

2. 塑料薄膜养护

塑料薄膜养护应符合下列规定。

(1)塑料薄膜溶液的配合比应由试验确定。薄膜溶剂一般具有易燃或有毒等特性，应做好贮运和安全工作。

(2)塑料薄膜施工，宜采用喷洒法。当混凝土表面不见浮水和用手指压无痕迹时，应进行喷洒。

(3)喷洒厚度宜以能形成薄膜为度，用量宜控制在每千克溶剂洒 3 m^2 左右。

(4)在高温、干燥、刮风时，在喷膜前后，应用遮阴棚加以遮盖。

(5)养护期间应保护塑料薄膜的完整。当破裂时应立即修补。薄膜喷洒后 3 d 内应禁止行人通行，养护期和填缝前禁止一切车辆行驶。

(6)混凝土板塑料薄膜养护工艺。塑料薄膜养护是将几种化工原料按一定的比例配制成油状溶液，用喷洒机具喷(或刷)在拉毛后的混凝土表面，等溶液中挥发物挥发后形成一层较坚韧的纸状薄膜，利用薄膜不透水作用，将混凝土中的水化热和蒸发水大部分积蓄下来自行养护混凝土的方法。这种养护方法节约用水，在干旱地区或施工用水困难地区较为适用。

目前常用的为过氯乙烯树脂和氯偏乳液薄膜。

1)过氯乙烯树脂。过氯乙烯树脂应选用粒细、色纯、容易溶解的白色蜂窝状颗粒。

①配合比可根据施工条件和气温情况，经试验确定。也可按照表 2.24 配合比使用。

表 2.24　过氯乙烯树脂配合比

材料名称	配合比
过氯乙烯树脂	10
二辛酯(增塑剂)	4
硬脂酸钡(稳定剂)	1
粗苯(溶剂)	84
醋酸丁酯(助溶剂)	10

注：溶剂除粗苯外，甲苯、重苯、轻苯和轻重溶剂油等无机溶液均可作为溶剂。

②配制方法，应随配随用，调配时加料的顺序为。

a. 先将溶剂盛入木桶，边掺加过氯乙烯树脂边搅拌，当过氯乙烯树脂全部加入后，再搅拌 10~20 min。

b. 加入稳定剂(硬脂酸钡)再搅拌。

c. 加助溶剂(醋酸丁酯)或强溶剂，在寒冷地区或低温施工时，酌加丙酮搅拌。

d. 最后加增塑剂(二辛酯或二丁酯)搅拌均匀，盖上木盖，每隔一小时左右搅拌一次，每次 10~20 min，直到树脂全部溶解(不含白色小颗粒，一般约 3~5 次)为止。调配成的溶液静放 24 h，即可使用。如果 24 h 后，过氯乙烯树脂仍未完全溶解，可加少量丙酮，不断搅拌，使其溶解。

③喷洒方法。

a. 喷洒机具采用小型空压机和喷漆枪,先在混凝土板外试喷,待均匀后再进入混凝土板喷洒,喷液的压力宜0.5 MPa。

b. 先喷洒板边,再逐条均匀喷洒,喷嘴离混凝土板面20~30 cm为宜。

2)氯偏乳液。氯偏乳液的抗离子水稳性较高,能与湿的混凝土连成一体,并形成一定的强度,无毒,无刺激味。

①氯偏乳液配合比可按照表2.25使用。

表2.25 氯偏乳液配合比

材料名称	配合比
氯乙烯	30
偏氯乙烯	70
烷基苯酚环氧乙烷缩合物(OP乳化剂)	1.5
十六烷基磺酸钠(OP乳化剂)	4
过硫酸铵(引发剂)	0.3
亚硫酸氢钠(引发剂)	0.2
水	100

注:水应为蒸馏水或者无离子水。

②配制方法。乳液略呈酸性,应用塑料桶装运,不宜用金属桶。乳液在使用前加磷酸三钠予以中和,磷酸三钠掺量在拌匀后用试剂纸测定,pH值宜为7~8,乳液宜掺0.5%的磷酸三钠。中和后的氯偏乳液,在常温天气,应采用一份乳液,再掺1~3份的水稀释后使用。

③喷洒方法。

a. 喷洒时间、喷洒机具及操作方法与过氯乙烯树脂薄膜相同。

b. 喷嘴距混凝土板面的距离宜在30~60 cm。第一次喷洒成无色透明后,应再喷一次,两次的喷洒移动方向应保持垂直,两次喷洒用量宜在10 kg/m^2。(按一份乳液掺一份水计算)

④贮存温度不宜低于0 ℃。

3. 养护剂养护

当混凝土表面不见浮水,用手指轻压无痕迹时,即可均匀喷洒养护剂塑料溶液,形成不透水的薄膜黏附于表面,从而阻止混凝土中水分的蒸发,保证混凝土的水化作用。喷洒养护剂的高度应控制在0.5~1 m,最小喷洒量不得少于0.35 kg/m^2,不得使用容易被雨水冲刷掉的和对混凝土强度、表面耐磨性有影响的养护剂。当喷洒一种养护剂达不到90%以上有效保水率要求时,可采用两种养护剂各喷洒一层或喷一层养护剂再加覆盖的方法。

◆ **水泥混凝土路面的填缝**

填缝工作宜在混凝土初步结硬后及时进行。填缝前,首先将缝隙内泥砂等杂物清除干净,然后浇灌填缝料。

理想的填缝料应能长期保持弹性、韧性,热天缝隙缩窄时不软化挤出,冷天缝隙增宽时能胀大并不脆裂,同时还要与混凝土粘牢,防止土砂、雨水进入缝内,此外还要耐磨、耐疲劳、不易老化。试验表明,填料不应填满缝隙全深,最好在浇灌填料前先用多孔柔性材料填塞缝底,然后再加填料,这样在夏天胀缝变窄时填料不致受挤而溢至路面,常用的填缝料有下列几种。

1. 聚氯乙烯类

它适应于灌注各种接缝(包括胀缝、缩缝等),有软化点与耐热度高且低温塑性较好的优点,价格适中,施工方便。

2. 聚氨酯

它同样具有较高的耐热性和较大的低温延伸性,但价格昂贵,灌注后成型较慢,适应于严寒地区采用。

3. 沥青玛脂

价格便宜,施工方便,但低温延伸率较差,因此适应于南方地区,同时应特别加强养护。

◆季节性施工

1. 夏季施工

(1)当混凝土拌和物温度在 30～35 ℃时,混凝土板的施工应按夏季施工的规定进行。

(2)混凝土板的夏季施工,应符合下列规定。

1)混凝土拌和物浇筑中应尽量缩短运输、摊铺、振捣、做面等工序时间,浇筑完毕应及时覆盖、洒水养护。

2)搅拌站应有遮阴棚。模板和基层表面,在浇筑混凝土前应洒水湿润。

3)应注意天气预报,如遇阵雨,应暂停施工。

4)气温过高时,宜避开中午施工,可在夜间进行。

2. 低温季节施工

(1)低温季节施工注意事项。混凝土强度的增长主要靠水泥的水化作用。当水结冰时,水泥的水化作用便会停止,而混凝土的强度也就不再增长,而且当水结冰时体积会膨胀,促使混凝土结构松散破坏。所以,施工现场连续 5 昼夜平均气温小于5 ℃,或最低气温低于 -3 ℃时需要停止施工。由于特殊情况必须在低温(昼夜平均气温高于5 ℃,最低气温在 -3 ℃以上时)施工时,要注意以下两方面措施。

1)提高温度。采用高强度等级(32.5 以上)快凝水泥,或掺入早强剂或促凝剂,或增加水泥用,通常情况下不允许对水泥加热,砂石料采用间接加热法,加热温度不能超过 40 ℃。

2)路面保温措施。混凝土整修完毕后,表面采用覆盖蓄热保温材料,必要时还需加盖养护暖棚,保温层的确立最好就地取材,在满足保温要求同时,还要注意经济性。常用谷草、油毡、锯末覆盖混凝土。

(2)冬期施工时需要注意事项。

1)混凝土配合时,水灰比不大于0.45,坍落度不大于1 cm,用水量每立方米不大于140 kg,并应扣除氯盐溶液中砂石料的含水量。混凝土出盘温度不低于2 ℃;振捣完毕的温度不低于-2 ℃。

2)在混凝土路面成活后,要立即铺3 mm以下细锯末厚2~3 cm,上面加较粗锯末或过筛的细土厚5 cm,再加盖草帘,4 d后撤出草帘,换盖厚20 cm以上的松干土。需要特别注意混凝土板边角的覆盖养护,并要在模板外培土厚30 cm左右。冬期养护时间要在28 d以上,开放交通强度按照时间决定。

3)通常可在路面成活3 d后拆除模板,外界气温骤降或有大风时要再延长拆模时间;拆模后边角要继续培土,注意恢复覆盖养护。

4)测定水泥、砂、石、水搅拌前的温度,以及混凝土的温度,每台班不小于3次;测定混凝土养护过程中的温度,浇筑最初两天内,每隔6 h测一次,其余每日夜不小于2次;测温孔位置应设在路面边缘,深度大于10 cm,温度计插入孔内3 min以后读数;要将全部测孔编号并做好测温记录,以便估算混凝土强度。

3. 雨期施工

(1)经常与气象部门联系,在雨期来临之前,要掌握降雨趋势的中期预报,特别是近期预报的降雨时间和雨量,充分利用不下雨的时间,安排施工。

(2)做好防雨准备,在搅拌场及砂石料堆场要设置排水设施,搅拌场的水泥和粉煤灰罐仓顶部通气口、料斗等应有覆盖措施;雨天施工时,应备足防雨篷、帆布、塑料布或薄膜。

(3)在铺设现场时,禁止下雨施工。倘若铺筑现场有水,要及时排除基层积水。

(4)摊铺中遭遇阵雨时,要立即停止铺筑混凝土路面,并紧急使用防雨篷、帆布或塑料布覆盖尚未硬化的路面。被阵雨轻微冲刷过的路面,可采取硬刻槽或先磨平再刻槽的方式处理;被暴雨冲刷后的路面,平整度严重劣化或损坏的部位,要尽早铲除重铺。

2.5 沥青路面施工

【基 础】

◆沥青路面的特点

沥青路面是用沥青材料作结合料黏结矿料修筑面层与各类基层及垫层所组成的路面,又称为黑色路面。

由于沥青面层使用沥青结合料,因而增强了矿料间的黏结力,提高了混合料的强度和稳定性,使路面的使用质量和耐久性都得到提高。沥青路面的优点包括表面平整、无接缝、振动小、耐磨、行车舒适、噪声低、施工期短、养护维修简便、适应于分期修建。

我国的公路和城市道路近二十年来使用沥青材料修筑了大量的沥青路面。沥青路面是我国高级及次高级路面的主要形式。根据人们的需要,沥青路面必将有更大的发展。

沥青路面属于柔性路面,其强度与稳定性在很大程度上取决于土基和基层的特性。沥青路面的抗弯强度较低,所以,要求路面的基础应具有足够的强度和稳定性。因此,在施工时必须掌握路基土的特性进行充分的碾压。对软弱土基或翻浆路段,必须预先加以处理。在低温时,沥青路面的抗变形能力很低,在寒冷地区是为了防止土基不均匀冻胀而使沥青路面开裂,需设置防冻层。

对交通量较大的路段,为使沥青路面具有一定的抗弯拉和抗疲劳开裂的能力,要在沥青面层下设置沥青混合料的联结层。采用较薄的沥青面层时,特别是在旧路面上加铺面层时,要采取措施加强面层与基层之间的黏结,来防止水平力作用而引起沥青面层的剥落、推挤等破坏。

【实 务】

◆材料要求

1.道路石油沥青

道路石油沥青适用于各级、各类沥青路面。城市快速路、主干道及高速公路、一级公路的沥青路面应采用重交通道路石油沥青,其他道路可采用中轻交通道路石油沥青。技术要求见表2.26及表2.27。

表2.26 重交通道路石油沥青技术要求

试 验 项 目		AH-130	AH-110	AH-90	AH-70	AH-50
针入度(25 ℃,100 g,5 s)/0.1 mm		120~140	100~120	80~100	60~80	40~60
延度(15 ℃,5 cm/min)/cm ≥		100	100	100	100	80
软化点(环球法)/℃		40~50	41~51	42~52	44~54	45~55
闪点(COC)/℃ ≥		230				
含蜡量(蒸馏法)/% ≤		3				
密度(15 ℃)/(g·cm^{-3})		实 测 记 录				
溶解度(三氯乙烯)/% ≥		99.0				
薄膜加热试验 (163 ℃,5 h)	质量损失/% ≤	1.3	1.2	1.0	0.8	0.6
	针入度比/% ≥	45	48	50	55	58
	延度(25 ℃)/cm ≥	75	75	75	50	40
	延度(15 ℃)/cm	实 测 记 录				

注:1.有条件时,应测定沥青60 ℃温度的动力黏度及135 ℃温度的运动黏度,并在检验报告中注明。
 2.对城市快速路、主干道以及高速公路、一级公路的沥青路面,如有需要,用户可对薄膜加热试验后的15 ℃延度、黏度等指标向供方提出要求。

表 2.27 中、轻交通道路石油沥青技术要求

试验项目	标号	A-200	A-180	A-140	A-100 甲	A-100 乙	A-60 甲	A-60 乙
针入度(25℃,100g,5s)/(0.1mm)		200~300	160~200	120~160	90~120	80~120	50~80	40~80
延度(25℃,5 cm/min)/cm ≥		—	100	100	90	60	70	40
软化点(环球法)/℃		30~45	35~45	38~48	42~52	42~52	45~55	45~55
溶解度(三氯乙烯)/% ≥		99.0	99.0	99.0	99.0	99.0	99.0	99.0
蒸发损失试验(163℃,5h)	质量损失/% ≤	1	1	1	1	1	1	1
	针入率比/% ≥	50	60	60	65	65	70	70
闪点(COC)/℃ ≥		180	200	230	230	230	230	230

注:当 25 ℃延度达不到 100 cm 时,如 15 ℃延度不小于 100 cm,也认为是合格的。

沥青面层所采用的沥青标号,宜根据气候分区、沥青路面类型和沥青种类等按表 2.28 选用。

表 2.28 沥青标号的选择

气候分区	沥青种类	沥青路面类型			
		沥青表面处治	沥青贯入式	沥青碎石	沥青混凝土
寒区	石油沥青	A-140 A-180 A-200	A-140 A-180 A-200	AH-90 AH-110 AH-130 A-100 A-140	AH-90 AH-110 AH-130 A-100 A-140
	煤沥青	T-5 T-6	T-6 T-7	T-6 T-7	T-7 T-8
湿区	石油沥青	A-100 A-140 A-180	A-100 A-140 A-180	AH-90 AH-110 A-100 A-140	AH-70 AH-90 A-60 A-100
	煤沥青	T-6 T-7	T-6 T-7	T-7 T-8	T-7 T-8
热区	石油沥青	A-60 A-100 A-140	A-60 A-100 A-140	AH-50 AH-70 AH-90 A-100 A-60	AH-50 AH-70 A-60 A-100
	煤沥青	T-6 T-7	T-7	T-7 T-8	T-7 T-8 T-9

当沥青标号不符合使用要求时,可采用几种不同标号掺配的混合沥青,其掺配比例应由试验决定。

沥青贮运站及沥青混合料拌和厂应将不同来源、不同标号的沥青分开存放,不得混杂。在使用期间,贮存沥青的沥青罐或贮油池中的温度不宜低于 130 ℃,并不得高于 180 ℃。在冬季停止施工期间,沥青可在低温状态下存放。经较长时间存放的沥青在使用前应抽样检验,不符合质量要求的不得使用。同一工程使用不同沥青时,应明确记录各种沥青所使用的路段及部位。

道路石油沥青在贮运、使用及存放过程中应采取防水措施,并应避免雨水或加热管道蒸汽进入沥青罐或贮油池中。

2. 乳化石油沥青

(1)道路乳化石油沥青的质量要求应符合表2.29的规定。

表2.29 道路用乳化石油沥青的质量要求

项目			PC-1 PA-1	PC-2 PA-2	PC-3 PA-3	BC-1 BA-1	BC-2 BA-2	BC-3 BA-3
筛上剩余量/%		≤	\multicolumn{6}{c}{0.3}					
电荷			\multicolumn{6}{c}{阳离子带正电(+)、阴离子带负电(-)}					
破乳速度试验			快裂	慢裂	快裂	中或慢裂		慢裂
黏度	沥青标准黏度$C_{25,3}$/s 恩格拉度E_{23}		12~45 3~15	8~20 1~6	12~100 3~40	40~100 15~40		
蒸发残留物含量/%		≥	60	50	55			60
蒸发残留物性质	针入度(100 g,25 ℃,5 s)/0.1 mm		80~200	80~300	60~160	60~200	60~300	80~200
	残留延度比(25 ℃)/%	≥	\multicolumn{6}{c}{80}					
	溶解度(三氯乙烯)/%	≥	\multicolumn{6}{c}{97.5}					
贮存稳定性	5 d/%	≤	\multicolumn{6}{c}{5}					
	1 d/%	≤	\multicolumn{6}{c}{1}					
与矿料的粘附性,裹覆面积		≥	\multicolumn{6}{c}{2/3}					
粗粒式集料拌和试验			—			均匀		
细粒式集料拌和试验			—					均匀
水泥拌和试验,1.18 mm 筛上剩余量/%		≤	—					5
用途			表面处治及贯入式撒布用	透层油用	粘层油用	拌制粗粒式沥青混合料	拌制中粒式及细粒式沥青混合料	拌制砂粒式沥青混合料及稀浆封层

注:1. 乳液黏度可选沥青标准黏度计或恩格拉黏度计测定,$C_{25,3}$表示测试温度25 ℃、黏度计孔径3 mm,E_{25}表示在25 ℃时测定。
2. 贮存稳定性一般用5 d的,如时间紧迫也可用1 d的稳定性。
3. PC、PA、BC、BA 分别表示撒布型阳离子、撒布型阴离子、拌和型阳离子、拌和型阴离子乳化沥青表
4. 用于稀浆封层的阴离子乳化沥青 BA-3 型的蒸发残留物含量可放宽至55%。

(2)乳化石油沥青适用于沥青表面处治路面、沥青贯入式路面、常温沥青混合料路面以及透层、粘层与封层。

(3)乳化沥青的类型应根据使用目的、矿料种类、气候条件选用。对酸性石料,以及当石料处于潮湿状态或在低温下施工时,宜采用阳离子乳化沥青;对碱性石料,且石料处于干燥状态,或与水泥、石灰、粉煤灰共同使用时,宜采用阴离子乳化沥青。

(3)乳化沥青可利用胶体磨或匀油机等乳化机械在沥青拌和厂现场制备。乳化剂用量(按有效含量计)宜为沥青质量的0.3%~0.8%,制备现场乳化沥青的温度应通过试验确定,乳化剂水溶液的温度宜为40~70 ℃,石油沥青宜加热至120~160 ℃。乳化沥青制造后应及时使用。经较长时间存放的乳化沥青在使用前应抽样检验,并不得离析、冻结、

破乳,质量不符合要求者不得使用。

3. 液体石油沥青

(1)液体石油沥青适用于透层、粘层及拌制常温沥青混合料。根据使用目的与场所,可分别选用快凝、中凝、慢凝的液体石油沥青。

(2)道路用液体石油沥青使用前应由试验确定掺配比例,其质量应符合表2.30的规定。

表2.30 道路用液体石油沥青质量要求

试验项目		快凝 AL(R) AL(R) -1 -2	中凝 AL(M) AL(M) AL(M) AL(M) AL(M) AL(M) -1 -2 -3 -4 -5 -6	慢凝 AL(S) AL(S) AL(S) AL(S) AL(S) AL(S) -1 -2 -3 -4 -5 -6
黏度/s	$C_{25,5}$ $C_{60,5}$	<20~ 5~ 15	<20 5~ 16~ 26~ 41~ 101~ 15 25 40 100 200	<20 5~ 16~ 26~ 41~ 101~ 15 25 40 100 200
蒸馏 体积 /%	225℃前 315℃前 360℃前	>20 >15 >35 >30 >45 >35	<10 <7 <3 <2 <0 <0 <35 <25 <17 <14 <8 <5 <50 <35 <30 <25 <20 <15	 <40 <35 <25 <20 <15 <5
蒸馏 后残 留物	针入度 (25℃,100 g,5 s) /0.1 mm	60~200	100~300	
	延度(25℃, 5 cm/min)/cm	>60	>60	—
	浮漂度(5℃)/s			<20 >20 >30 >40 >45 >50
闪点(TOC法)/℃		>30	>65	>70 >70 >100 >100 >120 >120
含水量/% ≤		0.2	0.2	2.0

注:黏度使用道路沥青黏度计测定黏度,C的脚标第1个数字代表测试温度/℃,第2个数字代表黏度计孔径/mm。

(3)液体石油沥青宜采用针入度较大的石油沥青,使用前按先加热沥青后加稀释剂的顺序,掺配煤油或轻柴油,经适当搅拌、稀释制成。掺配比例根据使用要求经试验确定。

(4)液体石油沥青在制作、贮存、使用的全过程中必须通风良好,并有专人负责,确保安全。基质沥青的加热温度严禁超过140℃,液体沥青的贮存温度不得超过50℃。

4. 煤沥青

(1)道路用煤沥青适用于透层、粘层,也可用于次干路以下的城市道路铺筑沥青面层,但热拌沥青混合料路面的表面层不宜采用煤沥青。煤沥青的标号可根据气候分区、沥青路面类型和沥青种类按表2.28选用。

(2)道路用煤沥青的质量要符合表2.31的规定。

表 2.31 道路用煤沥青质量要求

试验项目		T-1	T-2	T-3	T-4	T-5	T-6	T-7	T-8	T-9
黏度/s	$C_{30,5}$	5~25	26~70	—	—	—	—	—	—	—
	$C_{30,10}$	—	—	5~20	21~50	51~120	121~200	—	—	—
	$C_{50,10}$	—	—	—	—	—	—	10~75	76~200	—
	$C_{60,10}$	—	—	—	—	—	—	—	—	35~65
蒸馏试验馏出量/%	170℃前 ≤	3	3	3	2	1.5	1.5	1.0	1.0	1.0
	270℃前 ≤	20	20	20	15	15	15	10	10	10
	300℃前 ≤	15~35	15~35	30	30	25	25	20	20	15
300℃蒸馏残渣软化点（环环法）/℃		30~45	30~45	35~65	35~65	36~65	35~65	40~70	40~70	40~70
水分/% ≤		1.0	1.0	1.0	1.0	1.0	0.5	0.5	0.5	0.2
甲苯不溶物/% ≤		20	20	20	20	20	20	20	20	20
含蒸量/% ≤		5	5	5	4	4	3.5	3	2	2
焦油酸含量/% ≤		4	4	3	2.5	2.5	1.5	1.5	1.5	

注：黏度使用道路沥青黏度计测定，C 的脚标第 1 个数字代表测试温度/℃，第 2 个数字代表黏度计孔径/mm

(3)在煤沥青使用期间，其贮油池或沥青罐中的温度宜为 70~90 ℃，并应避免长期贮存。经较长时间存放的煤沥青在使用前应抽样检验，质量不符合要求者不得使用。

5. 粗集料

(1)用于沥青面层的粗集料包括碎石、破碎砾石、筛选砾石、矿渣等，粗集料应由具有生产许可证的采石场生产。

(2)粗集料应洁净、干燥、无风化、无杂质，并具有足够的强度和耐磨耗性，其质量应符合表 2.32 的规定。

表 2.32 沥青面层用粗集料质量技术要求

指标		城市快速路、主干路		其他等级道路
		表面层	其他层次	
石粒压碎值/%	≤	26	28	30
洛极矶磨耗损失/%	≤	28	30	35
表面相对密度/(t·m^{-3})	≥	2.60	2.5	2.45
吸水率/%	≤	2.0	3.0	3.0
坚固性/%	≤	12	12	—
针片状颗粒含量(混合料)/%	≤	15	18	20
其中粒径大于 9.5mm/%		12	15	
其中粒径小于 9.5mm/%		18	20	
水洗法<0.075 mm 颗粒含量/%		1	1	1
软石含量/%	≤	3	5	5

注:1. 坚固性试验可根据需要进行。

2. 用于城市快速路、主干路时,多孔玄武岸的表现相对密度可放宽至 2.45 t/m³,吸水率可放宽至 3%,但必须得到建设单位的批准,且不得用于 SMA 路面。

3. 对 S14 即 3~5 规格的粗集料,针片状颗粒含量可不予要求,小于 0.075 mm 含量可放宽到 3%。

(3)粗集料对沥青的粘附性,城市快速路、主干路应大于或等于 4 级;次级路及以下道路应大于或等于 3 级。集料具有一定的破碎面颗粒含量,具有 1 个破碎面应大于 90%,2 个及以上的应大于 80%,颗粒形状以近于立方体为佳。碎石、破碎砾石、筛选砾石、矿渣等均可作为沥青混合料的粗集料,抗滑表层的粗集料应选用坚硬、耐磨,抗冲击的碎石或轧制砾石。

6. 细集料

(1)沥青面层的细集料可采用天然砂、机制砂及石屑。

(2)细集料应洁净、干燥、无风化、无杂质,并有适当的颗粒级配,其质量应符合表 2.33 的要求。

表 2.33 细集料的质量要求

项 目	城市快速路、主干路	其他等级道路
表面相对密度/(t·m⁻³)	≥2.50	≥2.45
坚固性(>0.3 mm 部分)/%	≥12	—
含泥量(<0.075 mm 的含量)/%	≤3	≤5
砂当量/%	≥60	50
亚甲蓝值/(g·kg⁻¹)	≤25	—
棱角性(流动时间)/s	≥30	—

注:坚固性试验可根据需要进行。

(3)细集料应与沥青具有良好的黏结能力,与沥青黏结性能很差的天然砂及用花岗岩、石英岩等酸性石料破碎的机制砂或石屑不宜用于城市快速路、主干路的沥青面层。当需要使用时,应采取抗剥离措施。

7. 填料

(1)沥青混合料的填料宜采用石灰岩或岩浆岩中的强基性岩石等憎水性石料经磨细得到的矿粉。原石料中的泥土杂质应除净。矿粉要求干燥、洁净,其质量应符合表 2.34 的要求。当采用水泥、石灰、粉煤灰做填料时,其用量不应超过矿料总量的 2%。

表 2.34 沥青面层用矿粉质量要求

项 目		城市快速路、主干路	其他等级道路
表观相对密度/(t·m⁻³)		≥2.50	≥2.45
含水量/%		≤1	≤1
粒度范围/%	<0.6 mm	100	100
	<0.15 mm	90~100	90~100
	<0.075 mm	75~100	70~100

续表 2.34

项 目	城市快速路、主干路	其他等级道路
外观	无团粒结块	
亲水系数	<1	
塑性指数/%	<4	
加热安定性	实测	记录

(2)粉煤灰作为填料使用时,其烧失量应小于 12%,塑性指数应小于 4%,其余质量要求与矿粉相同。粉煤灰的用量不宜超过填料总量的 50%,并应经试验确认与沥青有良好的黏结力,沥青混合料的水稳性能应满足要求。城市快速路、主干路的沥青混凝土面层不宜采用粉煤灰作填料。

(3)拌和机采用干法除尘措施回收的粉尘,可作为矿粉的一部分使用。采用湿法除尘措施回收的粉尘,使用时应经干燥粉碎处理,且不得含有杂质。回收粉尘的用量不得超过填料总量的 50%,掺有粉尘填料的塑性指数不得大于 4%,其余质量要求应与矿粉相同。

◆沥青表面处治路面施工

沥青表面处治路面是指用沥青和集料按拌和法或层铺法铺筑而成的厚度不超过 3 cm 的沥青路面。由于沥青表面处治层很薄,对路面结构的整体强度、刚度提高不多,其主要作用是保护下层路面结构层,使它不直接遭受行车和自然因素的破坏作用,延长路面使用寿命并改善行车条件。沥青表面处治适用于三级及三级以下的公路、城市道路的支路、县镇道路、各级公路的施工便道以及在旧沥青面层上加铺罩面层或磨耗层。

沥青表面处治路面按嵌挤原则修筑而成,采用层铺法施工,即采用分层浇洒沥青、撒布集料、碾压成型的方法铺筑沥青表面处治路面。在层铺法中,按照浇洒沥青及撒铺矿料的层次多少可分为单层式、双层式和三层式。

1. 材料规格和用量

沥青表面处治可采用道路石油沥青、煤沥青或乳化沥青铺筑。集料最大粒径应与处治层的厚度相等,其规格和用量应按表 2.35 选用;当采用乳化沥青时,应减少乳液流失,可在主层集料中掺加 20% 以上较小粒径的集料。沥青表面处治施工后,应在路侧另备碎石或石屑、粗砂或小砾石作为初期养护用料,其中,碎石的规格为 S12(5~10 mm),粗砂或小砾石的规格为 S14(3~5 mm),其用量为每 1 000 m² 准备 2~3 m³。城市道路的初期养护料,在施工时应与最后一遍料一起撒布。

表 2.35 沥青表面处置规模及用量

沥青种类	类型	厚度/cm	集料/(m³/1 000 m²)						沥青或乳液用量/(kg·m⁻²)			
			第一层		第二层		第三层		第一次	第二次	第三次	合计用量
			规格	用量	规格	用量	规格	用量				
石油沥青	单层	1.0	S12	7~9	—		—		1.0~1.2	—	—	1.0~1.2
		1.5	1.0	12~14	—		—		1.4~1.6	—	—	1.4~1.6
	双层	1.5	S10	12~14	S10	7~8	—		1.4~1.6	1.0~1.2	—	2.4~2.8
		2.0	S9	16~18	S12	7~8	—		1.6~1.8	1.0~1.2	—	2.6~3.0
		2.5	S8	18~20	S12	7~8	—		1.8~2.0	1.0~1.2	—	2.8~3.2
	三层	2.5	S8	18~20	S10	12~14	S12	7~8	1.6~1.8	1.2~1.4	1.0~1.2	3.8~4.4
		3.0	S6	20~22	S10	12~14	S12	7~8	1.8~2.0	1.2~1.4	1.0~1.2	4.0~4.6
乳化沥青	单层	0.5	S14	7~9	—		—		0.9~1.0	—	—	0.9~1.0
	双层	1.0	S12	9~11	S14	4~6	—		1.8~2.0	1.0~1.2	—	2.8~3.2
	三层	3.0	S6	20~22	S10	9~11	S12 S14	4~6 3.5~4.5	3.0~2.2	1.8~2.0	1.0~1.2	4.8~5.4

注:1. 煤沥青表面处治的沥青用量可比石油沥青用量增加 15% ~ 20%。
2. 表中的乳液用量按乳化沥青的蒸发残留物含量 60% 计算,如沥青含量不同应予折算。
3. 在高寒地区及干旱风沙大的地区,可超出高限 5% ~ 10%。

2. 施工机械

(1)沥青表面处治施工应采用沥青撒布车喷洒沥青,撒布时车速和喷洒量应保持稳定,沥青撒布车在整个宽度内喷洒应均匀。

(2)小规模沥青表面处治施工可采用机动或手摇的手工沥青撒布机撒布沥青,乳化沥青也可用齿轮泵或气压式撒布机撒布,但不宜采用柱塞式撒布机。手工喷洒,撒布应均匀,喷洒工人应拥有熟练的技术。

(3)沥青表面处治施工宜采用 6~8 t 及 8~10 t 的压路机。碾压时,应使集料嵌挤紧密,石料不得有较多压碎,乳化沥青表面处治宜采用较轻的机械。

3. 施工前准备

(1)沥青表面处治施工应在路缘石安装完成以后进行,基层必须要清扫干净。

(2)施工前应检查沥青撒布车的油泵系统、输油管道、油量表、保温设备等。将一定数量的沥青装入油罐后,应先在路上试撒,确定喷洒速度及撒油量。每次喷洒前喷油嘴应保持干净,管道应畅通,喷油嘴的角度应一致,并与撒油管成 15~25°的夹角,撒油管的高度应如图 2.23 所示,使同一地点接受两个或三个喷油嘴喷洒的沥青,并不得出现花白条。在有风的天气下不宜使用三重喷洒高度。当采用撒布过热沥青的机械撒布乳化沥青时,必须将残留沥青除净并用柴油清洗干净。

(3)集料撒布机使用前应检查其传动和液压调整系统,并应进行试撒,确定撒布各种规格集料时应控制的下料间隙及行驶速度。

(4)当为半幅施工并采用人工撒布集料时,应先在半幅等距离划分小段,并应按照规定用量备足集料,以后每层按同样办法备料。

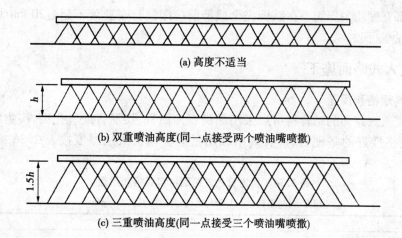

图 2.23 沥青撒布车喷油嘴的高度

(5)浇洒透层沥青或粘层沥青应符合国家制定的标准。

4. 层铺法沥青表面处治施工

(1)清扫基层及放样。

(2)浇洒透层或粘层油。在清扫干净的碎石路面上铺筑沥青表面处治时,要喷洒透层油。在水泥混凝土路面、旧沥青路面、块石路面上铺筑沥青表面处治路面时,应在第一层沥青用量增加 10% ~ 20%,不再另撒透层油或粘层油。

(3)撒布第一层沥青。沥青的浇洒温度应根据气温及沥青标号选择,石油沥青的撒布温度宜为 130 ~ 170 ℃,煤沥青的撒布温度宜为 80 ~ 120 ℃,乳化沥青可在常温下撒布,当气温偏低,破乳及成型过慢时,可将乳液加温后撒布,但乳液温度不得超过60 ℃。前后两车喷洒的接茬应搭接良好。在每段接茬处,可用铁板或建筑纸等横铺在本段起撒点前及终点后,其长度宜为 1 ~ 1.5 m,当需要分幅浇撒时,纵向搭接宽度宜为 10 ~ 15 cm,浇撒第二、三层沥青的搭接缝应错开。

(4)铺撒主层集料。撒布主层沥青后要立即用集料撒布机或人工撒布第一层主集料,应及时扫匀,应覆盖施工路面,厚度应一致,集料不应重叠,也不应露出沥青。当局部有缺料时,应及时进行人工找补,局部过多时,应将多余集料扫出。两幅搭接处,第一幅撒布沥青要暂留 100 ~ 150 mm 宽度不撒布集料,待第二幅一起撒布。

(5)碾压。撒布主集料后,不必等全段撒布完,应立即用 6 ~ 8 t 钢筒双轮压路机碾压,碾压时每次轮迹应重叠约 30 cm,并应从路边逐渐移至路中心,然后再从另一边开始移向路中心,以此作为一遍,宜碾压 3 ~ 4 遍,碾压速度开始不宜超过 2 km/h,以后可适当增加。第二、三层的施工方法和要求应与第一层相同,但可采用 8 ~ 10 t 压路机。

(6)初期养护。沥青表面处治施工后应进行初期养护,当发现有泛油时,应在泛油处补撒嵌缝料,嵌缝料应与最后一层石料规格相同,并应扫匀。当有过多的浮动集料时,应扫出路面,并不得搓动已经黏着在位的集料。如有其他破坏现象,也应及时进行修补。

5. 养护和开放交通

除乳化沥青表面处治应待破乳后水分蒸发并基本成型后方可通车外,沥青表面处治在碾压结束后即可开放交通。在通车初期应设专人指挥交通或设置障碍物控制行车,并使路面全部宽度均匀压实。在路面完全成型前应限制行车速度不超过20 km/h,严禁畜力车及铁轮车行驶。

◆沥青贯入式路面施工

1. 材料规格和用量

沥青贯入式路面的结合料可以采用黏稠石油沥青、煤沥青或乳化沥青,集料应选择有棱角、嵌挤性好的坚硬石料,其规格和用量应根据贯入层厚度按表2.36或表2.37选用。

表2.36 沥青贯入式路面材料规格和用量

(用量单位:集料:$m^3/1\ 000\ m^2$;沥青及沥青乳液:kg/m^2)

沥青品种	石 油 沥 青					
厚度/cm	4		5		6	
规格和用量	规格	用量	规格	用量	规格	用量
封层料	S14	3~5	S14	3~5	S13(S14)	4~6
第三遍沥青		1.0~1.2		1.0~1.2		1.0~1.2
第二遍嵌缝料	S12	6~7	S11(S10)	10~12	S11(S10)	10~12
第二遍沥青		1.6~1.8		1.8~2.0		2.0~2.2
第一遍嵌缝料	S10(S9)	12~14	S8	16~18	S8(S6)	16~18
第一遍沥青		1.8~2.1		2.4~2.6		2.8~3.0
主层石粒	S5	45~50	S4	55~60	S3(S4)	66~76
沥青总用量		4.4~5.1		5.2~5.8		5.8~6.4

续表2.36 沥青贯入式路面材料规格和用量

沥青品种	石 油 沥 青				乳 化 沥 青			
厚度/cm	7		8		4		5	
规格和用量	规格	用量	规格	用量	规格	用量	规格	用量
封层料	S13(S14)	4~6	S13(S14)	4~6	S13(S14)	4~6	S14	4~6
第五遍沥青								0.8~1.0
第四遍嵌缝料							S14	5~6
第四遍沥青						0.8~1.0		1.2~1.4
第三遍嵌缝料			S14	5~6	S12	1.2~1.4		
第三遍沥青		1.0~1.2		1.0~1.2		1.4~1.6		1.5~1.7
第二遍嵌缝料	S10(S11)	11~13	S10(S11)	11~13	S12	7~8	S10	9~11
第二遍沥青		2.4~2.6		2.6~2.8		1.6~1.8		1.6~1.8
第一遍嵌缝料		18~20	S6(S8)	22~22	S9	12~14	S8	10~12
第一遍沥青	S6(S8)	3.3~3.5		4.0~4.2		2.2~2.4		2.6~2.8
主层石粒	S3	80~90	S1(S2)	95~100	S5	40~45	S4	50~55
沥青总用量		6.7~7.3	7.6~8.2	6.0~6.8	7.4~8.5			

注:1. 煤沥青贯入式的沥青用量可较石油沥青用量增加15%~20%。

2. 表中乳化沥青是乳液的用量,并适用于乳液浓度约60%的情况。

3. 在高寒地区及干旱风沙大的地区,可超出高限5%~10%。

表2.37 上拌下灌式路面的材料规格和用量

沥青品种	石 油 沥 青					
厚度/cm	4		5		6	
规格和用量	规格	用量	规格	用量	规格	用量
第二遍嵌缝料	S12	5~6	S12(S11)	7~9	S12(S11)	7~9
第二遍沥青		1.4~1.6		1.6~1.8		1.6~1.8
第一遍嵌缝料	S10(S9)	12~14	S8	16~18	S8(S7)	16~18
第一遍沥青		2.0~2.3		2.6~2.8		3.2~3.4
主层石粒	S5	45~50	S4	55~60	S3(S2)	66~76
沥于总用量		3.4~3.9		4.2~4.6		4.8~5.2
第四遍嵌缝料					S14	4~6
第四遍沥青						1.3~1.5
第三遍嵌缝料			S14	4~6	S12	8~10
第三遍沥青				1.4~1.6		1.4~1.6
第二遍嵌缝料	S10(S11)	8~10	S12	9~10	S9	8~12
第二遍沥青		1.7~1.9		1.8~2.0		1.5~1.7
第一遍嵌缝料		4.0~4.2		2.5~2.7		2.4~2.6
主层石粒	S2(S3)	80~90	S4	50~55	S3	50~55
沥青总用量		5.7~6.1		5.9~6.2		6.7~7.2

注:1. 煤沥青贯入式的沥青用量可较石油沥青用量增加15%~20%。
2. 表中乳化沥青是指乳液的用量,并适用于乳液浓度约为60%的情况。
3. 在高寒地区及干旱风沙大的地区,可超出高限5%~10%。
4. 表面加铺拌和层部分的材料规格及沥青(或乳化沥青)用量按热拌沥青混合料(或乳化沥青碎石混合料路面)的有关规定执行。

主层集料最大粒径宜与贯入层厚度相同。当采用乳化沥青时,主层集料最大粒径可采用厚度的0.8~0.85倍,数量宜按压实系数1.25~1.30计算。表面不加铺拌和层的贯入式路面在施工结束后每1 000 m² 应另备2~3 m³ 石屑或粗砂等供初期养护使用,石屑或粗砂的规格应与最后一层嵌缝料规格相同。

2. 施工机械

沥青贯入式路面的主层集料可采用碎石摊铺机或人工摊铺。嵌缝料宜采用集料撒布机撒布,沥青贯入式路面施工应采用沥青撒布车喷洒沥青,撒布时车速和喷洒量应保持稳定。沥青撒布车在整个宽度内喷洒应均匀。沥青贯入式路面施工宜采用6~8 t及8~10 t的压路机,其主层集料宜用钢筒式压路机碾压。

3. 施工前准备

(1)沥青贯入式路面施工前,基层应清扫干净。当需要安装路缘石时,应在路缘石安装完成以后施工,路缘石应予遮盖。

(2)乳化沥青贯入式路面必须浇洒透层或粘层沥青。当沥青贯入式路面厚度小于或等于5 cm时,也应浇洒透层或粘层沥青。

4. 施工方法

(1)撒布主层集料。撒布时应避免颗粒大小不均,并应检查松铺厚度,撒布后严禁车辆在铺好的集料层上通行。

(2)主层集料撒布后应采用6~8 t的钢筒式压路机进行初压,碾压速度宜为2 km/h,碾压应自路边缘逐渐移向路中心,每次轮迹应重叠约30 cm,接着应从另一侧以同样方法压至路中心,以此为碾压一遍。然后检验路拱和纵向坡度,当不符合要求时应调整,找平后再压,至集料无显著推移为止。然后再用10~12 t压路机进行碾压,每次轮迹重叠1/2左右,宜碾压4~6遍,直至主层集料嵌挤稳定,无显著轮迹为止。

(3)主层集料碾压完毕后,应立即浇洒第一层沥青。沥青的浇洒温度应根据沥青标号及气温情况选择。当采用乳化沥青贯入时,应防止乳液下漏过多。当主层集料碾压稳定后,应先撒布一部分上一层嵌缝料,再浇洒主层沥青。乳化沥青在常温下撒布,当气温偏低需要加快破乳速度时,可将乳液加温后撒布,但乳液温度不得超过60 ℃。

(4)主层沥青浇洒完成后,应立即撒布第一层嵌缝料,嵌缝料撒布应均匀并应扫匀,不足处应找补。当使用乳化沥青时,石料撒布应在乳液破乳前完成。

(5)嵌缝料扫匀后应立即用8~12 t钢筒式压路机进行碾压,轮迹应重叠轮宽的1/2左右,宜碾压4~6遍,直至稳定为止。碾压时应随压随扫,并应使嵌缝料均匀嵌入。当气温较高使碾压过程中发生较大推移现象时,应立即停止碾压,待气温稍低时再继续碾压。

(6)当浇洒第二层沥青、撒布第二层嵌缝料并完成碾压后,再浇洒第三层沥青。

(7)撒布封层料,施工要求应与撒布嵌缝料相同。

(8)最后碾压,宜采用6~8 t压路机碾压2~4遍,然后开放交通。

5. 养护和开放交通

沥青贯入式路面在碾压结束后即可开放交通。在通车初期应设专人指挥交通或设置障碍物控制行车,并使路面全部宽度均匀压实。在路面完全成型前应限制行车速度不超过20 km/h,严禁畜力车及铁轮车行驶。

沥青贯入式路面应进行初期养护。当发现有泛油时,应在泛油处补撒嵌缝料,嵌缝料应与最后一层石料规格相同,并应扫匀。当有过多的浮动集料时,应扫出路面,并不得搓动已经黏着在位的集料。如有其他破坏现象,也应及时进行修补。

第3章 桥梁工程

3.1 桥梁工程施工基础知识

【基 础】

◆**桥梁主要尺寸和术语名称**

1. 净跨径

对于设支座的桥梁为相临两墩、台身之间的水平净距；对于不设支座的桥梁（如拱桥、刚构桥等）为上、下部结构相交处内缘间的水平净距。

2. 计算跨径

梁桥的计算跨径为桥跨结构两支承点之间的距离；拱桥的计算跨径为两拱脚截面形心点间的水平距离，即拱轴线两端点之间的水平距离。

3. 总跨径

总跨径是多孔桥梁中各孔净跨径的总和，也称桥梁孔径，它反映了桥下泄洪的能力。

4. 桥梁全长

桥梁全长简称桥长，是桥梁两端两个桥台的侧墙或八字墙后端点之间的距离，对于无桥台的桥梁为桥面系行车道的全长。在一条线路中，桥梁和涵洞总长的比重反映它们在整段线路建设中的重要程度。

5. 桥梁高度

桥梁高度简称桥高，是指行车道顶面至低水位间的垂直距离或行车道顶面至桥下路线的路面顶面的垂直距离，桥高在某种程度上反映了桥梁施工的难易。

6. 桥下净空高度

桥下净空是为满足桥下通行的需要，对桥梁上部结构底缘以下规定的空间界限。在不通航河流上的桥下净空高度应满足设计洪水或流冰面以上的最小高度的要求；在通航（跨河桥）或通车（跨线桥）的桥梁中，尚应满足通航或通车的净空要求。

7. 桥梁建筑高度

桥梁建筑高度是上部结构底缘至桥面顶面的垂直距离。它不仅与桥梁结构的体系和跨径的大小有关，而且还随行车部分在桥上布置的高度位置而异。

8. 净矢高

净矢高是从拱顶截面下缘至相邻两拱脚截面下缘最低点连线的垂直距离。

9. 计算矢高

计算矢高是从拱顶截面形心至相邻两拱脚截面形心连线的垂直距离。

10. 矢跨比

矢跨比是拱桥中拱圈的计算矢高与计算跨径之比,也称拱矢度,是反映拱桥受力特性的一个重要指标。

11. 涵洞

涵洞是用来宣泄路堤下水流的结构,通常在建造涵洞处路堤不中断。凡是多孔跨径、全长不到 8 m 和单孔跨径不到 5 m 的泄水结构,均称为涵洞。

【实　务】

◆桥梁的组成

1. 上部结构

上部结构又称跨桥结构,是桥梁跨越障碍的主要承载结构。它包括承重结构和桥面系。承重结构是在线路遇到障碍(如山谷、河流或城市道路等)而中断时,跨越这类障碍的构件,用来承受车辆作用和自身荷载;桥面系通常由供车辆行驶的桥面铺装、防水和排水设施及桥上的伸缩缝、栏杆、灯柱、人行道、排水设施等构成。

2. 下部结构

下部结构由桥墩、桥台及墩台下部的基础组成。下部结构的作用是支撑上部结构,并将结构重力和车辆荷载等传给地基。在桥梁上部结构与下部结构之间一般设有支座。桥跨结构的荷载通过支座传递给桥墩、桥台,支座不仅要传递很大的荷载,还要保证桥跨结构能产生一定的变位。

（1）桥墩。设置在中间桥跨的支撑体系称为桥墩,作用是支撑桥跨结构。

（2）桥台。设置在桥梁两端的支撑体系称为桥台。桥台的一端与路堤相接并防止路堤滑塌,另一端则支撑桥跨上部结构的端部。为保护桥台和路堤填土,桥台两侧常做一些防护工程。

（3）基础。基础是将桥梁全部荷载传至地基的结构,是桥梁的最下部。

3. 附属结构

桥梁的附属结构一般包括桥头锥形护坡、护岸以及挡土墙等。桥头锥形护坡位于桥台侧墙,是保证桥头填土稳定性的构筑物。护岸是抵御水流冲刷河岸的构筑物。挡土墙是抵抗桥头引道填土土压力的构筑物。

桥梁的基本组成如图 3.1 所示。

◆桥梁的分类

桥梁的种类繁多,它们都是人们在长期的生产活动中,通过反复实践和不断总结逐渐发展创造起来的。桥梁的分类方法有很多种,可以按桥梁的主要承重结构体系分类、按上部构造使用的材料分类、按用途分类、按桥梁的长度和跨径大小分类、按跨越障碍的性质分类、按上部结构的行车道位置分类等。

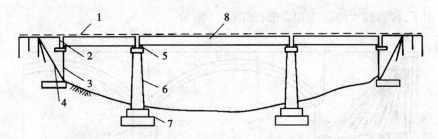

1—桥面系；2—伸缩缝；3—桥台；4—桥头锥形护坡；5—支座；6—桥墩；7—基础；8—承重结构

图 3.1　桥梁组成示意

1. 按桥梁的主要承重结构体系分类

(1)梁桥。梁桥构造简单、施工方便、施工工期短、造价低、维修容易，除特大跨度桥梁外，它是设计中优先考虑的结构体系。梁桥应用广泛，我国各地都有这类的梁桥。梁桥的主要受力构件是梁(板)，在竖向荷载作用下梁体以承受弯矩为主而无水平推力，墩台以承受竖向压力为主。常见的梁桥形式包括简支梁桥、连续梁桥和悬臂梁桥(图3.2)。

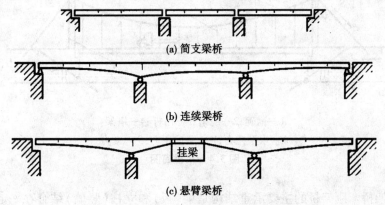

(a) 简支梁桥

(b) 连续梁桥

(c) 悬臂梁桥

图 3.2　梁桥基本体系

(2)拱桥。拱桥是我国较常见的一种桥梁形式，其式样非常多，数量也非常大。拱式桥的主要承重结构是拱圈或拱肋。这种结构在竖向荷载作用下，桥墩或桥台除要承受压力和弯矩外还要承受水平推力。同时，水平推力也将显著抵消荷载所引起的在拱圈(或拱肋)内的弯矩作用。因此，与同跨径的梁相比，拱的弯矩和变形要小得多，但其下部结构和地基必须经受住很大的水平推力。

该桥型适宜采用砌体材料施工，现代钢筋混凝土材料也广泛应用于该桥型，我国建造的钢筋混凝土拱桥的形式更是多种多样。拱桥具有取材广泛、跨径较大、造型美观、造价低廉等特点，如图 3.3 所示。

(3)吊桥。吊桥的主要承重构件是悬挂在两边塔架上的强大缆索，缆索锚固在桥台后面的锚碇上。在竖向荷载下，通过吊杆使缆索承受拉力，而塔架则要承受竖向力的作用，同时承受很大的水平拉力和弯矩。现代吊桥的主缆、吊索、梁体广泛采用抗拉性能优异的钢缆，因此结构自重较轻，能以较小的建筑高度跨越其他任何桥型都无法比拟的特大跨度。但相对于上述其他体系而言，吊桥的自重轻，结构的刚度差，在车辆风荷载和动荷载作用下,桥有较大的振动和变形,如图3.4所示。

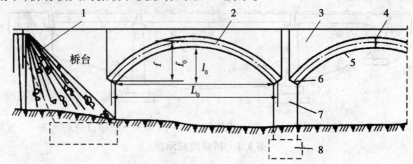

1—锥形护坡;2—拱轴线;3—拱上结构;4—拱顶;5—拱圈(肋);
6—拱脚;7—桥墩;8—基础
l_0—净跨径;L_0—计算跨径;f_0—净矢高;f—计算矢高

图3.3 拱桥概貌

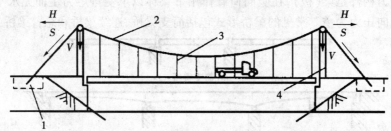

1—锚碇;2—缆索;3—吊杆;4—塔架
H—水平拉力;V—竖向压力;S—索力

图3.4 吊桥简图

(4)刚架桥。刚架桥的主要承重结构是梁(板)和立柱(竖墙)结合在一起的刚架结构,桥梁的建筑高度较小、跨度较大。当在城市交通中遇到线路立体交叉时,可以有效降低线路标高来改善纵坡和减少路堤土方量,当需要跨越通航河流而桥面标高已确定时能增加桥下净空,如图3.5所示。

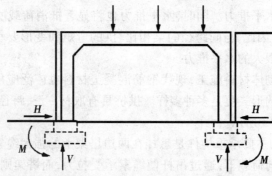

H—水平推力;M—弯矩;V—基底竖向反力

图3.5 刚架桥简图

刚架桥的结构特点是上部结构和下部结构刚结成整体,在竖向荷载作用下,梁部主要受弯,柱脚则要承受弯矩、轴力和水平推力。这种桥的受力状态介于梁桥和拱桥之间。刚架桥主要有T形刚构桥、门式刚架桥和斜腿刚构桥三种形式。

(5)组合体系桥。组合体系桥是由梁、拱、吊索三种体系相组合而成的桥梁,其中应用最多的是系杆拱桥如图3.6(a)和斜拉桥如图3.6(b)。系杆拱桥由拱圈、主梁和吊杆组成,其中主要的承重结构是拱圈和主梁,两者相互配合共同受力可减小水平推力,吊杆可减少梁中弯矩。斜拉桥由主梁、索塔和斜拉索组成,既发挥了高强材料的作用,又减小了主梁高度,使重量减轻而获得很大的跨越能力,是跨径仅次于吊桥的桥型。这两种组合体系桥型造型优美,结构合理,跨径较大,目前使用非常广泛。

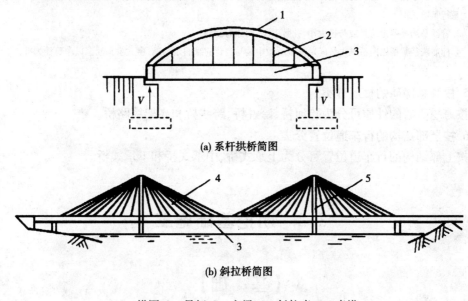

(a) 系杆拱桥简图

(b) 斜拉桥简图

1—拱圈;2—吊杆;3—主梁;4—斜拉索;5—索塔
V—支座反力

图3.6 组合体系桥

2. 按上部构造使用的材料分类

按上部构造使用的材料可分为钢桥、木桥、圬工桥(包括砖、石、混凝土桥)、钢筋混凝土桥和预应力混凝土桥等。

3. 按用途分类

按用途可分为公路桥、铁路桥、公路铁路两用桥、人行桥、农用桥、运水桥(渡槽)及其他专用桥梁(如通过管线、电缆等)。

4. 按桥梁的长度和跨径大小分类

按桥梁的长度和跨径大小可分为特大桥、大桥、中桥、小桥和涵洞,划分标准见表3.1。

表 3.1　桥梁按长度和跨径大小分类

桥梁分类	多孔跨径总长 L/m	单孔跨径总长 L_k/m
特大桥	$L > 1\,000$	$L_k > 150$
大桥	$100 \leq L \leq 100$	$40 \leq L_k \leq 150$
中桥	$30 < L_k < 100$	$20 \leq L_k < 40$
小桥	$8 \leq L_k \leq 30$	$5 \leq L_k < 20$
涵洞	—	$L_k < 5$

注：1. 单孔跨径是指标准跨径。
　　2. 梁桥的多孔跨径总长为多孔标准跨径的总长；拱式桥为两岸桥台内起拱线间的距离；其他形式桥梁为桥面系行车道长度。
　　3. 管涵及箱涵不论跨径或跨径大小、孔数多少，均称为涵洞。
　　4. 标准跨径梁桥以两桥墩中线间距离或桥墩中线与台背前缘间距为准；拱式桥和涵洞以净跨径为准。

5. 按跨越障碍的性质分类

按跨越障碍的性质可分为跨河桥、跨谷桥、跨线桥和高架线路桥。

6. 按上部结构的行车道位置分类

按上部结构的行车道位置可分为上承式桥、中承式桥和下承式桥。

3.2　明挖基础施工

【基　础】

◆围堰的类型及适用条件

1. 土石围堰

土石围堰的类型有土围堰、土袋围堰和堆石土堰。

（1）土围堰。土围堰适用于水深小于 1.5 m，流速小于 0.5 m/s，河床不透水，宜用于河边浅滩，当流速为 0.5~1.0 m/s 时，可在外坡增加防护措施。

（2）土袋围堰。土袋围堰适用于水深 3 m 以内，流速小于 1.5 m/s，河床不透水。

（3）堆石土堰。适用于河床不透水，多岩石的河谷，流速在 3.0 m/s 以内。

2. 木堰

木堰包括木板堰、枃槎堰和木笼堰。

（1）木板堰。木板堰适用于水深 2 m，流速不大于 2.0 m/s，较坚实土质河床，盛产木材地区。

（2）枃槎堰。枃槎堰适用于水深 2 m，流速不大于 2.0 m/s，较坚实土质河床，盛产木材地区。

(3)木笼堰。木笼堰适用于深水、急流,或有流水、深谷、险滩,河床坚硬平坦无覆盖层,盛产木材地区。

3. 套箱

套箱包括木(钢)套箱和钢丝网混凝土套箱。

(1)木(钢)套箱。木(钢)套箱适用于深水,流速不大于 2.0 m/s,无覆盖层,平坦的岩石河床。

(2)钢丝网混凝土套箱。钢丝网混凝土套箱适用于深水,流速不大于 2.0 m/s,无覆盖层,平坦的岩石河床。

4. 板桩围堰

板桩围堰包括木板桩围堰、钢板桩围堰、钢筋混凝土板桩围堰。

(1)木板桩围堰。木板桩围堰一般适用于砂性土、黏性土和不含卵石且透水性较好的其他土质河床。当水深在 2~4 m 时,可采用单层木板桩,如果渗水严重时,可在外侧堆土,如果堆土外侧表面不加任何防冲刷防护时,只适用于流速不大于 0.5 m/s 的河流;当水深在 4~6 m 时,可用中间填土的双层木板桩围堰,具有压缩河床断面少、体积小等优点,但需耗费大量木材。

(2)钢板桩围堰。当水深大于 5 m 且不能用其他围堰的情况下,砂性土、半干硬性黏土、碎卵石类土及风化岩等透水性好的河床,根据需要可修筑成单层、双层和构体式。适用于防水及挡土,施工方便,入土深度应大于河床以上部分长度。

(3)钢筋混凝土板桩围堰。钢筋混凝土板桩围堰适用于深水或深基坑,各种土质河床,可作为基础结构的一部分,亦有采用拔除周转使用的,能节省大量木材。

◆基坑定位放样

当墩、台中心测放后,基础的尺寸由设计图纸得出,再根据土质确定放坡率,得到基坑顶的尺寸,如图 3.7 所示,当基础尺寸为 a、b 时,则基坑顶的尺寸为:

$$\left. \begin{array}{l} A = a + 2(0.5 \sim 1)m + 2Hn \\ B = b + 2(0.5 \sim 1)m + 2Hn \end{array} \right\} \quad (3.1)$$

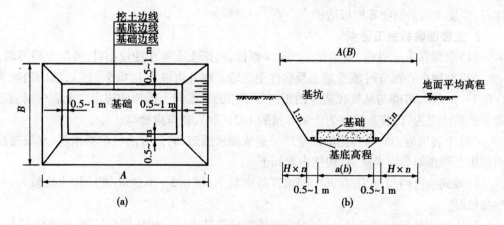

图 3.7 基坑基础尺寸

式中 A——基坑顶的长;
　　　B——基坑顶的宽;
　　　H——基础底高程与地面平均高程之差;
　　　n——边坡率。

明挖基坑放样程序为:施工前,根据式(3.1)放出基坑顶挖土线的位置和尺寸,当挖土高程达到设计基础底高程时(当采用机械挖土时,最后 0.1～0.2 m 的土由人工挖除),再精确测放出基础平面尺寸和砌筑高度。

【实　务】

◆围堰施工

1. 土围堰的施工要点

(1)水深 1.5 m 以内、水流流速 0.5 m/s 以内,河床土质渗水较小时,可筑土围堰。

(2)堰顶宽度可为 1～2 m。当采用机械挖基时,应视机械的种类确定,但不宜小于 3 m。堰外边坡迎水流冲刷的一侧,边坡坡度宜为 1:2～1:3,背水冲刷的一侧的边坡坡度可在 1:2 之内,堰内边坡宜为 1:1～1:1.5,内坡脚与基坑的距离根据河床土质及基坑开挖深度而定,但不得小于 1 m。

(3)筑堰材料宜用粘性土或砂夹黏土。填出水面之后应进行夯实。采用筑堰土料的原则是不渗水、易压实,遇水不致泡软成泥浆,因此,纯黏土并不是好的筑堰土料。砂土渗水量大,黏聚力小,易发生管涌、翻砂,不能用于填筑土围堰。

(4)在筑堰之前,必须将堰底以下河床底以上的树根、石块及杂物清除干净。否则不易夯压并易形成渗水孔道。填筑围堰程序是上游开始至下游合龙,这样可以减小围堰填筑过程中的水流冲刷,易于填筑牢固。首先填筑的上游部分,可加大围堰宽度,以抵抗水流冲刷力。

(5)因筑堰引起流速增大使堰外坡面有受冲刷的危险时,可在外坡面用草皮、柴排、片石、草袋或土工织物等加以防护。

2. 土袋围堰的施工要点

(1)水深在 3 m 以内,流速在 1.5 m/s 以内,河床土质渗水性较小时,可筑土袋围堰。

(2)围堰中心部分可填筑黏土及黏性土芯墙。堰外边坡为 1:0.5～1:1,堰内边坡为 1:0.2～1:0.5,坡脚与基坑顶边缘的距离和堰顶的宽度同土围堰的规定。土袋中装不渗水的黏性土为宜,装土量宜为土袋容量的 1/2～2/3,袋口应缝口。

(3)土袋围堰的袋与袋之间的空隙易造成漏水通道,防治方法可根据水深、水流速度和河床允许压缩等因素决定,包括内容如下。

1)堆码内外两层土袋,在其中间填筑防水黏土,厚 0.5～1.0 m,此法防水性较好,但堰身较厚。

2)不分内外层,在每层堆码间的空隙填以松散黏土层。此法堰身较薄,防水性较差。

(4)堰底河床处理及堆码方向同土围堰的规定。

(5)堆码的土袋的上下层和内外层应相互错缝,尽量堆码密实平整。

3. 钢板桩围堰的施工要点

(1)钢板桩围堰适用于各类土(包括强风化岩)的深水基坑。

(2)钢板桩的机械性能和尺寸应符合规定要求。经过整修或焊接后的钢板桩,应用同类型的钢板桩进行锁口试验、检查。

(3)钢板桩堆存、搬运、起吊时,应防止因自重而引起的变形及锁口损坏。

(4)当起吊能力许可时,宜在打桩之前,将2~3块钢板桩拼为一组并夹牢。

(5)施打钢板桩时,应注意如下事项。

1)在施打钢板桩前,应在围堰上下游一定距离及两岸陆地设置经纬仪观测点,用以控制围堰长、短边方向的钢板桩的施打定位。

2)施打前,钢板桩的锁口应用止水材料捻缝,以防漏水。锁口内填防水填充材料,系为增强围堰的防水性能。

3)施打钢板桩必须备有导向设备,以保证钢板桩的正确位置。

4)施打顺序按施工组织设计进行,一般由上游分两头向下游合龙。施打时宜先将钢板桩逐根或逐组施打到稳定深度,然后依次施打至设计深度。在垂直度有保证的条件下,也可一次打到设计深度。

5)钢板桩可用锤击、振动、射水等方法下沉,但在黏土中不宜使用射水下沉办法。

6)接长的钢板桩,其相邻两钢板桩的接头位置应上下错开。

7)同一围堰内使用不同类型的钢板桩时,宜将两种不同类型的钢板桩的各半块拼焊成一块异形钢板桩以便连接。

8)施打时,应随时检查其位置是否正确,桩身是否垂直,不符合要求时应立即纠正或拔起重新施打。

(6)拔桩前,宜向堰内灌水使内外水位持平并从下游侧开始拔桩。拔桩时宜用射水、锤击等松动措施,并应尽可能采用振动拔桩法。

(7)拔出来的钢板桩应进行检修涂油,堆码保存。

4. 钢筋混凝土板桩围堰的施工要点

(1)钢筋混凝土板桩适用于黏性土、砂类土及碎石土类河床,不仅可用于基坑挡土防水,还可不拔除而作为建筑结构物的一部分,且可作为水中墩台基础的防护结构物。

(2)板桩断面应符合设计要求。板桩桩尖角度视土质坚硬程度而定,沉入砂砾层的板桩桩头,应增设加劲钢筋或钢板。

(3)钢筋混凝土板桩的制作,应用刚度较大的模板,榫口接缝应顺直、密合。如用中心射水下沉,板桩预制时,应留射水通道。

(4)钢筋混凝土板桩,目前用空心板桩的较多,可节约制桩材料,桩较轻,故打桩锤亦可较轻,还可利用空心孔道射水加快下沉。空心多为圆形,用钢管做芯模,待混凝土初凝后,将钢管转动以减小黏结力,达到一定强度后可将钢管由桩头用卷扬机拔出。

(5)钢筋混凝土桩的榫口以半圆形的较好,因无棱角,在预制吊装时榫口不易损坏。

5. 竹、铅丝笼围堰的施工要点

(1)竹、铅丝笼围堰适用于流速较大而水深在1.5~4 m的情况。

(2)竹、铅丝围堰制作应坚固,可使用钢筋串联、螺栓连接以及铁丝捆扎等方法加固。

(3)按照水深、流速、基坑大小及防渗要求,可以用单层或双层竹、铅丝笼围堰,单层时在围堰内填土袋,在外侧堆土袋,双层时在两层之间填土,防止渗漏。竹、铅丝笼的宽度为水深的1.0~1.5倍。

(4)竹、铅丝笼可用浮运、吊装或滑移就位,就位后填石(装土)下沉,在堰底外围堆土袋,以防堰底渗漏。

◆ **基坑施工**

(1)基坑顶面应设置防止地面水流入基坑的设施,基坑顶有动荷载时,坑顶边与动荷载间应留有不小于1 m宽的护道,如动荷载过大宜增宽护道。如工程地质和水文地质不良,应采取加固措施。

(2)基坑坑壁坡度不易稳定并有地下水影响,或放坡开挖场地受到限制,或放坡开挖工程量大,应根据设计要求进行支护。设计无要求时,施工单位应结合实际情况选择适宜的支护方案。

(3)允许做直坡的条件。当基础土质均匀、地下水位低于基坑、基坑顶缘无活载时,挖方时可将坑壁挖成直坡式,即不放坡也不设支撑,但是,挖方深度不宜超过表3.2的规定。

表3.2 允许做直坡时挖方深度限值

土质情况	挖方深度限值/m
稍松土质	0.50
中等密度土质(用锹可挖)	1.25
密实土质(可镐可挖)	2.00

(4)深度在5 m以内的坑壁坡度。当挖土深度超过可以不放坡的限值,而在5 m以内,且地质条件良好,土质均匀,地下水位低于基坑底标高时,在不加支撑的情况下允许的最陡坡度,应符合表3.3的规定。

表3.3 深度在5 m以内的基坑坑壁最陡坡度

土壤种类	坑壁最陡坡度(高:宽)		
	基坑顶缘无载重	基坑顶缘有静载	基坑顶缘有动载
砂类土	1:1	1:1.25	1:1.5
碎石类土	1:0.75	1:1	1:1.25
黏砂土	1:0.67	1:0.75	1:1
砂黏土	1:0.33	1:0.5	1:0.75
黏土带有石块	1:0.25	1:0.33	1:0.67
未风化页岩	1:0	1:0.1	1:0.25
岩石	1:0	1:0	1:0

注:1.采用本表时,基坑深度应在5 m以内,施工期较短,无地下水,且土质结构均匀,温度正常。

2. 基坑深度大于 5 m 时,可将坑壁坡度放缓或加平台。

3. 土壤湿度较大,坑壁可能引起坍塌时,坡度应采用该湿度时土的天然坡度。

4. 挖基经过不同的土层时,加坡可分层而设,并视情况留平台。

5. 山坡上开挖基坑,如地质不良,除放缓坡度外,应采取防止滑坍的措施。

(5)当基坑有地下水时,地下水位以上部分可以放坡开挖;地下水位以下部分,若土质易坍塌或水位在基坑底以上较深时,应加固开挖。

(6)基坑放坡开挖比较经济,但在下列情况下应采取坑壁加固措施。

1)地下水位高于基底且渗透量大,影响坑壁的稳定。

2)放坡开挖工作量过大,不符合多快好省的要求。

3)基坑较深,施工期较长。

4)受施工场地限制或邻近有建筑物,不能采用放坡开挖。

◆基坑排水

1. 集水坑排水法

集水坑排水法,是指基坑开挖中,在坑底基础范围之外设置集水坑并沿坑底周围开挖排水沟,使水流入集水坑内,排出坑外,一般分为普通明沟排水和盲沟排水。

(1)排水沟、集水坑的设置。排水沟、集水坑的大小,主要根据渗水量的大小而定,排水沟深 0.5 m,底宽应不小于 0.3 m,纵坡为 0.1% ~ 0.2%。集水坑宜设在上游,集水坑深度一般应大于 0.7 m 或大于进水笼头的高度,集水坑可用荆笆、编筐、竹篾或木笼围护,以防止泥砂堵塞吸水笼头。抽水时应有专人负责维护排水沟和集水坑,使其不淤、不堵,能将水连续抽出基坑。

(2)水泵的选择和安装。水泵的吸程和扬程应根据基坑的深度选用,坑壁或围堰稳定性较差时,可采用振动力小的水泵,有条件时尽可能选用自吸式离心水泵。

水泵安装应按坑深、水深及水泵吸程(一般为 6 ~ 7 m)等条件,分别安装在坑顶、水位以上、水位以下等位置,坑深大于水泵扬程,可用串联法安装,或用多级高压水泵。如果由于设备限制吸程达不到水位以下时,先将水泵置于坑顶排水,随着水位降低,将水泵下移坑内,安装在边坡护道或架设的平台上,也可安置在悬吊的活动脚手架上。

(3)抽水工作的安排。凡采用抽水挖基的工程,开工后应连续不断地快速施工。河床或地面为渗水性的土质时,抽水时应将出水管接长或用排水槽将水引流远处,以防渗回基坑。渗水土质的基坑抽水时,可能会使邻近基坑的地下水位下降,为减轻邻近基坑的排水工作,可考虑邻近基坑同时开挖。砂夹卵石层中,长时间抽水,会使卵石缝中细砂随水吸走,水量也随之愈来愈大,造成抽水能力不足,除采用快速施工外,应多增加备用水泵。

2. 井点排水法

井点排水法适用于粉、细砂、地下水位较高、有承压水、挖基较深、坑壁不易稳定的土质基坑。井点类别的选择,宜按照土壤渗透系数、要求降低水位深度以及工程特点而定,见表 3.4,在无砂的黏质土中不宜使用。

表3.4 各种井点法的适用范围

井点类别	土壤渗透系数/(m·d^{-1})	降低水位深度/m
一级轻型井点法	0.1~80	3~6
二级轻型井点法	0.1~80	6~9
喷射井点法	0.1~50	8~20
射流泵井点法	0.1~50	<10
电渗井点法	<0.1	5~6
管井井点法	20~200	3~5
深井泵法	10~80	>15

注：1. 降低土层中地下水位时，应将滤水管埋设于透水性较大的土层中。
2. 井点管的下端滤水长度应考虑渗水土层的厚度，但不得小于1 m。

(1)井点排水法的注意事项。

1)井管的成孔可根据土质分别用射水成孔、冲击钻机、旋转钻机及水压钻探机成孔，井点降水曲线至少应深于基底设计标高0.5 m。

2)井点的布置应随基坑形状与大小、土质、地下水位高低与流向、降水深度等要求而定。

3)在水位降低的范围内设置观测孔，其数量视工程情况而定。

4)应考虑水位降低区域构筑物可能产生的附加沉降，并应做好沉降观测，确保水位降低区域内建筑物的安全，必要时应采取防护措施。

5)降低底层土中地下水位时，应尽可能将滤水管埋设在透水性好的土层中。

6)应对整个井点系统加强维护和检查，保证不间断地抽水。

(2)井点法的施工。

1)埋设井点管。当井点管管端设有射水球阀时，可直接利用井点管射水冲孔埋设；或另用射水管冲孔再将井点管沉入埋设，以及带套管的射水法或振动射水法下沉成孔后拔出水管，将井点管插入孔中，同时回填粗砂。

2)连接井点管与集水管。将已经插入土中的井点管上端用橡胶软管与集水管的连接管头连接起来，并用铁夹箍紧，接头处不得漏气。

3)连接抽水系统。将集水管的三通与已经组装完成的抽水系统连接在一起。

4)开动抽水系统抽水。各部分管路及设备经检查合格后，即可开动真空泵，集水箱内部形成部分真空，真空表指示400 mm/Hg(约53.3 kPa)左右，地下水开始从滤水管吸入集水箱，即可开动离心泵，将水排出。排水时要及时调节出水阀，使集水箱内吸水的水量与排出的水量平衡。真空表升至600 mm/Hg(约80.0 kPa)时，即表示排水量与地下水涌入量达到平衡。

5)拔管。施工结束，拆除连接管，用起重机、倒链或扒杆卷扬机将井点管拔出，所留孔洞用砂或土填塞。各种机械设备均要进行维修整理，滤水管要拆开清洗，重新组装，供以后再用。

◆挖基与回填

(1)挖基施工宜安排在枯水或少雨季节进行,开工前应做好计划和施工准备工作,开挖后应连续快速施工。

(2)基础的轴线、边线位置及基底标高应精确测定,检查无误后方可施工。

(3)在附近有其他结构物时,应有可靠的防护措施。

(4)挖基废方应按指定的位置处治。

(5)排水应不影响基坑安全,不影响农田和周边环境。

(6)基坑的回填应分层压实,施工要求应符合相关规定。

3.3 桩基础施工

【基 础】

◆桩基础的组成和特点

桩基础由若干根桩和承台两个部分组成。桩在平面上可布置成为一排或几排,所有桩的顶部由承台连成一个整体并传递荷载。在承台上再修筑墩、台或直接修筑上部结构,如图3.8(a)所示。根据实际使用情况可将桩身部分或全部埋入地基土中,当桩身外露在地面以上较高时,在桩之间应加设横系梁,以加强各桩间的横向联系。

桩基础的作用是将承台以上结构物传来的外力通过承台,由桩传到较深的地基持力层中去,承台将各桩连成一整体共同承受结构物的荷载,并将荷载较为均匀地传给各个基桩。桩的作用在于穿过软弱的、或压缩性土层或水,使桩基支承在坚硬、密实或压缩性较小的地基持力层上。各桩所承受的荷载由桩通过桩侧土的摩阻力及桩土的抵抗力传递到桩周土层中去,如图3.8(b)所示。

桩基础如设计正确、施工得当,应具有承载力高、稳定性好、沉降量小而均匀、在深基础中耗用材料少、施工简便等特点;在深水河道中,采用桩基可避免(或减少)水下工程,简化施工设备和技术要求,加快施工速度并改善工作条件。近代在桩基础的类型、沉桩机具和施工工艺以及桩基础理论等方面都有了很大发展。采用桩基不仅便于机械化施工和工厂化生产,而且能以不同类型的桩基础适应不同的水文地质条件和承受不同荷载性质的上部结构,因此,桩基础具有较好的适应性,在现代各种类型建筑物的基础工程中得到广泛应用。

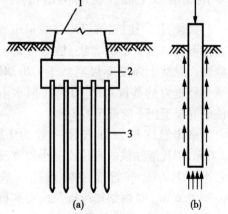

1—墩台;2—承台;3—基桩
图3.8 桩基础

◆桩基础的适用条件

1. 适宜采用桩基础的情况

(1)荷载较大,地基上部土层软弱,适宜的地基持力层位置较深,采用浅基础或人工地基在技术上或经济上不合理时。

(2)当地基计算沉降过大或结构物对不均匀沉降敏感时。

(3)河床冲刷较大,河道不稳定或冲刷深度不易正确估算,位于基础或结构物下面的土层有可能被侵蚀、冲刷,采用浅基础施工困难不能保证基础安全时。

(4)地震区,在可液化地基中,采用桩基础可增加结构物的抗震能力,桩基础穿越可液化土层并伸入下部密实稳定土层,可消除或减轻地震对结构物的危害。

(5)当施工水位或地下水位较高时,采用桩基础可减少施工困难或避免水下施工。

(6)采用其他类型基础不能保证基础安全、施工困难或技术经济上不合理时。

2. 不宜采用桩基础的情况

(1)当上层软弱土层很厚,桩底不能达到坚实土层时,此时桩长较大、桩基础稳定性稍差、沉降量也较大。

(2)当覆盖层很薄,桩的入土深度不能满足稳定性要求时。

因此,在考虑使用桩基础时,必须根据上部结构特征与使用要求,认真分析研究建筑物所在地的工程地质与水文资料,考虑不同桩基类型特点和施工环境条件,经多方面比较,精心设计,慎重选择方案。

◆钢筋混凝土灌注桩的构造特点

钻、挖孔灌注桩、沉管灌注桩采用就地灌注钢筋混凝土桩的方法,桩身常为实心截面。混凝土强度等级不低于C20,对仅承受竖直力的基桩可用C15。(但水下灌注的混凝土仍不应低于C20)

钻孔灌注桩设计直径一般为0.8~2.0 m,挖孔灌注桩的直径或最小边宽度不宜小于1.2 m,沉管灌注桩直径一般为0.3~0.6 m。桩内钢筋应按照内力和抗裂性的要求布设,较长的摩擦桩应该根据桩身弯矩分布情况分段配筋。短摩擦桩和柱桩按桩身最大弯矩通常均匀配筋。当按内

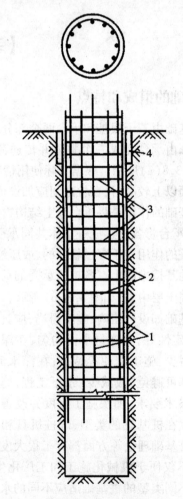

1—主筋;2—箍筋;
3—加劲箍筋(加强筋);4—护筒

图3.9 钢筋混凝土灌注桩

力计算桩身不需要配筋时也应在桩顶3~5 m内设置构造钢筋。孔内钢筋不设弯钩,以利水下混凝土的灌注。为了保证钢筋骨架有一定的刚性,便于吊装及保证主筋受力后的纵向稳定,主筋不宜过细、过少(直径不宜小于14 mm,每根桩不宜少于8根)。箍筋应适当加强,箍筋直径一般不小于8 mm,间距为200~400 mm。对于直径较大的桩或较长的钢筋骨架,可在钢筋骨架每隔2.0~2.5 m设置一道加强箍筋。钢筋保护层厚度一般应不小于50 mm,如图3.9所示。

钻、挖孔桩的柱桩根据桩底受力情况如需嵌入岩层时,嵌入深度可根据受力情况计算确定,并不得小于0.5 m。

钻孔灌注桩常用的含筋率为0.2%~0.6%,较一般预制钢筋混凝土实心桩、管桩与管柱均低,也有工程采用就地灌注桩的大直径空心钢筋混凝土,这是进一步发挥材料潜力、节约水泥的措施。

◆钢筋混凝土预制桩的构造特点

沉桩(打入桩和振动下沉桩)采用的预制钢筋混凝土桩,有实心的圆桩和方桩(少数为矩形桩),有空心的管桩,另外还有管柱(用于管柱基础)。

普通钢筋混凝土方桩可以就地灌注预制。通常当桩长在10 m以内时横断面为0.30 m×0.30 m,桩身混凝土强度等级不低于C25,桩身配筋应按制造、运输、施工和使用各阶段的内力要求配筋。主筋直径一般为19~25 mm;箍筋直径为6~8 mm,间距100~200 mm(在两端处一般减少50 mm)。由于桩尖穿过土层时直接受到正面阻力,应在桩尖处把所有的主筋弯在一起并焊在一根芯棒上。桩头直接受到锤击,故在桩顶处需设方格网片三层以增加桩头强度。钢筋保护层厚度不小于35 mm。桩内需预埋直径为20~25 mm的钢筋吊环,吊点位置通过计算确定,如图3.10所示。

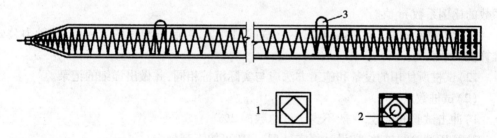

1—实心方桩;2—空心方桩;3—吊环
图3.10 预制钢筋混凝土方桩

管桩由工厂以离心旋转机生产,有普通钢筋混凝土或预应力钢筋混凝土两种,直径为400 mm、550 mm,管壁厚80 mm,混凝土强度等级为C25~C40,每节管桩两端装有连接钢盘(法兰盘)以供接长。

管柱实质上是一种大直径薄壁钢筋混凝土圆管节,在工厂分节制成,施工时逐节用螺栓接成,它的组成部分包括法兰盘、主钢筋、螺旋筋、管壁(混凝土强度等级不低于C25,厚100~140 mm),最下端的管柱具有钢刃脚,用薄钢板制成,一般采用预应力钢筋混凝土管柱。

预制钢筋混凝土桩柱的分节长度,应根据施工条件决定,并应尽量减少接头数量。接头强度不应低于桩身强度,并有一定的刚度以减少锤振能量的损失,接头法兰盘的平面尺寸不得突出管壁之外。

【实　务】

◆沉桩施工

1. 试桩

沉桩工程在正式开工前应先进行试桩。试桩采用冲击试验及静压试验,设计有要求时再做静拔试验和静推试验。

(1)试桩目的。

1)选择合理的施工方法和机具设备。

2)根据桩的设计承载力,确定桩的入土深度。

3)核实最终贯入度是否符合设计要求。

4)选定射水沉桩的射水设备及射水参数。(如水量、水压等)

5)确定射水沉桩最后锤击的深度。

6)确定沉桩桩尖形式和正确的接桩方法。

7)验证锤击沉桩动力公式在该工程地质条件下的准确程度。

8)查明沉桩土质是否有假极限和吸入现象,决定是否需要复打和复打前休止期限。

9)确定施工时停止沉桩的控制标准。

10)静推试验确定桩的容许水平承载力及桩顶位移和转角,并推求地基土水平抗力系数的比例系数 m 值。

11)如是钢管桩试桩,尚需测出钢管桩的回弹量,控制柴油锤的贯入度,用动力公式推算桩的承载力。

12)试桩所使用的设备和施工方法应与实际沉桩相同,并做出详细的记录。

(2)试桩数量。

1)冲击试验的桩数,一般不少于桩总数的2%。

2)静压试验的桩数,按设计规定处理,一般可按下列规定。

①在相同地质情况下,按桩总数的1%计,并不得少于2根。

②位于深水处的试桩,应根据具体情况,由有关部门决定。

2. 沉桩顺序

在一个基础沉入较多的桩时,会把基底以下的土挤密或隆起,如果采用从基础四周向内沉桩的办法,则越往中间沉,基底以下的土挤得越密,导致后续各桩无法下沉,甚至已下沉的基桩被土挤出,因此沉桩次序是一个很重要的问题,必须慎重考虑。

沉桩一般由一端向另一端连续进行,当桩基平面尺寸较大或桩距较小时,宜由中间向两端或四周进行;如桩埋置有深浅,宜先沉深的,后沉浅的;在斜坡地带,应先沉坡顶的,后沉坡脚的。

3. 吊桩、插桩

(1)吊桩。吊桩时根据桩长可采用一个吊点、两个吊点、三个吊点或四个吊点,预制桩吊立时一般多采用一个吊点,如图3.11所示。较长的桩可采用三个吊点或四个吊点。

各种吊点的位置是根据吊运、吊立过程中产生的最大正负弯矩绝对值相等的条件来确定的,由于各种桩的体型不一样,其吊点的位置有时要做相应的变更。

起吊前应检查桩上的配件是否齐全。吊桩前应做好桩的吊点位置记号,捆好吊索,并标好检查桩下沉的尺寸。吊点应符合设计规定,不得任意变动。

采用一个吊点吊立就位时,当桩吊到一定高度,即相当于1/2桩长加0.5 m后,逐渐地放松溜绳直至桩身完全垂直为止,然后把桩纳入龙门框内。

吊插大口径的长钢管桩,如直径1.2 m、长度40 m钢管桩,采用两个吊点吊立就位时,由于桩身偏移量过大、桩质量过大,难以纳入龙门框内,可在上吊点的对称面上增加一个吊点,校正桩身偏移量后,使其易于纳入龙门框内。

长桩用单点悬挂时,不得使用吊环;纳入龙门框时,应将标好尺寸的一面向外。桩架就位前,应对桩架本身的水平及龙门框的正直情况进行详细的检查校正。

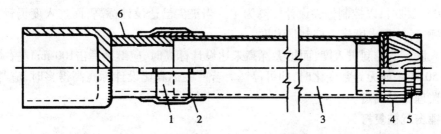

1—接头钢箍;2—加固钢板;3—厚壁钢管;4—桩帽;5—木垫;6—铸铁套筒

图3.11 送桩示意

(2)插桩。在松软土中插桩时,桩位容易向前走动,应向后移一些插入。在斜坡上插桩,如斜桩与斜坡同一方向时,应向坡上方移动一些。在施工群桩基础时,先沉入的桩已将土挤密,继续插桩时,桩位应略移向先沉好的桩。在深水急流中插桩时,应考虑水流及浮力作用,宜向迎水方向移动一些,必要时可在上游加设临时挡流设施,或用导向框架插桩。插桩时桩位移动距离的大小,应根据试桩情况考虑。

插好桩后,应立即将桩头用锤压住,检查锤、桩帽和桩的中心是否在一条竖直线上,并检查桩位有无移动及桩的垂直度或倾斜度是否符合下列规定。

1)桩位偏差(指对测量放样所定的桩位而言)不得超过20 mm。

2)插桩的倾斜度不得超过1/400。

3)在插四角桩时,允许有向内的偏差,但不得有向外的偏差。

4. 锤击沉桩

(1)预制钢筋混凝土桩和预应力混凝土桩在锤击沉桩前桩身混凝土强度应达到设计要求。

(2)桩锤的选择应根据地质条件、桩形、土的密实程度、单桩轴向承载力及现有的施工条件等确定。

(3)开始沉桩时,宜采用较低落距,桩锤、替打、送桩和桩宜保持在同一轴线上。在锤击过程中,应采用重锤低击。

(4)锤击沉桩时,应采用与锤、桩相适应的、适当弹性和厚度的锤垫和桩垫,并在锤击过程中及时修理和更换,避免打坏桩。

(5)锤击沉桩应考虑锤击振动对新浇筑混凝土的影响,当混凝土强度未达到5 MPa,距新浇筑的混凝土30 m范围内,不得进行沉桩。

(6)环境温度在 -10 ℃以下时,应尽量避免进行钢管桩的锤击沉桩工作。

(7)沉桩过程中,若遇到贯入度剧变,桩身突然发生倾斜、位移或有严重回弹,桩顶或桩身出现严重裂缝、破碎等情况时,应暂停沉桩,分析原因,采取有效措施。

(8)斜坡上沉桩,应掌握桩的外移规律,并根据土质、坡度、水深、水流等情况,斜桩尚应考虑自重的影响,结合施工实践经验,桩身宜向岸移一定距离下桩,以使沉桩后桩位符合设计要求。

(9)锤击沉桩应考虑锤击振动和挤土等对岸坡稳定或邻近建筑物的影响,可根据具体情况采取措施并对岸坡和邻近建筑物位移和沉降等进行观察,及时记录,如有异常变化,应停止沉桩并研究处理。

(10)沉桩时,以控制桩尖设计标高为主。当桩尖已达设计标高,而贯入度仍较大时,应继续锤击,使贯入度接近控制贯入度。

贯入度已达控制贯入度,而桩尖标高未达设计标高时,应继续锤击100 mm左右(或锤击30~50击),如无异常变化时,即可停锤。若桩尖标高比设计标高高得多时,应与设计单位和监理研究确定。

5. 锤击沉桩复打

(1)对发生"假极限""吸入"现象的桩和射水沉桩及上浮、下沉现象的桩都应进行复打。

1)"假极限"是指桩在饱和的细、中、粗砂中连续锤击下沉时,使流动的砂变得密实地夹紧在桩的周围,妨碍土中水分沿桩上升,在桩尖下形成水压很大的"水垫",使桩产生暂时的极大贯入阻力,在休止一定时间后阻力就降低。

2)"吸入"是指桩在黏性土中连续锤击时,由于土的渗透系数小,桩周围水不能渗透扩散,而沿着桩身向上挤出,在桩周围形成润滑套,使桩周围的摩擦力大为减少,在休止一定时间后,桩周围水消失,桩周土摩擦力恢复增大。射水沉桩由于射水的冲刷,减少了桩周土的摩擦力。桩的上浮、下沉均会影响土对桩的阻力。因此上述的几种情况,在休止一定时间后均须进行复打,以确定桩的实际承载力。

(2)休止时间应按土质不同而异,可由试验确定,一般不少于下列天数。

1)桩穿过砂类土,桩尖位于大块碎石类土、紧密的砂类土或坚硬的黏质土上,不得少于1 d。

2)在粗、中砂和细砂里,不少于3 d。

3)在黏质土和饱和的粉质土里,不少于6 d。

(3)复打应达到最终贯入度小于或等于停打贯入度。

6. 静力压桩

(1)压桩前应在桩身做出明显的深度标志,以便压桩时记录压入深度和压力的数值。

(2)压桩机在进入现场前,工作场地应先平整,并根据现场条件,预先确定压桩机压桩顺序,尽量减少压桩机行走距离。

(3)根据地质钻探,静力触探或试桩资料估算压桩阻力,以选用适当的压桩设备,其重力宜大于压桩阻力的40%。

(4)压入桩过程中,应防止一棵桩压入时中断工作,以免间歇后桩阻力增大。采用接桩时应尽量缩短接桩时间,以减少压桩阻力。

(5)压桩机的安装与拆卸应根据厂方产品说明书规定执行。

(6)吊装前应清理桩身,并检查桩身有无明显碰损处,以免影响夹持下压,如影响则不得使用。

(7)吊桩进入压桩机夹具后,应对准桩位。开始压桩时,应使较低的压力徐徐压入,确定无异常情况后,再开始正常工作。

(8)压桩过程中应严格控制桩身与地面的垂直度,不允许倾斜压入。如需接送桩时,应保证送桩的中心轴线与桩身的中心轴线上下一致。

(9)压桩过程中,应随时注意桩下沉有无变化,如有水平方向位移时,则可能桩尖遇到障碍,当移动量较大时,应将桩拔出,清除障碍或与设计单位研究后改变位置。

7. 射水沉桩

(1)在砂质或砾石土壤中打桩,可采用射水打桩法,随射随打。待桩尖距设计高程1 m左右时,应停止射水,完全锤击,以增加桩的承载能力。若随射随打仍不能穿过坚实土层时,可利用旧钢轨作引桩先打成导眼,然后将桩插入继续下沉。

(2)射水管的直径根据水压和水量决定。一般射水管的直径为37~63 mm,喷嘴直径为射水管直径的0.4~0.45倍。如需扩大冲刷范围时,可在喷嘴管壁上设置若干小孔眼,该孔眼与喷嘴垂直轴线成30~45°角,孔眼直径一般为8 mm。在黏性土壤中,宜用只有一个中心孔眼的射水管。

(3)射水沉桩应根据土层情况,选择高压泵压力和排水量。一般宜采用多级离心泵,在进水口处应装置真空计,出水口处应装置压力计。启动水泵时,应注满接引水。采用活塞式水泵时,应在压力管中安设气罩。在供水高压管路上,必须设有逆止阀和溢水阀,防止喷嘴堵塞时破坏水泵和管路。为减少水压力损失,水泵应尽量靠近沉桩地点,管路宜顺直,不得拐死弯。在宽水面深水中沉桩时,宜采用浮动水泵站。

(4)钢筋混凝土空心管桩如采用空心部分作射水管道时,则由插桩开始即应通水,水压逐渐升高,以防出水口被泥堵塞不通。

(5)普通钢筋混凝土桩可采用预冲法沉桩。采用7~9级的高压水泵,利用打桩架吊高压射水管,按桩位进行射水冲孔,冲孔应较桩长短1.00 m,然后迅速将射水管拔出,插桩、打桩,可将锤击数削减7/10。

(6)采用中心射水沉桩,应在桩垫和桩帽上留有排水通道,降低高压水从桩尖返入桩内的压力。

(7)为加快沉桩速度,可一面冲射一面用锤轻击,锤击时应将射水管提起,使喷水嘴高于桩尖,以防射水设备堵塞或损坏。

(8)在沉桩过程中,应及时检查桩的入土深度和桩位,特别是斜桩更应注意。将近停止射水前,必须再检查一次桩位,最后校正。

◆钻孔灌注桩施工

1.钻孔灌注桩施工的工艺流程

钻孔灌注桩的施工有很多工序,因成孔方法不同和现场情况各异,施工工艺流程也不完全相同。钻孔灌注桩施工的工艺流程一般如图3.12所示。

当同时进行几根桩或几个墩台施工时,要注意它们之间的密切配合,避免相互干扰和冲突,并尽可能地做到均衡使用机具和劳动力。从一根桩或一个墩台完成施工转到下一根桩或下一个墩台时,既要抓好新钻孔的工作,也要做好已成桩或墩台的养护和质量检查工作。

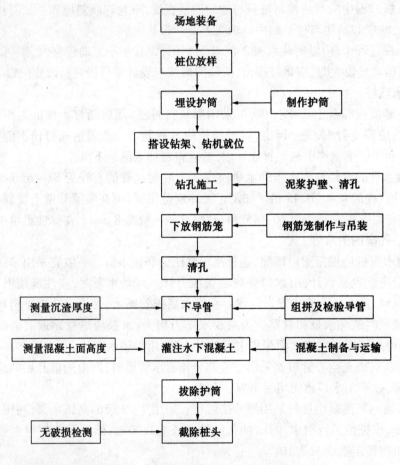

图3.12 钻孔灌注桩施工工艺流程

2. 钻孔机械

(1)钻机。

1)冲击式钻机。这种钻机适用范围较广,砂质黏土、砂砾及岩石等各种地层中都可应用,尤其在漂卵石和基岩中比其他类型钻机优越而行之有效。

2)冲抓式钻机。用于紧密的砂夹卵石地层,按操作方法可分单绳冲抓和双绳冲抓两种,一般均使用简单钻架操纵。

3)旋转式钻机。在砂质黏土地层中效果较好,其钻头的旋转分为人力推动、内燃机或电动机驱动。前者设备简单,速度慢,劳动强度较大,仅在缺乏动力的情况下使用。目前多用电动机驱动的旋转钻机。

(2)钻头。冲击钻孔的钻头由锥身、刃脚和转向装置三部分组成。目前施工中常用的有十字形钻头、管式钻头、人字形钻头、工字形钻头、冲抓锥(冲抓成孔钻头)及旋转钻孔钻头等。

1)十字形钻头。钻头自重由钻机确定,钻头直径 D 以设计孔径的大小为标准,高度 H 在 $1.55 \sim 2.5$ m,其高度必须与重量和直径相适应,以保证冲钻时的稳定和导向作用。

2)管式钻头。管式钻头是用钢板焊成双层管壁的圆筒,壁厚约70 mm,内外壁的间隙用钢砂或铝填充,以增加钻头的重量。当刃脚把土层冲碎的同时,活门随即被碎渣挤开,把钻渣装入筒内,这样就把冲孔、掏渣两道工序合并,从而提高了工效。

3)人字形钻头和工字形钻头。除刃脚形式不同外,其钻头本身与十字形钻大致相同。

4)冲抓锥。冲抓锥具有冲击功能,由锥瓣直接抓取土石的冲抓锥来钻进成孔。它的冲击作用在于使锥瓣切入土石,而不以击碎土石为主要目的。这种成孔方法使用泥浆的目的是护壁而不是浮渣。按操纵锥瓣开合方法的不同,冲抓锥分为单绳和双绳两种形式。按冲抓锥构造分为三瓣、四瓣和六瓣三种,目前以四瓣较为普遍。在卵石地层中钻孔多用四瓣冲抓锥,在砂卵石、黏土、粘砂土和砂粒土地层多用六瓣。

冲抓锥的锥径即锥瓣张开时的最大直径,可为孔径的$85\% \sim 90\%$,对疏松地层采用低值,对较稳定的地层采用高值。

锥重据孔径和土层而定。因冲击时是靠自重产生冲击能,抓土时也是靠自重的压力,故轻锥的冲抓能力较低,特别是遇到卵石和较硬土层时的冲抓进度很慢,故锥要重些为好。

锥的高度不宜小于其直径的1.5倍,以免锥头倾倒时两端抵住孔壁,使提升困难,甚至拉断钢丝绳。但锥太高时,它的重心也偏高,容易发生倾倒碰撞孔壁,引起坍孔事故。

目前常用的锥的直径为 $1.1 \sim 1.5$ m,质量为 $1.5 \sim 2.8$ t,高度为 $1.7 \sim 2.7$ m。

5)旋转钻孔钻头。旋转钻孔钻头的种类和特点如下。

①刺猬钻头。这种钻头速度快,但阻力大,一般用于50 m以内的孔,深度超过时钻机负荷过大,难以钻进。

②圆笼钻头。这种钻头阻力小,又有上下两层套圈,性能较好,适用于黏土、粉砂土和中粗砂。在较硬黏土中钻进时,它的出浆口常被堵塞,影响钻进。

③鱼尾钻头。这种钻头适用于黏土、粉砂土、中砂、细砂、粗砂,在砂卵石或风化岩中

比其他形式钻头有较高的钻进效率。但是它的导向性能差,常出现梯级倾斜。

④圆笼鱼尾钻头。这种钻头钻进速度快,比圆笼钻头提高30%;导向性能好,钻头工作平稳无摆动,保证钻孔垂直度;破碎效果好,钻渣容易上浮。圆笼鱼尾钻头适用于黏土、粉砂土、中砂、粗砂和细砂。

(3)抽渣筒。掏取孔内钻渣的工具叫抽渣筒,也叫掏渣筒。用 3~10 mm 厚钢板卷成直径为钻孔直径的 40%~60% 的圆筒,高为 1.5~2.0 m。上面用直径 30 mm 左右的圆钢做成吊环,下面装有活门。活门有杯式、单扇门和双扇门三种。

3. 场地准备

钻孔场地的平面尺寸应按桩基设计的平面尺寸、钻机数量和钻机底座平面尺寸,钻初移位要求、施工方法以及其他配合施工机具设施布置等情况决定。施工场地或工作平台的高度应考虑施工期间可能出现的高水位或潮水位,并比其高出 0.5~1.0 m。

施工场地应按下列不同情况进行整理。

(1)场地为旱地时,应平整场地,清除杂物,换除软土,夯打密实。钻机底座不宜直接置于不坚实的填土上,以免产生不均匀沉陷。

(2)场地为陡坡时,可用枕木或木挑架搭设坚固稳定的工作平台。

(3)场地为浅水时,宜采用筑岛方法。当水不深、流速不大时,根据技术经济比较、采取截流或临时改河方案有利时,也可改水中钻孔为旱地钻孔方案。

(4)场地为深水时,可搭设水上工作平台,工作平台可用木桩、钢筋混凝土桩做基桩,顶面纵横梁、支撑架可用木料、型钢或其他材料造成。平台面积应按桩位布置、钻机种类和平台上同时作业的钻机台数,考虑运输护筒、钢筋笼及下护筒与钢筋笼及运输与灌注混凝土等施工工序的需要,设计脚手平台的平台高度应高出施工期间最高水位 2.0 m 以上。平台应能支撑钻孔机械、护筒加压、钻孔操作以及灌注水下混凝土时可能发生的重量,要有足够的刚度,保持稳定,并考虑洪水季节能使钻机顺利进入和撤出场地。

(5)场地为深水且水流平稳时,钻孔的钻机可设在船上,但必须锚固稳定,以免造成偏位、斜孔或其他事故。

4. 埋设护筒

护筒有固定桩位,引导钻头(锥)钻进方向,并隔离地面水以免其流入井孔,保护孔口不坍塌,并保证孔内水位(泥浆)高出地下水或施工水位一定高度,形成静水压力(水头),以保护孔壁免于坍塌等作用。护筒的埋设分岸滩无水河床和水中两种情况。在岸滩上的埋设深度:黏性土、粉土不得小于 1 m;砂性土不得小于 2 m。当表面土层松软时,护筒应埋入密实土层中 0.5 m 以下。水中筑岛,护筒应埋入河床面以下 1 m 左右。无水河床或岸滩埋设有挖埋与填筑两种方法。水中埋设有振动下沉、射水下沉和打入等几种方法。

埋设护筒时可用两套起吊工具。先用第一套起吊工具将下节护筒吊住,然后用第二套起吊工具将上节护筒吊起来叠放在下节护筒上,并将两节护筒的钢板圈互相焊接连成一体,使它们在导向架(框)内下沉约 2 m,再将第三节护筒吊来依照上述步骤叠放焊连,边下沉边叠放焊接,一直下沉到所需要的深度。护筒接头应先垫油灰(或橡皮圈),焊缝处亦应用油灰和快凝水泥砂浆封闭。可在接头处垫直径 1 cm 的橡皮管(或塑料管)围成一圈,在圈内满布油灰,外边用0.2 mm的铁皮包裹缝口,以免油灰脱落,这样处理,一般可不漏水。

护筒达到河底后,即使河底土比较松软,单靠它的自重也不能沉入土中很深,因此要采取措施促其下沉,可参考射水沉井和射水沉桩的方法,在护筒内高压水冲射,使护筒脚冲空后下沉。

此外,可以采用冲抓锥抓取护筒内的土石并配合抽水来下沉护筒;也可以用千斤顶借支架向护筒加压,迫使护筒下沉;还可以在护筒顶端装振动锤采用振动方法使护筒下沉。

5. 钻架与钻机就位

(1)冲击钻机就位。一般都是利用钻机本身的动力与安设的地锚配合,将钻机移动大致就位,再用千斤顶将机架顶起,准确定位,使起重滑轮、钻头与护筒中心在同一垂直线上,以保证钻孔的垂直度。钻机位置偏差不得大于5 cm,对准桩位后,保持钻机平稳,用15 cm×15 cm的方木垫平,并在桅杆顶部,对准钻机轴线,用四根缆风绳拴牢拉紧。

使用简易钻机时,则就地拼装钻架(用三脚架、人字架和用万能杆件拼装的龙门架)使大致就位,从钻架顶上的起重滑轮(或称天轮)吊线,校正桩位,移动钻架,误差不得超过5 cm,钻架要平稳牢固,防止发生偏沉现象。卷扬机要选择恰当的位置,不因钻架变位而移动,尽量使用转向滑车来适应。

(2)冲抓锥钻机就位。若采用木制塔式钻架,由于卷扬机钢丝绳通过架顶滑轮将锥吊起时,滑轮会向钢丝绳牵引方向偏移,故安装滑轮时,应使滑轮在牵引的相反方向偏离桩位一些,才不致因卷扬机拉偏滑轮而使钻孔错位。偏离多少可视滑轮与架顶横梁的距离而定,一般为5~10 cm。

卷扬机的布置视钻架形式和地形而定。若为带底盘的钻架,卷扬机可以安装在钻架内。若桩架未设底盘,则卷扬机以安装在距离钻孔15 m左右处较好,以便司机与孔口人员联系,卷筒的方向应对准钻架转向装置并应尽量与转向滑轮同一高度。如卷筒过高,会将钻架拉歪,甚至会出现更大的事故,卷扬机应固定埋设。

(3)旋转钻机就位。当立好钻架并调整和安设好起吊系统,使起重滑轮和固定钻杆的卡孔与护筒中心在同一垂线上,将钻头吊起,徐徐放进护筒内。启动卷扬机把转盘吊起,垫方木于转盘底座下,将钻机调平并对准钻孔。然后装上转盘,要求转盘中心同钻架的起吊滑轮在一铅垂线上。在钻进过程中要经常检查转盘,如有倾斜或位移,应及时纠正。使用带有变速器的钻机时,要把变速器放平,安装在变速器板上的电动机轴心应和变速器被动轴心在同一水平线上。

6. 泥浆制备

钻孔中泥浆不仅可以保护孔壁不坍,更重要的是在冲击法和旋转法钻孔时,还有排渣的功用。根据实践,使用太稠的泥浆,会增大钻头的阻力,因而影响钻进的速度,增加在孔壁或钢筋上的泥浆附着量,对受力不利,还会增加清孔工作的困难。反之,如泥浆太稀,排渣能力会受到影响,护壁效果也有所降低。因此应根据地层情况和施工方法并考虑泥浆对孔壁和钢筋的附着等因素,选择恰当的泥浆指标,参见表3.5。

表3.5 泥浆性能指标选择

钻孔方法	地层情况	泥浆性能指标			
		相对密度	黏度/(Pa·s)	含砂率/%	胶体率/%
正循环	一般地层	1.05～1.20	16～22	8～4	≥96
	易坍地层	1.20～1.45	19～28	8～4	≥96
反循环	一般地层	1.02～1.06	16～20	≤4	≥95
	易坍地层	1.06～1.10	18～28	≤4	≥95
	卵石土	1.10～1.15	20～35	≤4	≥95
推钻冲抓	一般地层	1.10～1.20	18～24	≤4	≥95
冲击	易坍地层	1.20～1.40	22～30	≤4	≥95

注:1. 地下水位高或其流速大时,指标取高限,反之取低限。
2. 地质状态较好,孔径或孔深较小的取低限,反之取高限。
3. 在不易坍塌的黏质土层中,使用推钻、冲抓、反循环回转钻进时,可用清水提高水头(≥2 m)维护孔壁。
4. 若当地缺乏优良黏质土,远远膨润土亦很困难,调制不出合格水泥时,可掺用添加剂改善泥浆性能。

7. 安放钢筋骨架

钢筋骨架应根据图设计尺寸制作。长桩钢筋骨架宜分段制作,分段长度根据吊装条件确定,应确保不变形,接头应错开,每隔2.0～2.5 m设置加强箍筋一道,钢筋骨架应经检查合格后使用。

在钢筋骨架外侧设置控制保护层厚度的"钢筋耳"、混凝土垫块或塑料垫块,其间距竖向为2 m,横向圆周不得少于4处。钢筋骨架顶端应设置吊环,为防止骨架起吊变形,可采取临时加固措施,入孔时拆除。

钢筋骨架可利用钻机塔架、龙门式起重机、汽车式起重机等起吊。为了保证骨架起吊时不变形,宜用两点起吊。第一吊点设在骨架的下部,第二吊点设在骨架长度的中点到上三分点之间。起吊时,先提第一吊点,使骨架稍提起,再与第二吊点同时起吊。待骨架离开地面后,第一吊点停止起吊,继续提升第二吊点,直到骨架同地面垂直后停止起吊。解除第一吊点,检查骨架是否顺直。当骨架进入孔口后,将其扶正徐徐下降,严禁碰撞孔壁。当骨架下降到第二吊点附近的加强箍筋时,用钢筋或型钢将骨架临时支承于孔口,将吊钩移至骨架上端,取出临时支承,继续下降到骨架最后一个加强箍筋,将骨架临时支承于孔口,此时可吊来第二节骨架,使上下两节骨架位于同一竖直线上,进行焊接或采用其他方法接长。

钢筋骨架下到设计高程后,应采用相应的措施固定在孔口,防止钢筋骨架变位、掉入孔中或在混凝土灌注过程中产生上浮。

钢筋骨架的制作和吊放的允许偏差为:主筋间距±10 mm,箍筋间距±20 mm,骨架外径±10 mm,骨架倾斜度±0.5%,骨架保护层厚度±20 mm,骨架中心平面位置20 mm,骨架顶端高程±20 mm,骨架底面高程±50 mm。

3.4 沉井基础施工

【基 础】

◆沉井的构造

沉井由井壁、刃脚、内隔墙、横梁、框架、井孔、预埋冲刷管、凹槽、封底及顶盖板等组成。

1. 井壁

井壁是沉井的主体部分。为减小沉井下沉时的摩阻力,沉井井壁外侧可做成1%~2%的向内斜坡。多数沉井都做成阶梯形,台阶设在每节沉井的接缝处,错台的宽度为50~200 mm,井壁厚度多为0.7~1.5 m。

2. 刃脚

刃脚设在井壁下端,其作用是切土下沉。刃脚的高度多为0.7~2.0 m,刃脚踏面宽度一般采用100~200 mm,视其井壁厚度而定。根据地质情况,刃脚可采用钢筋及型钢加强。

3. 内隔墙

根据使用和结构上的需要,在沉井井筒内设置内隔墙。内隔墙的主要作用是增加沉井在下沉过程中的刚度,减少井壁受力计算跨度。同时,又把整个沉井分隔成多个施工井孔,使挖土和下沉可以较均衡地进行,也便于沉井偏斜时的纠偏。内隔墙因不承受水土压力,所以,其厚度较沉井外壁要薄一些。内隔墙的底面一般应比井壁刃脚踏面高出0.5~1.0 m,以免土体顶住内墙阻碍沉井下沉,内隔墙的厚度一般为0.5 m左右,沉井在硬土层及砂类土层中下沉时,隔墙底面高出刃脚踏面的高度可增加到1.0~1.5 m。隔墙下应设过入孔,供施工人员在各取土井间往来之用。

4. 上、下横梁及框架

当沉井内设置过多隔墙时,对沉井的使用和下沉都会带来较大影响,因此,设置上、下横梁与井壁组成框架来代替隔墙。框架有下列作用:

(1)可以减少井壁底、顶板之间的计算跨度,增加沉井的整体刚度,使井壁变形较小。

(2)便于井内操作人员往来,减轻工人劳动强度。在下沉过程中,通过调整各井孔的挖土量来纠正井身的倾斜,并能有效地控制和减少沉井的突沉现象。

(3)有利于分格进行封底,特别是当采用水下混凝土封底时,分格能减少混凝土在单位时间内的供应量,并改善封底混凝土的质量。在比较大型的沉井中,如果由于使用要求不能设置隔墙,可在沉井底部增设底梁,以便于构成框架,增加沉井在施工下沉阶段和使用阶段的整体刚度。

5. 井孔

沉井内设置了纵横隔墙框架形成的格子称作井孔,是挖土、排水的工作场所和通道。

井孔尺寸应满足工艺要求。因为在沉井施工中,常用容量为 $0.75 m^3$ 或 $1.0 m^3$ 的抓斗,抓斗的张开尺寸分别为 $2.38 m \times 1.06 m$ 和 $2.65 m \times 1.27 m$,所以井孔宽度一般不宜小于 3 m。从施工角度看,采用水力机械和空气吸泥机等机械进行施工时,井孔尺寸也宜适当放大。

6. 预埋冲刷管

冲刷管是用来辅助沉井下沉的设施,多设在井壁内或外侧,在下沉深度较大、沉井自重不足以克服土的摩阻力时,可采用射水法辅助沉井下沉。

7. 凹槽

凹槽设在近刃脚处,是为增强封底混凝土和沉井壁的联结而设立的。凹槽底面一般距刃脚踏面 2.5 m 左右。槽高约 1.0 m,接近封底混凝土的厚度,以保证封底工作顺利进行,凹入深度为 150~250 mm。

8. 封底及顶盖

当沉井下沉到设计标高,经过技术检验并对井底清理整平后,即可封顶,以防地下水渗入井内。封底可以分为干封底和湿封底两种。采用干封底时,可先铺垫层,然后浇筑钢筋混凝土底板,必要时在井底设置集水井排水;采用湿封底时,待水下混凝土达到强度,抽干井水后再浇筑钢筋混凝土底板。

为了使封底混凝土和底板与井壁间有更好的连接,以传递基底反力,使沉井成为空间结构受力体系,常于刃脚上方井壁内侧预留凹槽,以便在该处浇筑钢筋混凝土底板和楼板及井内结构。

◆沉井的类型

1. 按沉井制造情况分类

(1)筑岛沉井。多采用混凝土或钢筋混凝土沉井。筑岛立模浇筑混凝土后,就地挖土下沉。

(2)浮式沉井。多为钢壳井壁,亦有空腔钢丝网水泥薄壁沉井、钢筋混凝土薄壁沉井,浮式沉井在岸上制造成型,通过滑道等方法下水浮运到位;还有的在船上制作成型,采用一整套吊装设备和措施,使其浮运到位下沉,或采用船运到位,用沉船方法,使其入水下沉。

2. 按沉井竖向剖面形状分类

按其竖向剖面形状可分为柱形、锥形、阶梯形。

3. 按沉井截面形状分类

(1)圆形沉井。在下沉过程中垂直度和中线较易控制,较其他形状沉井更能保证刃脚均匀作用在支承的土层上。在土压力作用下,井壁只受轴向压力,便于机械取土作业,但它只适用于圆形或接近正方形截面的墩或台。

(2)矩形沉井。符合大多数墩或台的平面形状,能更好地利用地基承载力,但四角处有较集中的应力存在,且四角处土不易被挖除,井脚不能均匀地接触承载土层。在侧压力作用下,井壁受较大的挠曲应力,长宽比越大其挠曲应力也越大,通常要在沉井内设隔墙支撑,以增加刚度,改善受力条件。

(3)圆端形沉井。井壁受力比矩形沉井好,适宜圆端形桥墩,能充分利用基础圬工,沉井制造时较圆形和矩形沉井复杂。

【实　务】

◆沉井制作

1. 沉井制作的一般规定

(1)平整场地。在岸滩上或筑岛制作沉井,要先将场地平整夯实,以免在灌注沉井过程中和拆除支垫时,发生不均匀沉陷。如果场地土质松软,应加铺一层厚度为 30～50 cm 的沙层,必要时,应挖去原有松软土层,然后铺上沙层。当石碴、漂卵石等取材方便时,常不挖除松软土壤,可直接回填夯实,以便施工。

沉井可在基坑中灌筑,但应防止基坑为暴雨所淹没,并应注意观察洪水,做好防洪措施。在总进度安排中,利用好枯水期,有利于预制和下沉工作。

(2)测量定位。在沉井地点进行测量工作,应符合下列要求。

1)定位轴线应保证能随时可以检查沉井的下沉位置。

2)检查沉井标高的临时水准点,应设在沉井施工影响范围以外安全可靠的地方。

(3)沉井分节。沉井分节制作高度,应根据下沉系数、下沉稳定性、经验算确定。底节沉井的最小高度,应能抵抗拆除垫木或挖除土模时的竖向挠曲强度,当符合上述条件时,应尽可能高些,一般每节高度不宜小于 3 m。

(4)铺设承垫木。铺设承垫木时,应用水平尺进行找平,要使刃脚在同一水平面上,承垫木下应用 0.3～0.5 m 厚的砂垫层填实,高差不应大于 3 cm;相邻两块承垫木高差不应大于 0.5 cm。

承垫木顶面应与刃脚底面紧贴,使沉井重力均匀分布于各垫木上。承垫木可单根或几根编成一组铺设,但组与组之间最少需留有 0.2～0.3m 的空隙,以便能顺利地将承垫木抽出。

为便于抽除刃脚的承垫木,尚需设置一定数量的定位垫木,使沉井最后有对称的着力点。确定定位垫木位置时,以沉井井壁在抽除承垫木时,所产生的跨中与支点的正负弯矩的绝对值相接近为原则。对于圆形沉井的定位垫木,一般对称设置在互成 90°的四个支点上,方形沉井的定位垫木在四个角上。

(5)模板及其拆除。为了加快施工进度,目前现场已采用整体拼装式井孔模板。采用钢制模板,有强度大,周转次数多等优点。

沉井的非承重的侧模在混凝土强度达到设计强度的 25% 便可拆除;刃脚下的侧模,在混凝土强度达到设计强度的 75% 方可拆除。当混凝土强度达设计强度的 100% 时,沉井方可下沉。

(6)施工缝处理。沉井井壁的水平施工缝应留在底板、凹槽、凸榫或沟、洞底面以下,如图 3.13 所示,高度应不小于 0.2 m。

施工缝有平缝、凸或凹式施工缝、钢板止水施工缝,沉井井壁任一部位均不宜设置竖向施工缝。

2. 干旱滩岸沉井制作

墩、台基础位于干旱滩地,沉井就地制作。施工时就地下沉。如土质松软,则在平整场地并夯实后,在其上铺垫0.3~0.5 m的砂垫层,其上再铺置垫木,垫木之间用砂填平,不得在垫木下垫塞木块、石块来调整顶面高度,以防压重后沉降不均。

图 3.13 施工缝的位置(单位:mm)

3. 筑岛沉井制作

筑岛沉井适用于水深3~4 m、流速较小的情况,根据有无围堰可分为无围堰土砂岛和围堰筑岛两种。无围堰土砂岛沉井适用于浅水、且流速不大的场地,应在沉井周围设置不少于2 m的护道,临水面坡度宜为1∶1.75~1∶3。围堰筑岛时,其岛面、平台面和开挖基坑施工的坑底标高,应比施工最高水位高出0.5~0.7 m,有流冰时,应再适当加高。筑岛尺寸应满足沉井制作及抽垫等施工要求,无围堰筑岛,宜在沉井周围设置不小于2 m宽的护道;有围堰筑岛其护道宽度可按式(3.2)计算:

$$b \geq H\tan(45° - \varphi/2) \tag{3.2}$$

式中 b——护道宽度,单位为(m);

H——筑岛高度,单位为(m);

φ——筑岛土饱和水时的内摩擦角。

护道宽度在任何情况下不应小于1.5 m,如实际采用的护道宽度b小于按式(3.2)计算的值时,则应考虑沉井重力等对围堰所产生的侧压力的影响。

底层沉井的制作包括场地平整夯实、铺设垫木、立沉井模板及支撑、钢筋焊扎、浇筑混凝土等。

(1)在支垫上立模制作沉井时,应符合下列要求。

1)支垫布置应满足设计要求及抽垫方便。

2)支垫顶面应与钢刃脚底面紧贴,使沉井重力均匀分布于各支垫上。

3)模板及支撑应具有足够的强度和较好的刚性。内隔墙与井壁连接处支垫应连成整体,底模应支承于支垫上,以防不均匀沉陷;外模与混凝土面贴接一侧应平直并光滑。

(2)刃脚部分采用土模制作时,应符合下列要求。

1)刃脚部分的外模,应能承受井壁混凝土的重力在刃脚斜面上产生的水平分力。土模顶面的承载力应满足设计要求,土模顶面一般宜填筑至沉井隔墙底面。

2)土模表面及刃脚底面的地面上,均应铺筑一层20~30 mm的水泥砂浆,砂浆层表面应涂隔离剂。

3)应有良好的防水、排水设施。

(3)沉井分节制作高度,应能保证其稳定,又有适当重力便于顺利下沉。底节沉井的最小高度,应能抵抗拆除垫木或挖除土模时的竖向挠曲强度,除土条件许可时,宜高些。

4. 浮式沉井制作

浮式沉井是把沉井底节制造成空体结构,或采取其他方法使之漂浮于水中,用船只托运到设计位置,逐步用混凝土或水灌注,增大自重,在水中徐徐下沉,直达河底。浮式沉井制作适用于水深流急、筑岛困难的沉井基础。

(1)钢丝网水泥薄壁沉井。钢丝网水泥薄壁由骨架、钢丝网、钢筋网和水泥砂浆等组成,并由3 cm钢丝水泥薄壁隔成空腹壳体,入水后能浮于水中,浮运就位后向空腹壳体内灌水,使之下沉落于河床上,再逐格对称地灌注水下混凝土,从而使薄壁空腹沉井变成普通的重力式沉井。钢丝网水泥薄壁沉井由于钢丝网均匀分布在砂浆中,增加了砂浆的内聚力和握裹力,从而提高了砂浆的抗拉强度和韧性,使钢丝网水泥薄壁具有很大的弹性和抗裂性,能抵抗一定程度的冲击。特点是结构薄而轻,有足够的强度和刚度,节省材料,操作简单,多点平行施工作业,且施工时无需模板,可节省模板和支撑等。当河流宽度超过200 m时,可采用半通航措施,用钢绳牵引沉井入水,因而浮运就位方法简单,设备简便。

钢丝网水泥薄壁沉井的制作程序为。

1)预制场地的选择。预制场地的选择应结合水下方案综合考虑,确保浮运沉井安全地进行水上浮运。

2)刃角踏面大角钢成型。成型的方法可在弯曲机上进行,也可用人工弯曲成型,但应注意掌握角钢的翘曲变形,并随时整平。

3)沉井骨架的架设。沉井骨架是由刃脚踏面角钢、竖面骨架角钢与内外箍筋焊接而成。首先是焊好刃脚踏面,其次是架设竖面骨架,待其就位后,用支撑、缆绳予以临时固定,正位后即可加箍筋焊成整体沉井骨架,为了增强角钢刚度,在横隔板及横撑骨架间设置刃脚加撑骨架。

4)铺网。铺网工作是沉井制作的关键之处,要求铺网平整,否则会产生波浪形甚至高低不平,而造成抹灰砂浆的保护层厚薄不均,使沉井受力不利。铺网时内外井壁和刃脚部分同时进行。铺刃脚钢丝网时,由刃脚斜面向刃脚立面铺设;铺井壁钢丝网时,由上至下铺设,先铺内层钢丝网,其次铺纵筋,接着铺横筋,最后铺外层钢丝网。

5)抹水泥砂浆。当铺网工作结束后,即可进行抹灰工作。抹灰所用水泥宜采用强度等级不小于C42.5的普通硅酸盐水泥,砂宜采用粗砂或中砂,水泥与砂的配比为1:1.5,水灰比为0.4。抹灰时由下至上进行,先将砂浆从沉井腔内用力向外挤压,直到透过外层钢丝网为止,待砂浆初凝后再抹腔外,并将沉井外壁外缘面抹光。

(2)装配式钢筋混凝土薄壁沉井。钢筋混凝土薄壁沉井的内外井壁及隔墙均采用钢筋混凝土薄壁轻型结构,具有良好的强度和刚度,刃脚也具有足够抵抗侧土压力的强度。

装配式钢筋混凝土薄壁沉井是近年来采用的一种深水墩基础形式,其沉井分层依次叠装,然后浇筑水下混凝土形成井壁,最后抽水、清基、填心而成。基本构件由纵贯上下的梯形导杆(4根)、每层1 m的井壳(圆头2块、直线段2块)和与井壳等高的支撑梁壳(4块)装配而成。

1)梯形导杆。断面呈工字形,外形呈梯形,设于圆头井壳与直线井壳衔接处,长度随层次而异,单元质量约1.8 t。在拼装和沉放底层井壳时起支撑和承重作用;在安装其余层次时起导向和连接作用,将通过导杆分层安装的各层井壳在浇筑混凝土前连成整体。

2)井壳。井壳分圆头和直线两种,直线段又分为底节和中节。井壳构件高1 m,宽1.1 m,内外壁厚10 cm,中间空腔90 cm,内外壁间设有横隔。井壳不仅是浇筑混凝土的模板,而且本身是井壁的组成部分。

3)支撑梁壳。支撑梁壳与井壁等高,宽62 cm,设有横隔,在浇筑混凝土时作为模板,而浇完混凝土后便形成支撑梁,借以加强抽水时井壁承受水压的能力。

◆沉井下沉

1. 沉井下沉的准备工作

(1)当沉井混凝土强度达到设计要求,大型沉井达到100%、小型沉井达到70%时,方可进行拆除承垫木工作,抽除刃脚下的垫木应分区、分组、依次、对称、同步进行。

(2)垫木应按设计拟定的次序统一编号,抽除次序为。

1)圆形沉井为先抽一般承垫木,后抽除定位垫木。

2)矩形沉井先抽内隔墙下的垫木,然后分组对称地抽除外墙短边下的定位垫木,再后抽除长边下一般垫木,最后同时抽除定位垫木。

(3)同一编号同时抽光垫木并回填砂后,方可抽下一组编号垫木。抽除方法是将垫木底部的土挖去,利用人工或机具将相应垫木抽出。每抽出一根垫木后,应立即用砂、卵石或砾石将空隙填实,同时在刃脚内外侧填筑成小土堤,并分层夯实。

(4)抽出垫木时要加强观测,注意下沉是否均匀。一般情况,当抽至垫木的2/3这一阶段时,沉井下沉比较均匀,下沉量也不大,回填时间亦较充分,便于较好抽垫和回填。

(5)当继续抽垫时,下沉量逐步加大,回填工作也逐渐困难,甚至出现下沉很快来不及回填的现象,致使垫木压坏或压断。因此在抽垫时,开始阶段宜缓慢进行,留出足够的时间进行充分回填夯实,力求尽量改变最后阶段下沉快、下沉量大,由于来不及回填以致压断垫土的现象。

(6)抽垫至最后阶段时,应全力以赴,一鼓作气地尽快将剩余垫木全部抽出,使沉井刃脚平稳均匀地落入土层。

2. 排水开挖下沉

在稳定的土层中,渗水量不大(每平方米沉井面积渗水量小于1 m^3/h)时,可采用排水开挖下沉。从地脉内或岛面开始挖土下沉,应将抽垫时在刃脚内侧的回填土分层挖去,其开挖顺序原则上与抽垫顺序相同,定位承垫处的土最后挖除。当一层全部挖完后,再挖第二层,如此循环往复。开挖的方法为:

(1)当土质松软时,分层挖除回填土,沉井逐渐下沉,当沉井刃脚下沉至沉井中部与土面大致平齐时,即可在中部先向下开挖40~50 cm,并向四周均匀开挖,距刃脚约1 m处时,再分层挖除刃脚内侧的土台。

(2) 当土质较坚实时,可从中部向下挖 40~50 cm,并向四周均匀扩挖,使沉井平稳下沉。

(3) 当土质坚硬时,可参见抽垫顺序分段掏空刃脚,每段掏空后随即回填砂砾,待最后几段掏空并回填后,再分层分次序逐步挖去回填土,使沉井下沉,直到下沉至岩层。

开挖刃脚下土体时,可采用跳槽法,即沿刃脚周长等分若干段,每段长约 1 m,先隔一段挖一段,然后挖去剩余的各段,最后挖定位承垫处的岩石。开挖时,下沉速度应根据沉井大小、入土深度、地层情况而定。一般而言,平均下沉速度为 0.5~10 m/d。

3. 不排水开挖下沉

(1) 基本要求。

1) 沉井内除土深度应根据土质而定,最深不应低于刃脚 2 m;土质特别松软时不应直接在刃脚下除土。

2) 应尽量加大刃脚对土的压力。当沉井通过粉砂、细砂等松软地层时,不宜以降低沉井内水位而减少浮力的方法,促使沉井下沉,而是应保持沉井内水位高于沉井外水位 1~2 m,以防止流砂现象的发生,引起沉井歪斜,增加吸泥工作量。

3) 除纠正沉井倾斜外,沉井内的土应由各沉井均匀清除,其土面高差不应超过 50 cm。

4) 当沉井入土较深,井壁阻力较大时,应根据具体情况而采取有效的下沉方法,如采取抓土、吸泥、射水交替联合作业,必要时还需辅以降低沉井内水位,以增加沉井质量,或在沉井底放炮震动,或用在沉井顶压重的方法,使沉井至设计标高。

(2) 抓斗挖土下沉。不排水开挖下沉常采用抓土下沉,单孔沉井时,抓斗挖掘井底中央部分的土,形成锅底状。在砂或砾石类土体中,一般当锅底比刃脚低 1~1.5 m,沉井即可靠自重下沉,并将刃脚下的土挤向中央锅底;在黏性土中,由于四周土不易向锅底坍落,应辅以高压水松土。多孔沉井时,最好在每个井孔上配置一套抓土设备,可同时均匀除土,减少抓斗倒孔时间,使沉井均匀下沉。

为了使抓斗能在沉井孔内靠边的位置抓土,在沉井顶面井孔周围预埋挂钩。偏抓时,先将抓斗落至孔底,将钢丝绳挂在井孔周边的挂钩上进行抓土,可以达到偏抓的目的。

4. 沉井下沉的辅助措施

沉井下沉的辅助措施有:高压射水助沉、抽水助沉、压重助沉、适当的炮振助沉、泥浆套助沉或空气幕助沉等。各种方法可视工程情况,单独或联合采用。

(1) 高压射水助沉。当沉井下土层坚硬、抓土下沉或吸泥下沉沉井较困难时,可采用高压射水将土层松动,以便于抓(吸)。

射水水压应根据地层情况、沉井入土深度等因素确定,可取 1~2.5 MPa。

射水管一般从井孔直接放入进行射水,也可在井壁及隔墙适当位置预设孔道(可兼作探测孔道),从孔道内插入射水管射水。为减少沉井外壁侧面摩阻力,亦可沿井壁四周对称布置射水管路及装设射水嘴,通入高压水时,即可松动侧壁土层,以利下沉。

当局部地点难以由潜水员定向射水掌握操作时,在一个沉井内只可同时开动一套射水设备,并不得进行除土或其他起吊作业。

(2)抽水助沉。不排水下沉的沉井,在刃脚下已掏空不下沉时,可在井内抽水减小浮力使其下沉。但对于易引起翻砂、涌水地层,则不宜采用这种方法。当用空气吸泥机除土时,可顺便利用空气吸泥机抽水。

(3)压重助沉。沉井坞工尚未接筑完毕时,可利用接筑坞工压重助沉,也可在井壁顶部用钢铁块件或其他重物压重助沉。除为纠正沉井偏斜外,压重应均匀对称旋转。采用压重助沉时,应结合具体情况及实际效果选用。

(4)炮振助沉。一般不宜采用炮振助沉方法。在特殊情况下必须采用时,应严格控制用药量。在井孔中央底面放置炸药起爆助沉时,可采用0.1~0.2 kg,具体使用应视沉井大小、井壁厚度及炸药性能而定。同一沉井每次只能起爆一次,并应根据具体情况,适当控制炮振次数。

(5)泥浆套、空气幕助沉。采用泥浆套或空气幕辅助下沉,其实质是在沉井外壁与土层之间人为地制造一层液化或润滑薄膜层,减小沉井壁与土层的摩阻力,利于沉井下沉。

泥浆套助沉是指在沉井外壁周围与土层之间设置泥浆隔离层,减少土层与井壁间的摩阻力,以利沉井下沉。

空气幕助沉是指通过预埋在井壁中管路上的小孔向外喷射压缩空气,气流沿沉井外壁上升带动土体液化,从而减少沉井外壁的摩阻力。

◆沉井封底

1. 刚性导管法封底

用刚性导管法进行水下混凝土封底时,应满足如下要求。

(1)混凝土材料可参照钻孔灌注桩水下混凝土有关规定,混凝土的坍落度宜为150~200 mm。

(2)灌注封底水下混凝土时,需要的导管间隔及根数,应根据导管作用半径及封底面积确定。

(3)用多根导管灌注时的顺序,应进行设计,防止发生混凝土夹层。若同时灌注,当基底不平时,应逐步使混凝土保持大致相同的标高。

(4)每根导管开始灌注时所用的混凝土坍落度宜采用下限,首批混凝土需要数量应通过计算确定。每根导管开始灌注混凝土时,要求用较小的坍落度,是因为沉井底面积大,若坍落度大,则落下的混凝土流动范围大,不能使水下混凝土面形成一定的坡率,甚至埋不住管底口,难以保证混凝土的质量。

(5)在灌注过程中,导管应随混凝土面升高而徐徐提升,导管埋深应与导管内混凝土下落深度相适应,一般不宜小于表3.6的规定。用多根导管灌注时,导管埋深不宜小于表3.7的规定。

表3.6 不同灌注深度导管的最小埋深

灌注深度/m	≤10	10~15	15~20	>20
导管最小埋深/m	0.6~0.8	1.1	1.3	1.5

表 3.7　导管不同间距的最小埋深

灌注深度/m	≤5	6	7	8
导管最小埋深/m	0.6~0.9	0.9~1.2	1.2~1.4	1.3~1.6

（6）在灌注过程中，应注意混凝土的堆高和扩展情况，正确地调整坍落度和导管埋深，使每盘混凝土灌注后形成适宜的堆高和不陡于1∶5的流动坡度，抽拔导管应严格使导管不进水。混凝土面的最终灌注高度，应比设计值高出不小于150 mm，待灌注混凝土强度达到设计要求后，再抽水凿除表面松弱层。

2. 水下压浆混凝土封底

沉井封底，若为水下压浆混凝土时，应按设计要求施工。沉井基础的质量应符合下列规定：

（1）混凝土的强度应符合设计要求。

（2）沉井刃脚底面标高应符合设计要求。

（3）底面、顶面中心与设计中心的偏差应符合设计要求，当设计无要求时，其允许偏差纵横方向为沉井高度的1/50（包括因倾斜而产生的位移）。对于浮式沉井，允许偏差值增加250 mm。

（4）沉井的最大倾斜度为1/50。

（5）矩形、圆端形沉井的平面扭转角偏差，就地制作的沉井不得大于1°，浮式沉井不得大于2°。

3.5　桥梁墩台施工

【基　础】

◆**桥墩的类型**

桥墩由帽盖（顶帽、墩帽）和墩身组成，帽盖是桥墩支承桥梁支座或拱脚的部分，墩身是桥墩承重的主体结构。

1. 实体墩

实体墩分为重力式墩和薄壁墩。

（1）重力式墩。重力式墩是依靠自身重量保持稳定的桥墩，它的整体性和耐久性好。

（2）薄壁墩。用钢筋混凝土制作的实体薄壁桥墩适用于中小跨径桥梁，空心薄壁桥墩多用于大跨径桥和高桥墩桥。

实体墩的墩身常用抗压强度高的石料砌筑或混凝土浇筑。当墩身较大时，可在混凝土中掺入不超过墩身体积25%的片石，以节省水泥。实体墩也可用预制的块件在工地砌筑，各块件用高强度钢丝束串联施加预应力。砌筑时，块件要错缝。用这种方法建造的实体墩又称为装配式桥墩。

2. 柱式墩

柱式墩是在基础上灌筑混凝土单柱或双柱、多柱所建成的墩。通常采用两根直径较大的钻孔桩作基础，在其上面建立柱做成双柱墩，并在两柱之间设横系梁以增加刚度。此外，也常用单桩单柱墩。

3. 排架桩墩

排架桩墩是由单排桩或双排桩组成的桥墩。一排桩的桩数一般与上部结构的主梁数目相等。将各桩顶连在一起的盖梁可用混凝土制作。这种桥墩所用的桩尺寸较小。因此通常称这种桥墩为柔性桩墩。它按柔性结构设计，可考虑水平力沿桥的纵轴线在各墩上的分配。

4. 构架式桥墩

构架式桥墩是以两榀或多榀构架做成的桥墩，多用钢筋混凝土制作，是一种轻型桥墩。

◆桥台的类型

桥台由帽盖（顶帽、台帽）和台身组成。台身有前墙和侧墙（冀墙）两部分。前墙是桥台的主体，它将上部结构荷载和土压力传至基础。侧墙位于前墙的侧后方，主要支挡路堤土方并可增加前墙的稳定性。

1. 重力式桥台

重力式桥台是依靠自重来保持桥台稳定的刚性实体，它适于用石料砌筑，要求地基土质良好，重力式桥台的平面形状有 U 形、T 形及山形等。

2. 埋置式桥台

埋置式桥台是埋置于路堤锥体护坡中的桥台，它仅露出台帽以上的部分以支承桥梁上部结构，由于是埋置土中，所以这种桥台所受的土压力很小，稳定性好。但是锥体护坡往往伸入河道，侵占了泄水面积，并易受到水流冲刷，必须十分重视护坡的保护。

3. 薄壁桥台

薄壁桥台是以 L 形薄壁墙做成的桥台。这种桥台有前墙和扶壁，前墙是主要承重部分，扶壁设于前墙背面，支撑于墙底板上。扶壁有若干道，其作用是增加前墙的刚度。台帽置于前墙顶部，底板上方的填土有助于保持桥台的稳定。

4. 锚定板桥台

锚定板桥台是从锚定板挡墙发展起来的轻型桥台，它的特点是全部或者大部分台后土压力通过拉杆传给埋在台后填土中的锚定板，其挡土部分由墙面拉杆、锚定板组成。

◆桥梁墩台的类型

桥梁墩台按施工方式的不同分为砌筑墩台、装配式墩台、现场浇筑墩台等几种类型。

1. 砌筑墩台

石砌墩台是用片石、块石、粗料石以水泥砂浆砌筑的，具有就地取材和经久耐用等优点。

2. 装配式墩台

装配式墩台施工适用于山谷架桥，跨越平缓无漂流物的河沟、河滩等的桥梁，特别是在工地干扰多,施工场地狭窄,缺水与砂石供应困难地区,其效果更为显著。其优点是结构形式轻便,建桥速度快,圬工省,预制构件质量有保证等,装配式墩台有柱式墩、后张法预应力墩两种形式。

(1)装配式柱式墩。将桥墩分解成若干轻型部件,在工厂或工地集中预制,再运送到现场装配成桥梁。

(2)后张法预应力墩。后张法预应力墩可分为承台基础、实体墩身和装配墩身三大部分。装配墩身由基本构件、隔板、顶板及顶帽四种不同形状的构件组成,用高强钢丝穿入预留的上下贯通的孔道内,张拉锚固而成。

3. 现场浇筑墩台

现场浇筑墩台(V形墩等)施工的主要工作有:墩台定位,放样,基础施工,在基础襟边上立模板和支架,浇筑墩(台)身混凝土或砌石,扎顶帽钢筋,浇顶帽混凝土并预留支座锚栓孔等。

【实　务】

◆现浇混凝土墩台的施工

1. 施工工艺流程

钢筋混凝土承台、墩柱、墩帽施工工艺流程如图3.14所示。

2. 墩台模板

(1)常用的墩台模板类型。

1)组合式模板。由在施工现场加工制作的各部件安装而成。主要部件有立柱、肋木、壳板、撑木、拉杆、钢箍、铁件等,立柱、肋木、拉杆、钢箍形成模板骨架用以支撑壳板。骨架的立柱安放在墩台的基础枕梁上。

组合式模板整体性好,适应性强,不需起重设备;但是重复使用率低,模板浪费大,安装费工费时,一般只适用于小规模的少量墩台。

2)拼装式模板。各种尺寸的标准模板或工厂定制模板,利用销钉连接,并与连杆、加劲构件等组成墩台所需形状、尺寸的模板。

拼装式模板可以在工厂加工、定制,因此板面平整,尺寸准确,拆装容易,适用于各种形式的墩台施工。当同类型墩台较多时,模板可周转使用。

3)整体吊装模板。将墩台模板分成若干层,根据墩台高度分层支模、灌注混凝土,每层模板是一个独立体系,在地面拼装后吊装就位。每层模板的高度视起吊能力和施工方便程度而定,一般采用2~4 m。

整体吊装模板安装时间短,施工进度快,有利于提高施工质量;将拼装模板的高空作业改为平地操作,施工安全;刚度大,可少设拉杆,节约钢材;拆装方便,可重复使用,整体吊装模板主要适用于高墩台。

(2)墩台模板的选择和施工要点。

1)墩台模板应具有较好的强度、刚度和稳定性,必须保证浇筑混凝土前后模板表面的平整度，不出现跑模、漏浆等弊病。如果墩台模板较高，必须设置撑木或抗风拉索等稳定设施。

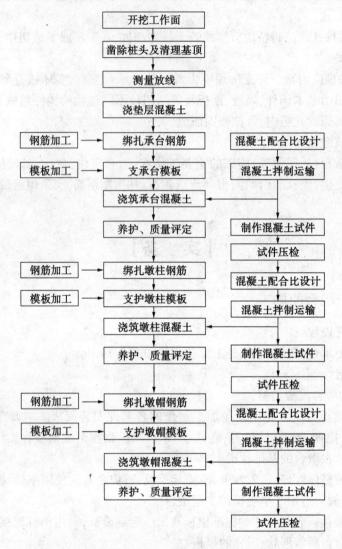

图 3.14　钢筋混凝土承台、墩柱、墩帽施工工艺流程

2）墩台模板选择应考虑周转使用，宜采用标准规格的组合式模板或适合大量同类型桥墩的拼装式模板。平面模板的尺寸应尽可能选择大面积的，以使墩台表面减少接缝。

3）在浇筑混凝土前，应在模板内侧涂刷脱模剂，不得使用会使混凝土表面变色或变质的脱模剂。

4）墩台预埋件或孔洞必须预先考虑，并准确牢固地和模板相固定，以防振捣混凝土或其他外力使之变位。

侧模上的拉杆一般均埋于墩台混凝土中。如需在浇筑完混凝土后取出拉杆，必须在拉杆外设套管。拆模后，墩台表面留下的无用孔洞，必须及时用砂浆或细石混凝土抹平。

5）模板安装完毕后，需在检查其平面位置、顶面标高、节点连接及其他稳定性问题后,方可浇筑混凝土。

6)墩台模板宜在上部结构施工前拆除。拆除模板时,不允许粗暴地敲打和甩掷模板,更要注意拆除的顺序,以防出现事故。

3. 墩台的钢筋骨架

墩台的钢筋骨架制作需经过调直除锈、下料、弯制、绑扎等工序。

由于钢筋混凝土墩台的形式多样,造成了墩台中钢筋骨架形状的各异。

预制成的墩台钢筋骨架,必须具有足够的刚度和稳定性,以利于吊装;尺寸要求准确,符合设计要求。墩台钢筋骨架通常体量较大,制作好后必须安放在平整、干燥的场地上,下部用方木垫平,并挂上标识牌,以防止混淆。钢筋骨架吊装时应注意轻起慢落,防止骨架变形。骨架进入模板前应保持顺直,安装后,保护层厚度要符合设计要求。

4. 墩台混凝土工程

墩台混凝土施工前,应将基础顶面冲洗干净,凿除表面浮浆,整修连接钢筋。灌筑混凝土时,应经常检查模板、钢筋及预埋件的位置和保护层的尺寸,确保位置正确,不发生变形。混凝土施工中,应切实保证混凝土的配合比、水灰比和坍落度等技术性能指标满足规范要求。

(1)混凝土的运送。墩台混凝土的水平与垂直运输采用相互配合的方式。如混凝土数量大,浇筑捣固速度快时,可采用混凝土皮带运输机或混凝土输送泵。

(2)混凝土的浇筑速度。为保证灌注质量,混凝土的配制、输送及浇筑的速度不得小于混凝土配料、输送及灌注的容许最小速度。

(3)大体积混凝土的浇筑应在一天中气温较低时进行。应参照下述方法控制混凝土的水化热温度。

1)用改善集料级配、降低水灰比、掺加混合料、掺加外加剂等方法减少水泥用量。

2)采用水化热低的大坝水泥、矿渣水泥、粉煤灰水泥或低强度水泥。

3)减小浇筑层厚度,加快混凝土散热速度。

4)混凝土用料要遮盖,避免日光曝晒,并用冷却水搅拌混凝土,以降低入仓温度。

5)在混凝土内埋设冷却管通水冷却。

6)在遇气温骤降的天气或寒冷季节浇筑混凝土后,应注意覆盖保温,加强养生。

(4)大体积墩台基础混凝土,当平截面过大,不能在前层混凝土初凝或能重塑前浇筑完成次层混凝土时,可分块进行浇筑,分块浇筑时应符合下列规定。

1)分块宜合理布置,各分块平均面积不宜小于 $50 m^2$。

2)每块高度不宜超过 2 m。

3)块与块间的竖向接缝面应与基础平截面短边平行,与平截面长边垂直。

4)上下邻层混凝土间的竖向接缝,应错开位置做成企口,并按施工缝处理。

(5)混凝土浇筑。为防止墩台基础第一层混凝土中的水分被基底吸收或基底水分渗入混凝土,对墩台基底处理除应符合天然地基的有关规定外,尚应符合下列要求。

1)基底为非黏性土或干土时,应将其湿润。

2)如为过湿土时,应在基底设计标高下夯填一层 100~150 mm 厚片石或碎(卵)石层。

3)基底面为岩石时,应加以润湿,铺一层厚 20~30 mm 水泥砂浆,然后于水泥砂浆凝结前浇筑第一层混凝土。

(6)墩台身钢筋的绑扎应和混凝土的灌注配合进行。在配置第一层垂直钢筋时,应有不同的长度,同一断面的钢筋接头应符合施工规范的规定,水平钢筋的接头,也应内外、上下互相错开,钢筋保护层的净厚度,应符合设计要求。如无设计要求时,墩台身受力钢筋的净保护层应不小于 30 mm,承台基础受力钢筋的净保护层应不小于 35 mm。墩台身混凝土宜一次连续浇筑,否则应按桥涵施工规范的要求,处理好连接缝。墩台身混凝土未达到终凝前,不得泡水。

◆石砌墩台的施工

1. 墩台砌筑的定位放样

(1)瞄准法。当墩台身较高时,可采用瞄准法控制定位石的位置。当墩台身每升高1.5~2.0 m 时,沿墩台平面棱角埋设铁钉,使上下铁钉位于一个垂直平面上,并挂以铅丝。砌筑时,拉直铅丝,使与下段铅丝瞄成一直线,即可依此安砌定位石于正确位置。采用这种方法定位时,每砌高2~3 m,应用仪器测量中线,进行各部分尺寸的校核,以确保各部尺寸正确。

(2)垂线法。当墩台身和基础较低时,可依平面轮廓线砌筑圬工。对于直坡墩台可用吊垂球的方法来控制定位石的位置,为了吊垂球方便,吊点与轮廓线间留10~20 mm的距离。对于斜坡墩台可用规板控制定位石的位置。使用规板时,将斜边靠近墩台面,悬垂线若与所画墨线重合,则表示所砌墩台斜度符合要求。

2. 墩台砌筑的施工要求

(1)砌块在使用前必须浇水湿润,表面如有泥土、水锈,应清洗干净。

(2)砌筑基础的第一层砌块时,如基底为岩层或混凝土基础,应先将基底表面清洗、湿润,再坐浆砌筑。如基底为土质,可直接坐浆砌筑。

(3)砌体应分层砌筑,砌体较长时可分段分层砌筑,但两相邻工作段的砌筑差一般不宜超过1.2 m;分段位置宜尽量设在沉降缝或伸缩缝处,各段水平砌缝应一致。

(4)各砌层应先砌外圈定位行列,然后砌筑里层,外圈砌块应与里层砌块交错连成一体。砌体外露面镶面种类应符合设计规定,位于流冰或有严重漂流物河中的墩台,宜选用较坚硬的石料或高强度混凝土预制块进行镶砌。砌体里层应砌筑整齐,分层应与外圈一致,应先铺一层适当厚度的砂浆再安放砌块和填塞砌缝。

砌体外露面应进行勾缝,并应在砌筑时靠外露面预留深约 20 mm 的空隙备做勾缝之用。砌体隐蔽面砌缝可随砌随刮平,不另勾缝。

(5)各砌层的砌块应安放稳固,砌块间应砂浆饱满,黏结牢固,不得直接贴靠或脱空。砌筑时,底浆应铺满,竖缝砂浆应先在已砌石块侧面铺放一部分,然后于石块放好后填满捣实。用小石子混凝土塞竖缝时,应以扁铁捣实。

(6)砌筑上层块时,应避免振动下层块。砌筑工作中断后恢复砌筑时,已砌筑的砌层表面应加以清扫和湿润。

3. 墩台砌筑的程序和方法

(1)基础砌筑。当基坑开挖完毕并处理后,即可砌筑基础。砌筑时,应自最外边缘开始,砌好外圈后填砌腹部。

基础一般采用片石砌筑。当基底为土质时,基础底层石块直接干铺于基土上;当基底为岩石时,则应铺座灰再砌石块。第一层砌筑的石块应尽可能挑选大块的,平放铺砌,且交替丁放和顺放,并用小石块将空隙填塞,灌以砂浆,然后开始一层一层平砌。每砌2~3层就要大致找平后再砌。

(2)墩台身砌筑。当基础砌筑完毕,并检查平面位置和标高均符合设计要求后,即可砌筑墩台身。砌筑前应将基础顶面洗刷干净。砌筑时,桥墩先砌上下游圆头石或分水尖;桥台先砌四角转角石,然后在已砌石料上挂线,砌筑边部外露部分,最后填砌腹部。

墩台身可采用浆砌片石、块石或粗料石砌筑(内部均用片石填腹)。表面石料一般采用一丁一顺的排列方法,使之连接牢固。墩台砌筑时应均匀升高,高低不应相差过大,每砌2~3层应大致找平。

为了美观和更好地防水,墩台表面砌缝,靠外露面需另外勾缝,靠隐蔽面随砌随刮平。

勾缝的形式一般采用凸缝或平缝,浆砌规则块材也可采用凹缝。勾缝砂浆的强度等级应按设计文件规定,一般主体工程用M10,附属工程用M7.5。砌筑时,外层砂浆留出距石面10~20 mm的空隙,以备勾缝。勾缝最好在整个墩台砌筑后自上而下进行,以保证勾缝整齐干净。

4. 墩台砌筑的工艺

(1)浆砌片石。采用铺浆和灌浆相结合的方法。砌筑时先铺一层砂浆,把片石铺上,每层高度不超过400 mm,空隙处先灌满较稠的砂浆,然后用合适的小石块卡紧填实。之后再铺上砂浆,以同样方法继续砌筑上层石块。每隔700~1 200 mm的高度砌缝应大致砌成水平。

(2)浆砌块石。采用铺浆和挤浆相结合的方法。砌筑时先铺一层砂浆,再把块石铺上,经左右轻轻揉动几下,再用手锤轻击石块,将灰缝砂浆挤压密实。在已砌好的石块侧面继续安砌时,应在相邻侧面先抹砂浆,再砌块石,并向下面和抹浆的侧面用手压,用锤轻击,使下面和侧面砂浆密实。砌体应分层平砌,石块丁顺相间,分层厚度一般不小于200 mm。对于厚大砌体,如不易按石料厚度砌成水平层时,可设法搭配,使每隔700~1 200 mm能够砌成一个比较平整的水平层。

(3)浆砌粗料石。采用铺浆和挤浆相结合的方法。砌筑前应按石料尺寸和灰缝厚度预先计算层数,使其符合砌体竖向尺寸。

砌筑时宜先用已修凿的石块试摆,力求水平缝一样。可先将料石干放于木条或铁棍上,然后将石块沿边棱翻开,在石块砌筑地点的砌石上及侧缝处铺抹砂浆一层并将其摊平,再将石块翻回原位,以木槌轻击,使石块结合紧密。垂直缝中砂浆若有不满,应补填捣至溢出为止。石块下垫放的木条或铁棍,在砂浆捣实后即行取出,空隙处再以砂浆填补压实。

◆墩、台帽的施工

1. 墩、台帽的放样

墩、台混凝土灌注至或砌石砌至离墩、台帽下缘为300~500 mm高度时,即需测出墩、台纵横中心轴线,并开始竖立墩、台帽模板,安装锚栓孔或安装预埋支座垫板,绑扎钢筋等。桥台台帽放样时应注意不要以基础中心线作为台帽背墙线。模板立好后,在灌注混凝土前应再次复核,以确保墩、台帽中心、支座垫石等位置、方向和高程不出差错。

2. 墩、台帽的模板

(1)混凝土和钢筋混凝土墩、台帽模板。墩、台帽系支承上部结构的重要部分,其位置、尺寸和高程的准确度要求较严,墩、台身混凝土灌注至墩、台帽下300~500 mm处就应停止灌注,以上部分待墩、台帽模板立好后一次灌注,以保证墩、台帽底有足够厚度的紧密混凝土,墩帽模板下面的一根拉杆可利用墩帽下层的分布钢筋,以节省铁件。

台帽背墙模板应特别注意纵向支撑或拉条的刚度,防止灌注混凝土时发生鼓肚,侵占梁端空隙。

(2)石砌墩、台帽模板。在墩、台帽高程以下250~300 mm处即停止填腹石的砌筑,开始安装墩、台帽模板。先用两根大约150 mm×150 mm的方木用长螺栓拉夹于墩帽下。然后再在方木上安装墩帽模板,台帽模板亦可用木料支承在锥体上。

(3)桩柱墩墩帽。桩柱墩帽也称盖梁,除装配式的以外,需要现场立模浇筑。盖梁圬工体积小,有条件利用钢筋混凝土桩柱本身做模板支撑。其方法是用两根木梁将整排桩柱用螺栓相对夹紧,上铺横梁,横梁间衬以方木,调节间距,也可用螺栓隔桩柱成对夹紧,在横梁上直接安装底模板。两侧模板借助于横梁、上拉杆和一对三角撑所组成的方框架来固定。所有框架榫眼及角撑均预先制好,安装时只用木楔尖紧框构四周,就能迅速而正确地使模板定位。

这种模板装拆方便,有利于重复使用。对于双排桩墩,只需调整横梁长度和榫眼间距,也同样可以应用。

(4)悬臂墩帽。当桥墩不高时,可利用桥墩基础襟边竖支架,在悬出的支架上立模。如桥墩较高时,可预先在墩身上部预埋螺栓2~3排,以锚定牛腿支架、承托模板。模板的安装程序为:在支架上先安装好底模板;墩上绑扎或整体吊放墩帽钢筋;竖立侧面模板;装横挡螺栓、横向支撑、拉杆和斜撑。

悬臂墩帽混凝土应由墩中部向悬臂端顺序浇筑。帽高在500 mm以上时,应分层浇筑,使模板受力较均匀,并便于混凝土振捣密实。

3. 钢筋网、预埋件、预留孔等的安装

(1)梁桥墩、台帽支座处一般均布设1~3层钢筋网。当墩、台帽为素混凝土或虽为配筋混凝土但对钢筋网未设置架立钢筋时,施工时应根据各层钢筋网的高程安排墩、台帽混凝土的浇筑程序。为了保证各层钢筋网位置正确,应在两侧模板上画线,并加设固定钢筋网的架立钢筋和定位钢筋,以免振捣混凝土时钢筋网发生位移。

(2)墩、台的预埋件一般有以下几种。

1)支座预埋件,有以下几类。

①平面钢板支座的下锚栓及下垫板。

②切线式支座的下锚栓及下座板。

③盆式橡胶支座的固定锚栓。

④摆柱式支座的锚栓及垫板。

2)防震锚栓。
3)供观测用的标尺。
4)防震挡块的预埋钢筋。
5)装配式墩、台帽的吊环。
6)供运营阶段使用的扶手、检查平台和护栏等。
(3)预埋件施工注意事项。
1)为保证预埋件位置准确,应对预埋件采取固定措施,以免振捣混凝土时发生移动。
2)预埋件下面及附近的混凝土应注意振捣密实,对具有角钢锚筋的预埋件尤应注意加强捣实。
3)预埋件在墩、台帽上的外露部分要有明显标志,浇至顶层混凝土时,要注意外露部分尺寸准确。
4)在已埋入墩、台帽内的预埋件上施焊时,应尽量采用细焊条、小电流分层施焊,以免烧伤混凝土。
(4)墩、台帽上的预留锚栓孔须在安装墩、台帽模板时,安装好锚栓预留孔模板,在绑扎钢筋时注意将预留孔位置留出。预留孔应该下大上小,其模板可采用拼装式。模板安装时,顶面可比支座垫石顶面约低5 mm,以便垫石顶面抹平。带弯钩的锚栓的模板安装时应考虑弯钩的方向。为便于安装锚栓后灌实锚栓孔,可在每一锚栓孔模板的外侧上部用三角木块预留进浆槽。

锚栓孔模板可在支座垫石模板上放线定位。支座垫石混凝土强度达2.5 MPa时,即可拆除锚栓孔模板。当上部梁板为现浇整体结构时,墩、台帽上的预埋锚栓可直接浇筑在墩、台帽中,并按设计尺寸留出外露部分。

也有钢支座的下摆不用垫板焊接,而采用在墩、台内埋设螺栓锚固的方式,如切线支座,也称弧形支座。为了保证螺栓位置与支座的孔眼准确密合,浇筑墩、台帽混凝土时,预留出100~200 mm的锚栓孔,待支座及锚栓安装就位后,再灌浆将锚栓孔封固。

3.6 混凝土梁桥上部结构施工

【基　础】

◆支架的形式及材料

与脚手架不同,支架是用以支撑砌筑或现浇构件模板的竖向承重构件,支架按其构造可分为满堂支柱式、梁式和梁支柱式。(图3.15)

支柱式构造简单,常用于陆地或不通航的河道,或桥墩不高的小跨径桥梁。

当支架下有通车或通航要求时,可选择梁式支架。梁式支架依其跨径可采用工字钢、钢板梁或钢桁梁作为承重梁,当跨径小于10 m时可采用工字梁,跨径大于20 m可采用钢桁架。梁可以支承在墩边支架上,也可支承在桥墩上预留的托架或在桥墩处临时设置的横梁上。

梁柱式支架可在大跨径桥上使用,梁支承在支架或临时墩上而形成多跨连续支架。

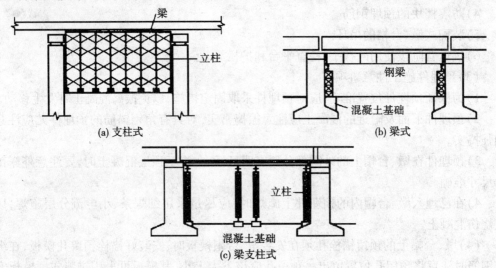

图3.15 支架构造图

满堂式支架按材料又分为满堂木支架、满堂钢管支架。目前应用最多的是采用 WDJ 碗扣式满堂钢支架。WDJ 碗扣式多功能脚手架是一种先进的承插式钢管脚手架,它由立杆、横杆、可调顶托、可调底座等构件组成,能够快速的组成单、双排脚手架、爬升脚手架、悬挑脚手架、模板支架等,避免了螺栓作业,拼拆快速省力,比扣件式钢管支架快 3~5 倍。由于碗扣架各杆件轴线交于一点,节点在框架平面内,接头具有可靠的抗剪、抗弯、抗扭力学性能,结构安全稳固,承载能力与扣件式钢管支架相比大大提高。

碗扣支架的杆件长度为 0.3 m 的模数,因此搭设支架的地面需要平整,当在斜坡上搭设时,支架基础需要做成台阶,台阶高差应为 0.3 m 的模数。由于碗扣架有可调的顶托和底座,因此在进行方便微调支架高度的同时也可以兼做卸架设备。

◆现浇上部模板类型及构造

用于现浇的上部构件模板常用以下类型。

1. 胶合板模板

该类模板有木胶合板、竹胶合板和钢框覆面板三类。用于现浇桥梁上部的模板目前常用竹胶板,规格尺寸除 1 m × 2 m 以外,大都以英制 3 ft × 6 ft 及 4 ft × 8 ft 为基础折算成公制计算。

竹胶板厚度常用的有 12 mm 及 15 mm 两种。

2. 组合钢模板

组合钢模板由钢模板与配件两大部分组成。钢模板又分专用模板和通用模板两大类,但模板拼缝多,浇筑的构件表观较差。

3. 组合钢竹模板

组合钢竹模板是以轧制的异型钢为边框,特制的型钢为主肋和次肋焊成框架,以高强度竹胶板为面板组成的模板。

4. 全钢整体大模板

用型钢做骨架,冷轧钢板做面板,焊成整体式支架模板,其骨架常采用不等边角钢或槽钢,面板常用 4~6 mm 冷轧板。骨架形状、分布密度、选材大小应根据混凝土结构尺寸通过计算选用。因其板面大,拼缝少,刚度好,混凝土表面较平整光滑。整体全钢支架大模板适用于等截面的箱梁翼缘板外侧模板,此时模板支架下部支承,如图 3.16 所示。

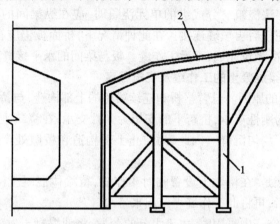

1—支架;2—钢板(厚 4~5 mm)
图 3.16 全钢整体支架大模板

如果采用挂篮现浇施工,则整体全钢支架大模板可做成与现浇段等长支承在箱梁底部的承梁平台上。如果现浇箱梁为变截面,此时支架大模板悬挂安装较适合,便于调整。

预应力混凝土 T 形梁的侧模一般都采用整体全钢支架大模板,每节模板长度根据 T 形梁结构和吊装能力做成 2~5 m 长度不等的节段。

5. 现浇箱梁内模

现浇箱梁内模可做成可周转使用的木模,通常由支承及板材组成,由于内模不外露,对于混凝土接触面的光洁度要求不高,但由于模板承受的压力较大,因此对模板的强度、刚度等要求较高。

为便于拆模,通常将内模做成多节,每节 2~4 m,浇筑完箱梁底板后将内模放入并固定好,然后浇筑侧面及顶板,为将模板取出,常在顶板开设天窗,内模取出后将天窗用吊模的形式浇筑。

由于内模周转次数少,木模造价高,且需要开设天窗,因此有时内模采用的石膏、镁菱土等按内腔尺寸浇筑而成,浇筑混凝土后不再取出,造价较低且施工方便。

【实 务】

◆混凝土的浇筑

1. 简支梁混凝土的浇筑

跨径不大的简支梁桥,可在钢筋全部扎好之后,将梁与板沿跨径全部长度分层浇筑,或用斜层法从两端对称地向跨中浇筑,在跨中合拢。为避免支架不均匀沉陷的影响,浇筑工作宜尽量快速进行,以便在混凝土失去塑性前完成。

较大跨径梁桥,可分层或用斜层法先浇筑纵横梁,待纵横梁浇筑后,再沿桥的全宽浇筑桥面板混凝土,此时桥面板与纵横梁间应设置工作缝。采用斜层浇筑时,混凝土的适宜倾斜角与混凝土稠度有关,一般为 20～25°。

当桥面较宽混凝土数量较大时,可分成单元分别浇筑。每个单元的纵横梁应沿其全长分层浇筑或用斜层法浇筑。分成纵的单元浇筑时,应在纵梁间的横梁上留置工作缝,待纵横梁分别浇筑完成后再填缝连接。在此种情况下,桥面板仍应在各单元纵横梁浇筑完成后,以全面积一次浇筑完成,不设工作缝。板与梁间的水平接缝如前所述。

2. 悬臂梁、连续梁混凝土的工作缝及浇筑程序

(1) 设置工作缝的原因。悬臂梁桥和连续梁桥的上部构造,与桥墩固结,成为整体连续的结构。而桥墩为刚性支承,桥跨下的支架为弹性支承,在浇筑上部构造的混凝土时,桥墩和支架将发生不均匀沉降。因此,为防止上部构造在桥墩处产生裂缝,必须采取有效措施。

通常采用的方法是,在桥墩上设置临时工作缝,待梁体混凝土浇筑完成、支架稳定、上部构造沉降停止后,再将此工作缝填筑起来。

另外,混凝土在空气中凝固时,由于水分的蒸发,将使混凝土发生收缩。如果一次浇筑时间过长,则在梁体中会发生收缩裂缝(纵向分布钢筋和主筋只能部分地避免收缩裂缝),因此如设工作缝即可避免此收缩裂缝。

为避免不均匀沉降,可同时采用预压支架的方法。即预先对支架加与梁体相同重量的荷重,使支架预先完成变形。预压的荷载可随混凝土的浇筑进程逐步拆除。此法的加卸工作量很大,仍以设置工作缝为宜。

(2) 工作缝设置的位置。工作缝的强度一般比梁的整体强度小,因此其位置应设在主梁拉应力与剪应力最小处,一般设在桥墩顶部或其附近。

(3) 工作缝的构造。工作缝两端以木板与主梁体隔开、并留出分布加强钢筋通过的孔洞。由主梁底一直隔到桥面板顶部,木板外侧用垂直木条钉牢。工作缝宽度一般为 80～100 cm,工作缝两端穿过隔板设置长 65 cm、直径 8～12 mm 的分布钢筋,上下间距10 cm。

(4) 混凝土浇筑程序。下图是一上部构造为五跨一联的钢筋混凝土连续空心板梁,每跨14.68 m,桥面净空10 m,支架采用满布式钢支架,空心板梁内模采用钢圆筒,混凝土用泵车浇筑。其浇筑程序及工作缝的设置如图 3.17 所示。图中箭头所指为浇筑的方向,数字为混凝土浇筑顺序。

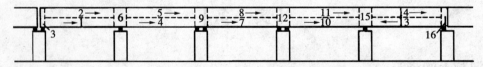

图 3.17 五跨一联空心板梁浇筑程序

◆ 预制梁的起吊和运输

构件的起吊,是指把构件从预制的底座上移出来。一般混凝土强度达到设计强度的70%时,即可进行起吊,起吊可根据设计采用吊环或捆绑方式。

预制梁从预制厂运至施工现场称场外运输,常用大型平板车运至桥位现场;在施工现场内的运输称为场内运输,可采用平车或滚筒拖曳法,也可采用运输轨道平板车运输,或轨道龙门架等方法。

构件运输方式的选择,与构件轻重、运输长短、道路好坏等情况有关。除在水运方便地区可采用船舶运输外,一般采用下列方法。

1. 纵向滚移法

用滚移设备,以电动绞车(卷扬机)牵引,把构件从预制场运往桥位,其运梁滚移布置如图 3.18 所示。如果将前后走板换成平车,将方木滚道换成轨道,可将梁搁在平车上,沿轨道运至桥位。

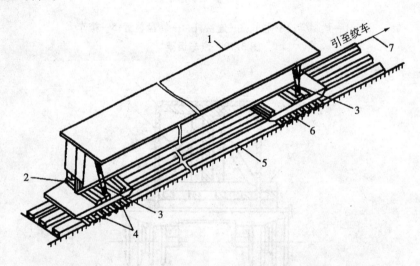

1—预制梁;2—保护混凝土的垫木;3—临时支撑;4—后走板及滚筒;
5—方木滚道;6—前走板及滚筒;7—牵引钢丝绳

图 3.18 纵向滚移法运梁布置

2. 纵向滑移法

在构件底部前后搁一些聚四氟乙烯板,用钢轨代替滑道,用电动绞车做牵引便可将构件拖至桥位。此法适用于空心板的纵向移动。

3. 汽车运输

如果构件预制场离桥位较远,可采用汽车运输。把构件吊装在拖车或平台拖车上,由汽车牵引运往桥位。拖车只能运 10 m 以下的预制梁;平台拖车可运 20 m 的 T 形梁,如图 3.19 所示。当构件长而车短时,外悬部分可能超过允许的外悬长度,应在预制前核算其负弯矩值,必要时用钢筋加强,以防运输时顶面开裂。运输预制板时一般宜采用平台拖车,板的支点均应搁在主车与拖车上。当运预制 T 形梁时,还应设置整体式斜撑,并用绳索将梁、斜撑和车架三者捆牢,使梁有足够的稳定性,如图 3.20 所示。

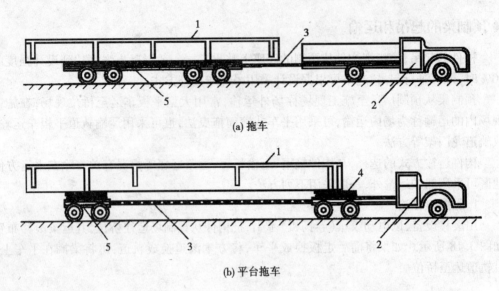

(a) 拖车

(b) 平台拖车

1—预制梁;2—主车;3—连接杆;4—转盘装置;5—拖车

图 3.19 汽车运梁

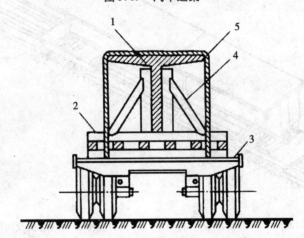

1—T 形梁;2—支点木垛;3—汽车;4—木支架;5—捆绑绳索

图 3.20 T 形梁在汽车上的稳定措施

◆桥梁的预制构件安装

桥梁的预制构件安装是一项复杂的工作,方法很多,简支梁桥施工中,预制板、梁的安装是关键性工序。应结合现场条件、所掌握的安装设备、桥梁跨径、构件荷重等情况作出妥善的安装方案,各受力部件的设备、杆件应经内力验算,并报请上级主管部门审查批准。

板、梁在安装前,应用仪器校核支承结构(墩台盖梁)和预埋件的平面位置,划好安装轴线与端线、支座位置,检查构件外形尺寸,并在构件上画好安装轴线,便于构件就位。

1. 自行式吊车架梁

临岸或陆上桥墩的简支梁,场内又可设置行车通道的情况下,用自行式吊车(汽车吊车或履带吊车)架设十分方便。此法根据吊装重量不同,可采用一台吊车"单吊"(起吊能力为荷载重的 2~3 倍)或两台吊车"双吊"(每台吊车的起吊能力为荷载重的 0.85~1.5 倍),其特点是机动性好,架梁速度快,一般吊装能力为 50~3 500 kN。

2. 扒杆导梁法

扒杆导梁是以扒杆、导梁为主体,配合运梁平车和横移设备使预制梁从导梁上通过桥孔,由扒杆起吊就位。起重量一般为 50~150 kN。

3. 双导梁穿行式导梁悬吊安装

双导梁穿行式导梁悬吊安装,就是在左右两组导梁上安置起重行车,用卷扬机将梁悬吊穿过桥孔,再行落梁、横移、就位。起重量一般为 600 kN 左右,施工布置如图 3.21 所示。

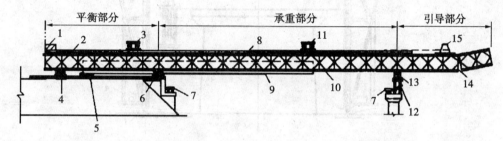

1—压重;2—人行道;3—后行车;4—支点纵移设备;5—纵向滚道;
6—T 梁纵向滚移设备;7—横移设备;8—行车轨道;9—T 梁;10—钢桁架导梁;
11—前行车;12—墩上支点排架;13—纵移设备;14—装置特殊接头;15—绞车

图 3.21 穿式导梁的构造及施工布置

(1)准备工作。

1)架设导梁。穿式导梁悬吊安装中所用的导梁,一般采用钢桁架组拼,横向用框架连接。导梁架设采用在陆上拼装后拖过桥孔,组拼长度约为安装孔梁长的 2.5 倍,在平衡部分的尾部适当加压,则组拼长度稍可缩减。

2)在导梁的承重部分铺设轨道,在其平衡、引导两部分铺设人行便道。

3)安装起重行车。起重行车安装在导梁上,它在绞车牵引下,沿轨道纵向运行。

(2)安装工作。

1)用纵向滚移法将预制梁运来,穿过导梁的平衡部分,使梁前端进入前行车的吊点下。

2)用前行车上的卷扬机将梁的前端吊浮。

3)由绞车牵引前行车前进至梁的后端进入后行车的吊点下,再用后行车上的卷扬机把梁后端也吊离滚移设备,继续牵引梁前进。

4)梁前进至规定位置后,即开动前、后行车的起吊卷扬机,将梁落在横向滚移设备上。

(3)落梁就位。梁横移至设计位置后,可用千斤顶、扒杆或马凳将梁搁在支座上。

穿式导梁悬吊安装,不受河水影响,操作也较方便,一孔架设完毕后,可将穿式导梁拖至下一桥孔架梁。但需大量钢桁架,只宜在有条件的大桥工程中采用。

该法不受桥下水位等影响,可通用于旱地及江河水中架设板梁。

4. 跨墩龙门吊机安装

跨墩龙门吊机配合轻便铁轨及运梁平车安装桥跨结构是常用的方法,当桥墩很多,如跨大河桥的引桥,其特点是龙门吊机的柱脚跨越桥面,如图 3.22 所示。

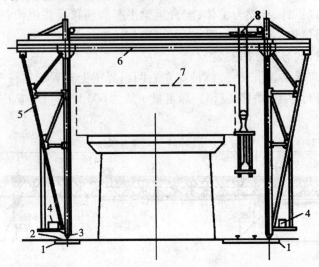

1—枕木;2—钢轨;3—跑轮;4—卷扬机;5—立柱;6—横梁;7—结构轮廓;8—起重吊车

图 3.22 用龙门吊机安装

(1)准备工作。

1)在顺桥方向的墩台两侧修筑便道,当有浅水时,应修建栈桥,并于其上铺设轨道。

2)拼装前、后两副龙门架并竖立好。

(2)安装工作。

构件用轻轨运至龙门架下、桥孔的侧面,即可起吊、横移、下落就位,具体操作此处不再重复。

跨墩龙门吊机安装,具有安全、方便、生产效率高等优点。但由于龙门架的支撑点遇河水是不行的,因此其应用受到季节性限制,只有在旱桥、干涸或浅水河道上才是可行的;如果龙门吊机要通过河床断面时,还需考虑是否要封航这一问题;当桥墩很高时,龙门架的柱脚也相应增高,既不稳定,又不经济,显然不适宜。

5. 联合架桥机架设法

本方法是以钢导梁配合龙门架、蝴蝶架和滑车、链滑车、绞车、千斤顶等辅助设备架设安装预制梁的一种架设法。

导梁用工字钢或贝雷架组成,片数由安装重力计算确定。导梁顶面铺设轨枕和钢轨,钢轨与路堤或已架好的梁上的轨道相接。需要安装的预制梁用平车通过导梁上的轨道运到待安装的桥孔上,梁的架设及横移同跨墩龙门吊。

该方法不设桥下支架,不受洪水威胁,架设过程中不影响桥下通车、通航,缺点是架设设备用钢材较多,较适用多孔简支装配式桥。

◆预应力混凝土桥梁施工

预应力混凝土是指预先在钢筋混凝土构件受拉区施加预压力,让其工作时抵消荷载作用产生的拉应力,并用以限制混凝土裂缝。根据混凝土浇筑与施加预加拉力的先后顺序不同,可分为先张法与后张法。

预应力钢材分为钢丝、钢绞线、热处理钢筋等,其中钢绞线是将碳素钢丝若干根(一般为7根),经过绞捻及热处理制成。由于钢绞线强度高,柔性好,能够充分发挥高强度混凝土的受压性能,钢材节约显著,是桥梁建设中最常用的预应力钢材。目前其他预应力钢材已经很少采用。

下面仅就钢绞线施工方法进行介绍。

1. 预应力锚具

预应力锚具是预应力工程中的核心元件,这种元件永久置于混凝土中,承受着长期的荷载,是预应力是否存在的关键。

与不同的预应力钢筋相适应,锚具(夹具)有钢丝束镦头锚固体系、精轧螺纹钢筋体系和钢绞线夹片锚固体系等,按锚固原理又分为支承锚固、握裹锚固、锲紧锚固和组合锚固等体系。其中钢绞线可采用有夹片锚具(JM)及锲片锚具(QM、XM、YM、OVM)两种锚固体系,在预应力混凝土构件中目前最常用的是OVM系列。

锚具由锚环和夹片两部分组成,如图3.23所示。锚环内壁呈圆锥形,与夹片锥度相吻合。夹片有2片式(2个半圆片)和3片式(互成120°),圆片的圆心部分开成凹槽,并刻有细齿。锚环采用45号钢制造并经热处理,夹片采用15号铬钢或45号钢制造并经热处理。

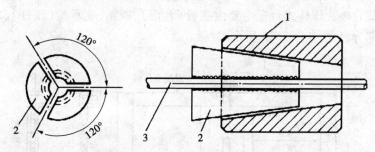

1—锚环;2—夹片;3—钢筋(钢绞线)
图3.23 穿心式锚具

锚具在后张预应力施工中根据用途分为工作锚和工具锚。工作锚留在构件两端不再取下来,成为构件的一个部分;而工具锚则是用以夹住预应力筋进行张拉的锚具,可取下重复使用,通常情况下工作锚与工具锚可使用同一种锚具,也可将一套锚具用作一次工具锚后再应用于工作锚。

特别注意的是,锚具材料的优劣,热处理工艺的好坏,直接影响锚具的可靠性,危及操作人员和结构的安全,因此,在选择生产厂家和进行锚具验收时一定要认真慎重。

2. 千斤顶

目前预应力张拉一般采用以高压油泵为驱动力的穿心式液压千斤顶。千斤顶有单作用千斤顶、双作用千斤顶等,单作用千斤顶只完成张拉一个动作,双作用千斤顶能完成张拉、顶压两个动作,千斤顶有多种型号,其选择要与所采用的锚具相配套。

与 OVM 锚具配套的千斤顶为 YCW 系列 A 型千斤顶,它是在原 YCW 系列千斤顶结构上改进而成的,以便于与国际接轨。该系列千斤顶是一种通用性较强的张拉机具,以主机为主,当配用不同的附件时,可适用于张拉 DM 型镦头锚、OVM 型夹片群锚和 LZM 型冷铸锚。广泛用于先张及后张预应力混凝土结构。

3. 先张预应力工艺

先张法是指先张拉钢筋,后浇筑构件混凝土的方法。即先在张拉台座上按设计规定的张拉力张拉筋束,并用锚具临时锚固,再浇筑构件混凝土,待混凝土达到要求强度(一般不低于设计强度的 70%)后放张(即将临时锚固松开或将筋束剪断),通过筋束与混凝土之间的黏结作用将筋束的回缩力传递给混凝土,使混凝土获得预压应力。

先张法的优点是施工工序简单,筋束靠黏结自锚,不必耗费特制的锚具,而临时固定所用的锚具都可以重复使用,一般称为工具式锚具或夹具。在大批量生产时,先张法构件比较经济,质量也比较稳定。

先张法的缺点是一般只适合生产直线配筋的中小型构件,大型构件由于需配合弯矩与剪力沿梁长度的分布而采用曲线配筋,这使得施工设备和工艺复杂化,而且需配备庞大的张拉台座,同时构件尺寸大,起重、运输也不方便,当预制构件较少时,构件需分摊的台座等费用大,相对造价较高,经济性差。

(1)台座。台座是先张法生产中的主要设备之一,用于承受张拉预应力钢筋的反力,要求有足够的强度、刚度和稳定性。台座按构造形式不同,可分为压柱式和墩式两类。

1)压柱式台座。压柱式台座主要由底板(台面)、横梁、支承梁(压柱)、定位钢板和固端装置几部分组成,如图 3.24 所示。

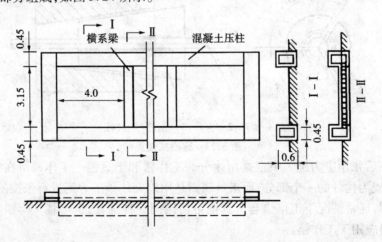

图 3.24 压柱式台座(尺寸单位:m)

台座的底板有整体式混凝土台面和装配式台面两种,作为预制构件的底模,要求平整、光滑、排水畅通,且地基不产生不均匀沉降。压柱式台座的支撑梁是细长的压杆,要求有足够的压曲稳定性和抗压强度。横梁是将预应力钢筋的张拉力传给支撑梁的横向构件,常用型钢制成。设计时,要根据横梁的跨径、张拉力的大小确定截面尺寸,并保证其刚度和稳定性要求。定位钢板用来固定预应力钢筋的位置,用钢板制成(上面打孔),其厚度应保证承受张拉力后具有足够的刚度。定位钢板上孔的位置按梁体预应力钢筋的位置设置,孔径比钢筋直径大 2~5 mm,以便于穿筋。固定端装置设在非张拉端,用于固定钢筋位置,并在梁预制完成后放松钢筋,它仅在一端张拉的后座上使用。

目前,固定生产的桥梁预制厂多采用长线压柱式台座,即在一条生产线上可以同时预制若干构件,大大提高了生产效率。

2)墩式台座。墩式台座也称重力式台座,如图 3.25 所示。它是靠自重和土压力来平衡张拉力产生的倾覆力矩,并靠土壤的反力和摩擦力抵抗水平位移。在地质条件良好、台座张拉线较长的情况下,采用墩式台座可节约大量混凝土。墩式台座由台面、横梁、承力架和定位钢板等组成。承力架要求承受全部张拉力,在制造时要保证承力支架变形小、经济、安全、便于操作等,其他部分与压柱式台座相同。

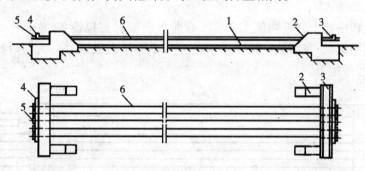

1—台面;2—承力架;3—横梁;4—定位钢板;5—夹具;6—预应力筋

图 3.25 重力式台座

(2)预应力筋的制备。对于桥梁的预应力空心板梁、T 形梁等,常用的预应力钢筋为高强度钢绞线。

钢筋下料时,应按照钢绞线的计算长度、工作长度和原材料的试验数据确定下料长度,为节约钢筋,在台座张拉端和锚固端尽量用拉杆和连接器代替预应力筋,减少预应力筋的工作长度。

在长线台座上同时生产几片梁时,下料长度应包括梁与梁间连接器的长度。

(3)预应力筋张拉。预应力筋的张拉工作,必须严格按照设计要求和张拉操作规程进行。张拉可分成单根张拉和多根整批张拉两种,主要利用各类液压拉伸机(由千斤顶、油泵、油压表、高压油管组成)进行。

1)张拉前的准备工作。张拉前应先在端横梁上安装预应力筋的定位钢板,同时检查其孔位和孔径是否符合设计要求。安装定位钢板时要保证最下层和最外侧预应力筋与混凝土保护层尺寸。对于长线台座,预应力筋需要先用连接器临时串联,在检查钢筋数量、位置和张拉设备后,方可进行张拉,先张法的张拉设施布置如图 3.26 所示。

千斤顶的控制张拉力 N 是张拉前需要确定的一个重要数据,从理论上可以将油压表读数 c 乘以千斤顶加拉油缸内活塞面积 A,就得张拉力的大小($N = cA$),但由于油缸与活塞之间存在摩阻损失,实际张拉力要小于理论计算值。另外,油压表本身也有误差。因此,事先就要用标准压力计(如压力环或传感器等)和标准油压表按 5 t(50 kN)一级来测定所用千斤顶的校正系数 k_1 和油压表的校正系数 k_2。当油压表读数为 c 时,千斤顶的实际张拉值 N' 为:

$$N' = \frac{cA}{k_1 k_2} \tag{3.3}$$

或者,当需要达到张拉力值为 N 时,实际油压表读数为:

$$c' = k_1 k_2 \frac{N}{A} \tag{3.4}$$

式中 k_1——所用千斤顶理论计算吨位与标准压力计实测吨位之比,它随压力值的不同而变化(可用压力环顶压检测),一般为 1.02~1.05,如大于 1.05,则应检修活塞与垫圈;

k_2——所用油压表读数与标准油压表读数之比,它不应有 ±0.5% 以上的偏差,过大时宜换新油压表。

在张拉过程中要十分重视施工安全。在张拉前要对张拉设备、锚具作认真检查;使用千斤顶时不准超载;在两端张拉千斤顶的后方不准站人或通过行人;张拉时要有统一指挥,按操作程序施工。

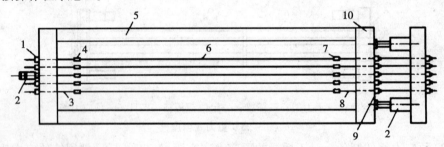

1—锚具;2—千斤顶;3—拉索;4—钢丝索连接器;5—承力支架;
6—预应力筋;7—拉杆钢丝索连接器;8—拉杆;9—螺母;10—横梁

图 3.26　先张法张拉设施布置

2)张拉工艺。先张法工艺流程如图 3.27 所示。

钢绞线一般成组张拉,用锚具夹上的螺钉调整初应力,使每根筋的初应力基本一致,才能保证质量。钢筋或钢丝张拉时,要根据设计规定的控制张拉力进行,同时测量伸长值,张拉时应采用应力与伸长值双控技术,如果发现伸长值异常,应停止张拉,查明原因。

3)张拉程序。预应力筋张拉程序有两种:

①0%→103% 控制应力。

②0%→105% 控制应力 $\xrightarrow{\text{持荷 2 min}}$ 控制应力。

以上两种张拉程序是等效的。

4)混凝土的浇筑和养护。混凝土的浇筑必须一次完成,不允许留设施工缝。混凝土的强度等级不得小于 C40。叠层生产预应力构件时,下层构件的混凝土强度要达到 8~10 MPa 后才可浇筑上层构件的混凝土。

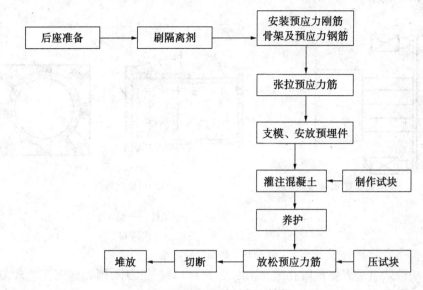

图 3.27 先张法工艺流程图

为加快施工进度,增加模板周转次数,条件许可时可采用蒸气养护。当采用蒸气养护时,为减少温差引起的预应力损失,应用二次升温法养护混凝土,即开始养护时控制温差不超过 20 ℃,待混凝土强度达到 10 MPa 后,再升温加热养护。

5)预应力筋的放张。为保证钢筋与混凝土黏结,应在混凝土强度达到 70% 的设计强度等级后方可放松预应力筋。常用的放松预应力钢筋的方法有:千斤顶先拉后松、砂筒放松、螺杆放松和滑楔放松等。

采用千斤顶放松是将千斤顶重新张拉钢筋,施加的应力不应超过原有的张拉控制应力,之后慢慢旋动固定在横梁定位钢板前的双螺母,再将千斤顶回油,让钢筋慢慢放松,使构件均匀对称受力。如果采用单根放松时,应从构件两侧对称向中心分阶段进行,以减小较后一根钢筋断裂时对梁产生的水平弯曲冲击作用。采用砂筒放松(图 3.28)是将放松装置在钢筋张拉前放置在承力架(或传力柱)与横梁间。张拉前砂筒的活塞要全部拉出,筒内装满烘干细砂,张拉时筒内砂子被压实,承担横梁的反力。放松钢筋时,打开出砂口,活塞缩回,钢筋逐渐放松。砂筒放松易于控制,其结构如图 3.28 所示。

预应力筋放张后,即可割板端外露部分钢筋,然后移走。

4.后张法预应力施工

后张法预应力先浇筑构件混凝土,并在其中预留穿束孔道(或设套管),待混凝土达到要求强度(一般不低于设计强度的 70%)后,将筋束穿入预留孔道内,将千斤顶支承于混凝土构件端部,张拉筋束,使构件也同时受到反向压缩。待张拉到控制拉力后,用特制的锚具将筋束锚固于混凝土上,使混凝土获得并保持其预压应力。最后,在预留孔道内压注水泥浆,以保护筋束不致锈蚀,并使筋束与混凝土黏结成为整体,并浇筑梁端封头混凝土。

后张法的优点是靠工作锚具来传递和保持预加应力,不需要专门的张拉台座,便于在现场施工配置曲线形预应力筋的大型和重型构件,因此,目前在公路桥梁上得到广泛应用。

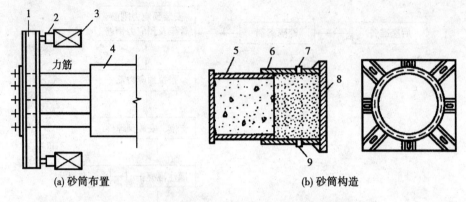

(a) 砂筒布置　　　　　(b) 砂筒构造

1—横梁;2—砂筒;3—承力架;4—构件;5—活塞;
6—套筒;7—进砂口;8—底板;9—出砂口

图 3.28　砂筒放松示意

后张法的缺点是需要预留孔道、穿束、压浆和封锚等工序,因此施工工艺较复杂,并且耗用的锚具和预埋件等增加了用钢量和制作成本。

目前桥梁中预应力钢材基本采用高强度低松弛的钢绞线,下面从钢绞线的制备、孔道成形、张拉工艺、孔道压浆及封锚等方面介绍后张法的基本工艺流程。

(1)孔道成形。孔道留设是制作后张法构件的关键工序,预留孔道的质量直接影响预应力筋能否顺利张拉。孔道留设的方法有以下几种:

1)胶管抽芯法。胶管需定做,在混凝土浇筑前将胶管按设计坐标安放好,然后浇筑混凝土,待混凝土初凝后抽出胶管,形成孔道,该方法优点是不会漏浆堵塞孔道。

2)预埋波纹管法。金属波纹管是用 0.3～0.5 mm 的钢带由专用的制管机卷制而成的。波纹管埋入混凝土后永不抽出,它具有质量小、刚度好、弯曲方便、连接简单、摩阻系数小、与混凝土黏结性能好等优点,是后张预应力孔道成形用的理想材料。但是,波纹管需要比薄钢板管更密的定位钢筋,并应尽量避免电焊火花溅上,否则易发生管道线形走样和管壁漏浆现象。

(2)钢绞线的制备与穿束

钢绞线下料长度等于孔道净长加构件两端的预留长度,固定端的预留长度为锚具厚度加 30 mm,张拉端的预留长度应根据千斤顶参数选择。

钢绞线的切断宜采用砂轮切断机,以保证切口平整、线头不乱,当采用氧气－乙炔切割时,张拉时应注意避开热影响区段的钢绞线。不允许采用电弧焊切割下料,以免钢绞线可能因产生意外打火而造成损伤。

钢绞线可单根穿入孔道,也可整束穿入孔道。采用单根穿入时,应按一定的顺序进行,以免钢绞线在孔道内的打叉现象。采用整束穿入时,钢绞线应排列理顺,沿长度方向每隔 2～3 m 用细钢丝绑扎一道,防止错乱。

钢绞线一般是在混凝土达到一定强度后张拉前穿入,对于长距离钢绞线,有时也可在波纹管定位后混凝土浇筑前将钢绞线穿入,其优点是穿束容易,能有效避免因波纹管漏浆导致的孔道阻塞事故。但间隔时间长时容易生锈,对质量造成一定影响。

(3)张拉工艺。后张法预应力筋张拉前,对设备的校验、千斤顶控制张拉力的计算等与先张法相同。

当跨径不小于 25 m 时,宜采用两端同时张拉。张拉工艺流程如图 3.29 所示。

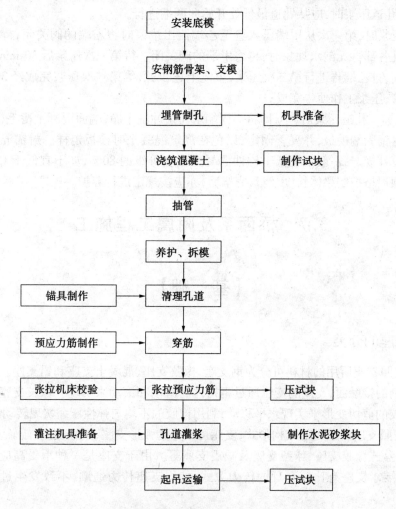

图 3.29 后张法工艺流程图

后张也应采用双控,当采用自锚体系时,张拉程序可按以下进行:

普通松弛力筋 0→初应力→1.03 σ_k→(锚固);

低松弛力筋 0→初应力→σ_k(持荷 2 min 锚固);

当采用顶锚体系时,可按以下程序进行:

0→初应力→1.05 σ_k(持荷 2 min)→σ_k(锚固)。

(4)孔道压浆。孔道压浆是为了保护预应力筋不致锈蚀,并使预应力筋与混凝土构件黏结成整体,从而既能减轻锚具的受力,又能提高构件的承载能力、抗裂性能和耐久性。孔道压浆采用专门的压浆泵进行,压浆时要求密实、饱满,并应在张拉完毕后尽早完成。

压浆工艺有"一次压注法"和"二次压注法"两种,前者用于不太长的直线形孔道,对于较长的孔道或曲线形孔道以"二次压注法"为好。

压浆最大压力以 0.5~0.7 MPa 为宜,如压力过大,易胀裂孔壁。压浆顺序应先下孔道后上孔道,以免上孔道漏浆把下孔道堵塞。直线孔道压浆时,应从构件的一端压到另一端,曲线孔道压浆时,应从孔道最低处开始向两端进行。

二次压浆时,第一次从甲端压入直至乙端流出浓浆时将乙端的阀关闭,待灰浆压力达到要求且各部再无漏水现象时,再将甲端的阀关闭。待第一次压浆后 30 min,打开甲、乙两端的阀,自乙端再进行第二次压浆,重复上述步骤,等第二次压浆完成经 30 min 后,卸除压浆管,压浆工作便告完成。

(5)封锚。孔道压浆后应立即将锚固端水泥浆冲洗干净,端面混凝土凿毛,绑扎钢筋网和安装封锚固端模板,并妥善固定,以免在浇筑混凝土时模板走样。封锚混凝土的强度应符合设计规定,一般不宜低于构件混凝土强度等级的 80%,亦不宜低于 C30。封锚混凝土必须严格控制梁体长度,浇筑完毕后,亦应按规定进行养护。

3.7 桥面系及附属工程施工

【基 础】

◆桥梁支座的分类

(1)按照支座所用的材料可分为钢支座、橡胶支座、混凝土支座和铅支座。钢支座的传力通过钢的接触面,支座的变位通过钢构件的滑动和滚动来实现。橡胶支座通过滑板移动或橡胶的剪切变形来实现水平移动,利用橡胶的不均匀弹性压缩实现转动。

(2)按照支座所采用的结构形式,支座可以分为弧形支座、摆柱支座、辊轴支座、板式橡胶支座、盆式橡胶支座、球型支座及减震支座等。由于支座是一种承受高应力的结构部件,因而要求支座有比较合理的传力方式,使得支座传力通顺,不致发生过度的应力集中。

(3)按支座变形的可能性,桥梁的支座一般分为固定支座和活动支座两种。固定支座既要固定主梁在墩台上的位置并传递竖向压力,又要保证主梁发生挠曲时在支承处能自由转动。活动支座只传递竖向压力,但它要保证主梁在支承处既能自由转动又能水平移动。

◆桥梁伸缩缝的类型

桥梁伸缩缝的类型有锌铁皮伸缩缝、钢板伸缩缝和橡胶伸缩缝。

(1)U 形镀锌铁皮伸缩装置,是以镀锌薄钢板为跨缝材料的伸缩缝。施工时,镀锌薄钢板弯制成断面呈 U 形的长条,沿桥的横向嵌没于缝内,其两边与两侧混凝土梁(板)或梁(板)与桥台背墙顶面固定在一起。U 形槽内用软性防水材料,如沥青砂等填塞。

该伸缩缝构造简单,梁(板)变形量在 20~40 mm 之间时非常有效,一般多用于中小跨径桥梁。

(2)钢板伸缩缝以钢板作为跨缝材料。适用梁端变形量在4~6 cm以上的情况。用一块厚度约为10 mm的钢板搭在断缝上,钢板的一侧焊在锚固于铺装层混凝土内的角钢上,另一侧可沿着对面角钢自由滑动。对面角钢的边缘焊上一条窄钢板,以挡住桥面沥青砂面层。一侧固死的钢板伸缩缝,当车辆驶过时,往往由于梁端转动或挠曲变形引起的冲击作用使结构损坏。

如果梁端的变形量更大,还可采用两侧同时滑动的钢板伸缩缝,或者采用更加完善的梳形齿式钢板伸缩缝构造。

钢板伸缩缝的构造比较复杂,消耗钢材也较多,但能适应较大的变形量。在施工中应特别注意护缘角钢与混凝土的锚固要牢靠,角钢下的混凝土要浇筑密实。

(3)橡胶伸缩缝。橡胶伸缩缝是以橡胶板作为跨缝材料。这种伸缩缝的构造简单,使用方便。

◆梳形钢板伸缩缝装置的构造

梳形钢板伸缩装置是一种常用的伸缩装置,由分别连接在相邻两个梁(板)端的梳形钢板交错咬合而成,并利用梳齿的张合来满足桥梁伸缩要求,其构造如图3.30所示。

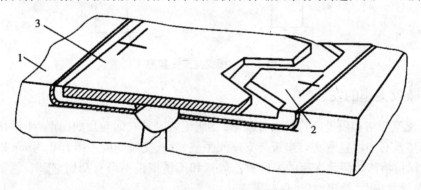

1—混凝土桥面板;2—固定齿板;3—活动齿板
图3.30 梳形板式伸缩装置

【实 务】

◆板式橡胶支座的安装

板式橡胶支座的安装是保证支座正常使用的关键。要求支座安装位置准确,支承垫石水平,每根梁(板)端的支座尽可能受力均匀,不得出现个别支座脱空现象,以免支座受力后产生滑移和脱落。

板式橡胶支座结构高度低,安装好,将直接影响支座的应力状态,对于支座的正常使用(不滑移和脱落)及使用年限都有较大的影响。

为保证板式橡胶支座的正常工作,通常采用以下措施。

(1)支撑垫石顶面要求水平,新制桥墩(台)的支撑垫石面应用水平尺测量找平,旧桥墩(台)的支撑垫石顶面应仔细校核,不平处用 1∶3 干硬性水泥砂浆或环氧砂浆找平,每块垫石相对水平误差不超过 1 mm,每片梁(板)两端点垫石面误差在 3 mm 以内。

(2)为保证混凝土梁(板)底面的平整度,应保证梁(板)底模的平整度(特别是搁支座的部位),平面误差小于 0.5 mm。

(3)在板式橡胶支座下放置 30~50 mm 的砂浆垫石,以保证橡胶支座与梁(板)体及墩(台)顶面的紧密接触,保证支座正常工作。

(4)板式橡胶支座受力时应为垂直压力,但在梁体纵坡小于 1% 时,可将纵梁直接压于支座上,当梁体纵坡大于 1% 时,为能使支座垂直受压,纵梁底面应做处理,最好加楔形钢板,与梁底预埋钢板焊牢或用环氧胶粘牢,以使梁底有一水平面,如图 3.31 所示。

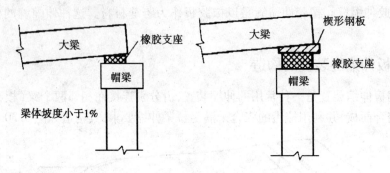

图 3.31　板式支座安装图

◆板式橡胶支座的安装

(1)支座规格和质量应符合设计要求,支座组装时其底面与顶面(埋置于墩顶和梁底面)的钢垫板必须埋置密实。垫板与支座间平整密贴,支座四周不得有 0.3 mm 以上的缝隙,严格保持清洁。活动支座的聚四氟乙烯板和不锈钢板不得有刮伤、撞伤,氯丁橡胶板块密封在钢盆内,要排出空气,保持紧密。

(2)活动支座安装前用丙酮或酒精仔细擦洗各相对滑移面,擦净后在四氟板的储油槽内注满硅脂类润滑剂,并注意硅脂保洁;坡道桥注硅脂应注意防滑。

(3)盆式橡胶支座的顶板和底板可用焊接或锚固螺栓栓接在梁体底面和墩台顶面的预埋钢板上。采用焊接时,预埋钢垫板应锚固可靠、位置准确,墩顶预埋钢板下的混凝土宜分 2 次浇筑,且一端灌入,另一端排气,预埋钢板不得出现空鼓。焊接时应防止烧坏混凝土。安装锚固螺栓时,其外露螺杆的高度不得大于螺母的厚度,螺栓预留孔尺寸应符合设计要求,安装前应清理干净,采用环氧砂浆灌注。现浇梁底部预埋的钢板或滑板,应根据浇筑时的温度、预应力张拉、混凝土收缩与徐变对梁长的影响,设置相对于设计支承中心的预偏值。

◆球形支座的安装

(1)支座出厂时,应由生产厂家将支座调平,并拧紧连接螺栓,以防止支座在安装过程中发生转动和倾覆。支座可根据设计需要预设转角及位移,但施工单位应在订货前提出预设转角及位移量的要求,由生产厂家在装配时预先调整好。

(2)支座安装前方可开箱,并检查装箱清单,包括配件清单、检验报告复印件、支座产品合格证书及支座安装养护细则。施工单位开箱后,不得任意转动连接螺栓,并不得任意拆卸支座。

(3)支座安装高度应符合设计要求,要保证支座平面的水平及平整,支座支撑面四角高差不得大于2 mm。

◆梳形钢板伸缩缝装置的安装要求

(1)采用梳形钢板伸缩装置安装时的间隙,应按安装时的梁体温度决定,一般可按式(3.5)计算:

$$\triangle_1 = l - l_1 + l_2 \tag{3.5}$$

式中 $\triangle_1$——安装时的梳形板间隙,单位为(mm);

l——梁的总伸缩量,单位为(mm);

l_1——施工时梁的伸长量,应考虑混凝土干燥收缩引起的收缩量,预应力混凝土梁还应考虑混凝土徐变引起的收缩量,单位为(mm);

l_2——富裕量,单位为(mm)。

(2)梳形钢板伸缩装置所用钢材的力学性能应符合有关规定。

(3)底层支撑角钢应与梁端锚固筋焊接。

(4)支撑角钢与底层钢板焊接时,应采取防止钢板局部变形措施。

(5)梳形钢板宜采用整块钢板仿形切割成型,经加工后对号入座。

(6)梳形钢板伸缩装置宜在梁端伸缩缝处采用U形铝板或橡胶止水带防水。

◆板式橡胶伸缩装置的安装

1.安装准备

检查梁端缝隙及预埋件情况,清理梁端、顶面,梁端不平齐处应予以修整,以便设置两端模板,梁体顶面用水冲洗干净。

2.立两端模板、样板

两端模板中间用硬质泡沫塑料板挤紧,其顶部与安置橡胶板的设计底面高程平行,严格检查有无漏浆的缝隙,并及时进行处理垫补,以保证伸缩缝隙内无混凝土灌入,防止影响梁体的水平位移。样板按算定的安装定位值制作,并在两侧螺栓中心处钻孔,将M18锚固螺栓放入样板孔内固定,根据设计要求样板孔与预埋钢筋点焊定位。螺栓之间的位置偏差应小于1 mm,并不得有累积偏差出现,样板面高程应与桥面设计标高一致,同时焊接好加强角钢等结构件,全部校准后方可焊实。

3.浇筑混凝土

浇筑混凝土即浇筑伸缩装置底部的混凝土,同时浇筑两侧500 mm范围内的混凝土过渡段,混凝土强度等级应不低于C40,浇筑时需振捣密实,以防结构中有空洞和夹灰现象,影响伸缩装置的使用寿命。

4.拆除样板及两端模板

待混凝土初凝后,将样板取出,再将两端模板中间的硬质泡沫塑料板凿除,用强度等级较高的砂浆找平,安装橡胶板部位。

5. 安装橡胶板

待混凝土干燥后,再安装平面涂布防水密封胶,并按定位值将橡胶板进行预压缩,螺孔对准预埋螺栓就位。逐个拧紧螺母,注意在螺栓上垫放腰圆垫圈与弹簧垫圈,然后在螺栓孔内注入适量防水胶,最后加螺母盖与橡胶板平齐。

相邻各块橡胶板之间企口处用密封胶涂布,并在逐块安装时咬合紧密,可以增强伸缩装置的防水性能。

◆桥面防水层

1. 卷材防水层

(1)卷材防水层施工,包括垫层、隔水层及保护层三部分。

(2)垫层根据桥面横坡做成三角形。当厚度超过 5 cm 时,宜用小石料混凝土铺筑;厚度在 5 cm 以下时,可用 1:3 或 1:4 水泥砂浆抹平。水泥砂浆厚度不宜小于 2 cm。垫层表面须抹平、压实,不得有毛刺。

(3)隔水层。隔水层可采用 1~2 层防水卷材及 1~3 层胶粘剂(防水卷材可用石油沥青油毡、玻璃纤维防水布或无纺布),在混凝土垫层养护 6~8 d 后,使混凝土表面干燥即可涂刷胶粘剂(胶粘剂可用石油沥青材料或沥青环氧胶)。卷材应与基层黏结牢固,各层卷材之间也应相互黏结牢固,卷材铺贴应不皱不折。

(4)涂刷胶粘剂时,应在不低于 5 ℃下进行,沥青胶涂抹厚度在 1.5~2.0 mm,工作温度不低于 150 ℃,各种卷材应在涂刷沥青胶后趁热沿桥横向铺设,自边缘最低处开始,顺流水方向搭接,长边搭接宽度宜为 70~80 mm,短边搭接宽度宜为 100 mm,上下层搭接缝错开距离不应小于 300 mm。

(5)为防止桥面水流入隔水层下面,在靠人行道处,隔水层应穿过缘石下面并在缘石内侧垂直向上弯起 10 cm 左右。

(6)在隔水卷材上面,铺筑一层混凝土或钢筋混凝土,以此作为隔水层的保护层,该层铺筑时,应与桥梁高程及横纵坡的设计要求相符,表面必须平整、粗糙。

2. 涂料防水层

(1)在箱形梁顶面,用防水涂料做防水层时,要求在浇筑箱梁顶面混凝土时,应严格控制高程,纵、横坡应符合设计要求,混凝土表面应平整。面层混凝土养护达到设计要求强度后,用钢丝刷将表面浮浆及油污刷去,再用高压水冲洗桥面,待桥面干燥后,于面层上刷一层防水涂料,一般可用环氧沥青漆或树脂焦油,以此作为桥面防水层。

1)环氧沥青漆是以环氧树脂与经过炼制的煤焦油沥青混合而成为成分甲,以乙二胺乙醇液(50%)为成分乙。将成分甲与成分乙按 100:4.2 的质量比例混合搅匀,静置 0.5~2 h 后使用。配好的漆液应在 12 h 内用完。

2)树脂焦油的成分为环氧树脂、煤焦油、间苯二胺的质量比为 100:100:12。

防水涂料应在气温 10 ℃ 以上配制,须使涂料有合适的稠度与黏结强度。如气温在 10 ℃ 以下时,胶浆黏稠影响施工,可用丙酮或汽油作稀释剂,但其掺量不能超过树脂重量的 15%,否则粘结强度将降低。

胶浆涂层厚度为 1~2 mm,每平方米的胶浆用量约为 0.8 kg。

(2)为了保护防水层在施工和运营中完整无损,在涂层以上应铺设 4 cm 以上厚的钢丝网水泥砂浆保护层,铺筑时应用平面振捣器逐点振实,并用抹子找平,但不应抹光。

在砂浆层达到预计强度后可施工桥面铺装层,再铺筑沥青混凝土或铺筑水泥混凝土。

3. 水泥砂浆防水层

水泥砂浆防水层分为掺外加剂的水泥砂浆防水层、刚性多层做法防水层两种。

水泥砂浆防水层应符合下列规定。

(1)水泥宜采用普通水泥或膨胀水泥,亦可采用矿渣水泥,侵蚀性环境中的水泥砂浆防水层,应按设计规定选用水泥,严禁使用过期、结块、失效水泥。

(2)外加剂宜采用减水剂或氯化物金属盐类防水剂。

(3)砂宜用中砂。

(4)水宜用不含有害物质的洁净水。

(5)水泥砂浆中水泥和砂的配合比,一般可采用 1∶2~1∶2.5(体积比);水灰比可采用 0.4~0.45;坍落度可采用 7~8 cm;纯水泥浆水灰比可采用 0.4~0.6。

(6)底层表面平整、粗糙、干净和湿润,不得有积水。

(7)刚性多层做法的防水层,各层宜连续施工,紧密贴合,不留施工缝。

(8)水泥砂浆应分层铺设,每层厚度 5~10 mm,前层初凝后再铺设后一层,总厚度不宜小于 20 mm。

(9)铺抹的最后一层,应将表面压光。

(10)采用水泥砂浆与纯水泥浆交替铺设的方法时,应先铺设纯水泥浆,再铺设水泥砂浆,可交替铺设 4~5 层。

水泥砂浆在气温不低于 5 ℃的条件下施工和养护,养护期不少于 7~10 d;水泥砂浆强度达到设计强度后方可承受水压。

◆ 桥面铺装

1. 沥青混凝土桥面铺装

沥青混凝土桥面铺装施工包括混合料的制备、运输、摊铺、碾压、养护等步骤。施工中必须注意控制好混合料各阶段的温度、碾压的密实度、面层的平整度和抗滑性等关键技术和指标。

沥青面层宜采用高温稳定性好的中粒式热拌热铺沥青混凝土铺筑。沥青混凝土摊铺时应控制环境温度在 10 ℃以上,混合料各阶段温度控制在规范允许范围内。

摊铺后要及时碾压。碾压不得采用大型振动压路机,以免破坏桥梁结构。压路机行驶速度要缓慢、均匀,在纵坡较大的地方不允许急转和刹车。碾压成型后,必须待沥青温度降至 50 ℃以下方可开放交通。

2. 水泥混凝土桥面铺装

水泥混凝土铺装施工要经历备料、运料、安装模板、绑扎钢筋、摊铺、振捣、接缝施工、表面整修、养护等过程。施工中必须注意振捣要密实,接缝要平整,养护要及时、充分。

混凝土运至施工场地后,均匀卸成若干堆。铲运时采用"扣锹法",禁止抛甩,以减少混凝土出现离析的可能。振捣时,先用插入式振捣器沿模板边角均匀插捣;然后用平板振捣器对中间部分混凝土振捣,直至混凝土不再下沉;最后用振动梁进行抄平、提浆。

接缝施工是水泥混凝土面层施工的关键,其施工质量极大影响整个铺装层的使用和耐久性。接缝中最多的是缩缝。缩缝通常采用切缝法施工。切缝时要注意时机,使缝口平整,并及时灌注填缝料。

浇筑完后应及时养护。常用养护方法有:覆盖草麻袋、草帘,薄膜覆盖,洒水等。

3. 桥面铺装施工注意事项

(1)桥面防水层经验收合格后应及时进行桥面铺装层施工。雨天和雨后桥面未干燥时,不得进行桥面铺装层施工。

(2)铺装层应在纵向 100 cm、横向 40 cm 范围内,逐渐降级,与汇水槽、泄水口平顺相接。

(3)当采用沥青混凝土铺筑时,为防止沥青混凝土中的石子损坏隔水层,宜在隔水层上先铺一层沥青砂做保护层。

(4)当采用水泥混凝土铺筑时,需在完成后及时覆盖和养护,并需在混凝土达到设计强度后才能通车。

◆人行道施工

桥面人行道是用路缘石或护栏及其他类似设施加以分隔,供人行走的部分。在实际使用中,桥面人行道的构造多种多样。

人行道按施工方法的不同,分为就地浇筑式、预制装配式、装配现浇混合式。就地浇筑式的人行道用于跨径较小的桥梁中,常把人行道与行车道板及梁整体连接在一起,做在梁体的悬挑部分,这种做法现在已经较少采用。

预制装配式人行道是将人行道做成预制块件,然后进行安装。按预制块件的形式分为整体式和分块式两种,预制装配式人行道具有构件标准化,拼装简单化等优点,被各种结构形式的桥梁广泛采用。

装配现浇混合式人行道是指部分构件预制,部分构件现浇,施工灵活方便,使用也较多。

下面以预制装配式人行道为主,介绍人行道的构造和施工方法。其他人行道施工方法类似。

分块预制安装的人行道是将人行道横梁置于行车道的主梁上,一端悬臂挑出,另一端通过预埋的钢板与主梁预留的锚固钢筋焊接。支撑梁用以固定人行道梁的位置。人行道横梁及支撑梁安装完毕后,就地浇筑混凝土缘石,最后安装人行道板,人行道板铺装在人行道梁上。

整体预制人行道在顺桥向分块预制。人行道构件必须与主梁横向连接,同时应铺 M20 的水泥砂浆,并用横梁形成人行道顶面的排水横坡。对于悬臂挑出距离较大,安装时人行道块件不能自稳,坐浆后必须在起吊状态下焊接预埋钢板和锚固钢筋,这样才能在以后松脱吊点。实际施工中,可以设个别块段作为现浇段,以便调整安装时的误差。

为减少从缘石与桥面铺装中渗水，缘石宜采用现浇，使其与桥面铺装的底层混凝土结为整体。

人行道板常采用预制拼装，也可现浇。在预制或现浇人行道板时，要注意预留出安装栏杆和灯柱的位置，埋设好预埋件。人行道板必须在人行道梁锚固后才可铺设，对设计无锚固的人行道梁、人行道板的铺设应按照由里向外的次序。铺装人行道板，注意使纵梁接头与人行道板的接缝应在同一断面上；人行道抹面时，纵梁接头处的人行道面应沿纵梁接头方向刻缝。

人行道应在桥面断缝处设置伸缩装置。

◆栏杆施工

桥梁栏杆形式多样，取材广泛，施工方法各异，具体方法可参照设计图，按图施工。

栏杆块件预制或现浇时应严格控制混凝土质量，表面尽量光洁、平整，不允许出现影响美观的蜂窝、麻面现象。

栏杆块件必须在人行道板铺设完毕后方可安装。安装立柱时必须全桥对直、校平（弯桥、坡桥要求平顺）后，用水泥砂浆填缝固定。

采用钢管作为栏杆或扶手时，钢管应在工厂内进行除锈处理，拼装焊接后应补涂防锈底漆再统一涂刷面漆。

◆护栏施工

1. 波形梁护栏施工

波形梁护栏立柱可用预留孔插入或用地脚螺栓和桥面板连接的方法安装。

波形梁通过拼接螺栓相互拼接，并由连接螺栓固定于立柱或防阻块上。拼接时应先利用长圆螺栓孔把线形调整平顺后，再最终拧紧螺栓。

2. 组合式防撞护栏施工

组合式防撞护栏由钢筋混凝土护栏、栏杆柱和扶手组成。钢筋混凝土护栏施工可采用现浇法也可采用预制件拼装，实际使用中主要采用现浇法，栏杆柱和扶手由金属制成。

组合式防撞护栏的常规施工程序如下。

(1)在浇筑桥面板或人行道板时，准确地设置预埋拉结钢筋，以便与防撞护栏的钢筋骨架拉结。

(2)绑扎混凝土护栏钢筋骨架，与桥面板拉结筋做好连接。

(3)搭设混凝土护栏模板和工作平台，并设置预埋件以便安装上部栏杆柱，顶部预埋钢板和螺栓的位置必须准确。

(4)浇筑护栏混凝土。同时制作栏杆、扶手等构件。

(5)安装栏杆柱、扶手等构件。安装时注意控制螺栓的扭矩，初始不宜拧得过紧，以便安装过程中进行调整，使扶手线形平顺，最后拧紧螺栓。注意钢管扶手在护栏伸缩缝处必须断开。外露钢构件必须经防腐处理，再上面漆。

3.8 拱桥施工

【基 础】

◆拱桥的构造

拱桥的桥跨结构由主拱圈及拱上建筑构成,主拱圈是拱桥的主要承重构件。由于拱圈呈曲线,在桥面系与主拱圈之间需要有传递压力的构件或填充物,使车辆在桥面上行驶,这些主拱圈以上的桥面系和传力构件或填充物统称为拱上建筑或拱上结构。

拱桥的下部结构由桥台、桥墩及基础等组成,用来支承桥跨结构,将桥跨结构的荷载传至地基。拱圈最高处横向截面称为拱顶,拱圈和桥墩、桥台连接处的横向截面称为拱脚。各构造名称如图3.32所示。

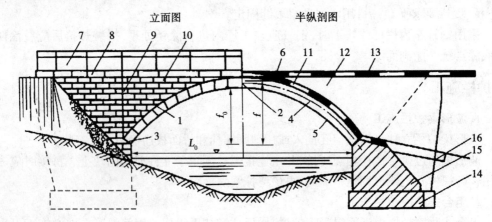

1—主拱圈;2—拱顶;3—拱脚;4—拱轴线;5—拱腹;6—拱背;
7—栏杆;8—人行道块石;9—变形缝;10—侧墙;11—防水层;
12—填料;13—路面;14—桥台基础;15—桥台;16—盲沟
L_0—净跨径;f_0—净矢高;f—计算矢高

图3.32 实腹拱桥的主要组成部分

1.主拱圈的构造

(1)板拱的构造。板拱是做成实体矩形截面的主拱圈,按照砌筑拱圈的石料规格,板拱可以分为料石拱、块石拱及片石拱等类型。砌筑拱圈的石料,要求未经风化,且强度等级不得小于MU30。

石板拱可以采用等截面圆弧拱、等截面或变截面悬链线拱。用粗料石砌筑拱圈时,拱石需要随拱轴线和截面形式不同而分别进行编号,以便于拱石的加工。等截面圆弧线拱圈因截面相等,又是单心圆弧线,拱石规格较少,编号比较简单,故在目前修建石板拱桥中应用广泛。

砌筑石板拱时,根据受力的需要,主拱圈的构造应满足下列要求:

1)拱石受压面的砌缝应与拱轴线相垂直。

2)灰缝的宽度宜小于 20 mm。

3)当拱圈厚度较大时,可采用 2~4 层拱石砌筑,并应纵横错缝,错缝间距应不小于 100 mm;当拱圈厚度不大时,可采用单层拱石砌筑。

4)当用块石砌筑拱圈时,应选择石块中较大平整面的一面与拱轴线垂直,并使块石的大头在上,小头在下。石块间的砌缝必须相互交错,较大的缝隙应用小石块嵌紧,还要求砌缝用砂浆或小石子混凝土将缝灌满。

5)在墩台与拱圈及空腹式的腹拱墩连接处,应采用特制的五角石,以改善连接处的受力状况。为避免施工时损坏或被压碎,五角石不得带有锐角。为了简化施工,现在也常采用腹孔墩底梁及现浇混凝土拱座来代替制作难度大的五角石。

(2)拱肋的构造。拱肋是肋拱桥的主要承重结构,通常由混凝土或钢筋混凝土制成。拱肋的数目、间距以及截面形式等,均应根据使用要求(桥梁宽度、肋型、材料性能、荷载等级等)、所用材料和经济性等条件综合比较确定。一般在起重同时,为了保证肋拱桥的横向整体稳定性,肋拱桥两侧拱肋最外缘间的距离,一般不应小于跨径的1/2。

拱肋的截面形式分为实体矩形、工字形、箱形、管形等,在小跨径的肋拱桥中多采用矩形,构造简单、施工方便,肋高约为跨径的 1/60~1/40,肋宽约为肋高的 0.2~2.0 倍。在较大跨径中,拱肋常做成工字形截面,肋高约为跨径的 1/35~1/25,肋宽约为肋高的 0.4~0.5 倍,其腹板厚度常采用 0.3~0.5 m。当肋拱桥的跨径大、桥面宽时,拱肋还可以采用箱形截面,这就可以减少更多的圬工体积。

2. 拱上建筑的构造

(1)实腹式拱上建筑。实腹式拱上建筑由拱腹填料、侧墙、护拱、变形缝、防水层、泄水管以及桥面体系组成(图 3.33)。侧墙设置在拱圈两侧,作用是围护拱腹填料,通常采用浆砌块石或片石。侧墙一般要求承受填料土侧压力和车辆荷载作用下的土侧压力,应按挡土墙进行设计。

对于浆砌圬工侧墙,顶面厚度一般为 500~700 mm,向下逐渐增厚,墙脚厚度采用该处墙高的 0.4 倍。对混凝土或钢筋混凝土板拱,也可用钢筋混凝土护壁式侧墙,此类侧墙可与拱圈浇筑为一体,其内配置的竖向受力钢筋应伸入拱圈内至少一个锚固长度。

护拱设于拱脚处,一般用现浇混凝土或砌块、片石砌成,以便加强拱脚段的拱圈,同时还便于对多孔拱桥在护拱处设置防水层和泄水管。

拱腹填料分为砌筑式和填充式两种。砌筑式拱腹在粒料不易取得时,采用干砌圬工或浇筑混凝土。填充式拱腹填料应尽量就地取材,通常采用透水性好、侧压力小的砾石、碎石、粗砂或卵石类、黏土等材料分层夯实填充。当地质条件较差,要求减小拱上建筑的重量时,可采用其他轻质材料(如陶粒混凝土)做填料。

由于实腹式拱上建筑的构造简单,施工方便,填料数量较多,恒载较重,一般适用于小跨径的板拱桥。

(2)空腹式拱上建筑。空腹式拱上建筑由多孔腹孔结构和桥面组成。由于腹孔结构分为拱式腹孔和梁式腹孔,因此空腹式拱上建筑又分为拱式和梁式两种。

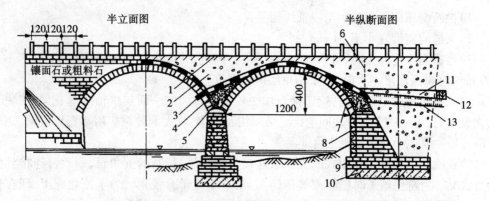

1—路面;2—填料;3—排水管;4—防水层;5—浆砌片石;
6—拱上侧墙防水层铺至此处为止;7—M12 水泥砂浆砌细料石;
8—镶面石或粗料石;9—浆砌片石、块石或粗料石;10—C20 混凝土或 C20 片石混凝土基座;
11—填料为砂砾时铺 40 cm 厚碎石;12—盲沟;13—黏土夯实最少 25 cm 厚

图 3.33　实腹式拱桥(单位:cm)

【实　务】

◆就地浇注混凝土拱圈

1. 拱架上浇筑混凝土拱圈

(1)浇筑准备。

1)混凝土拱圈浇筑前应检查支架、拱架及模板安装质量,检测高程、轴线合格后,在底模上放线标明拱圈(拱肋)中线、边线、分段浇筑位置。

2)拱脚、拱顶及各分段点应留间隔槽。分段长度视混凝土浇筑能力和拱架结构及支架情况而定,一般宜取 5～12 m。

(2)施工技术要点。1)跨径小于 16 m 的拱圈或拱肋混凝土,应按拱圈全宽度从两端拱脚向拱顶对称地连续浇筑,并在拱脚混凝土初凝前全部完成。如预计不能在限定时间内完成,则应在拱脚预留一个隔缝并最后浇筑隔缝混凝土。

2)跨径大于或等于 16 m 的拱圈或拱肋,应沿拱跨方向分段浇筑。分段位置应以能使拱架受力对称、均匀和变形小为原则,拱式拱架宜设置在拱架受力反弯点、拱架节点、拱顶及拱脚处;满布式拱架宜设置在拱顶、$L/4$ 部位、拱脚及拱架节点等处。各段的接缝面应与拱轴线垂直,各分段点应预留间隔槽,其宽度一般为 0.5～1.0 m,但安排有钢筋接头时,其宽度尚应满足钢筋接头的需要。如预计拱架变形较小,可减少或不设间隔槽,而采取分段间隔浇筑。

3)分段浇筑程序应符合设计要求,应对称于拱顶进行,使拱架变形保持均匀和尽可能的最小,并应预先做出设计。分段浇筑时,各分段内的混凝土应一次连续浇筑完毕,因故中断时,应浇筑成垂直于拱轴线的施工缝;如已浇筑成斜面,应凿成垂直于拱轴线的平面或台阶式接合面。

4)间隔槽混凝土,应待拱圈分段浇筑完成后且其强度达到75%设计强度和接合面按施工缝处理后,由拱脚向拱顶对称进行浇筑。拱顶及两拱脚间隔槽混凝土应在最后封拱时浇筑。封拱合龙温度应符合设计要求,如设计无规定时,宜在接近当地年平均温度或5~15℃时进行,封拱合龙前用千斤顶施加压力的方法调整拱圈应力时,拱圈(包括已浇间隔槽)的混凝土强度应达到设计强度。

5)浇筑大跨径钢筋混凝土拱圈(拱肋)时,纵向钢筋接头应安排在设计规定的最后浇筑的几个间隔槽内,并应在这些间隔槽浇筑时再连接。

6)浇筑大跨径拱圈(拱肋)混凝土时,宜采用分环(层)分段法浇筑,也可沿纵向分成若干条幅,中间条幅先行浇筑合龙,达到设计要求后,再按横向对称、分次浇筑合龙其他条幅。其浇筑顺序和养护时间应根据拱架荷载和各环负荷条件通过计算确定,并应符合设计要求。

7)大跨径钢筋混凝土箱形拱圈(拱肋)可采取在拱架上组装并现浇的施工方法。先将预制好的腹板、横隔板和底板钢盘在拱架上组装,在焊接腹板、横隔板的接头钢筋形成拱片后,立即浇筑接头和拱箱底板混凝土,组装和现浇混凝土时应从两拱脚向拱顶对称进行,浇底板混凝土时应按拱架变形情况设置少量间隔缝并于底板合龙时填筑,待接头和底板混凝土强度达到设计强度的75%以上后,安装预制盖板,然后铺设钢筋,现浇顶板混凝土。

2. 劲性骨架浇筑拱圈

(1)一般规定。劲性骨架浇筑混凝土拱圈,主要用于大跨径拱桥、无支架悬挂模板现浇,施工前必须编制施工设计和监控方案,并符合下列要求。

1)劲性骨架可根据施工图设计选定的钢桁架拱圈、钢管混凝土拱圈或钢管混凝土组拼桁架拱圈,分别采用工厂制作、现场分段吊装、架设成拱。

2)劲性骨架设计,主要由施工阶段荷载控制。除验算使用阶段受力外,应分别验算骨架安装阶段、及各环拱圈混凝土浇筑阶段的受力状态,同时考虑劲性骨架结构构件的受力历程,防止局部构件先期失稳。劲性骨架混凝土拱圈施工过程的各阶段都必须有足够的强度、刚度和稳定性。

3)劲性骨架混凝土拱圈的浇筑方法,可依具体条件采用分环多工作面浇筑法、分环分段浇筑法、水箱压载平衡浇筑法或扣索斜拉连续浇筑法。

4)劲性骨架混凝土拱圈分环浇筑,应制订浇筑程序、计算分析分环浇筑、分环合龙和分环承载各阶段的骨架及骨架与分环混凝土拱圈联合结构的变形、应力、及稳定性,并在施工过程中严格监控。

5)依据分环浇筑需要,可采用水箱法或其他加载方法压载,减少劲性骨架变形。施工设计要对压载、卸载程序、方法妥善安排,并计算分环拱圈混凝土浇筑、压载、卸载过程的变形及骨架结构受力状态。实施过程严格监控,保持劲性骨架的竖向、横向变形在设计允许范围内。

(2)施工技术要求。

1)大跨径劲性骨架混凝土拱圈(拱肋)的浇筑,可采用分环多工作面均衡浇筑法、水箱压载分环浇筑法和斜拉扣挂分环连接浇筑法。浇筑前应进行加载程序设计,准确计算和分析钢骨架以及钢骨架与先期混凝土层联合结构的变形、应力和稳定安全度,并在施工过程中进行监控。

2)分环多工作面均衡浇筑劲性骨架混凝土拱圈(拱肋)时,各工作面可根据模板长度分成若干工作段,各工作面要求对称均衡浇筑,两对应工作面浇筑进度差不得超过一个工作段。

3)用水箱压载分环浇筑劲性骨架混凝土(拱肋)时,当混凝土浇筑至 $L/4$ 截面区段,应严格控制好拱圈的竖向及横向变形,防止钢骨架杆件应力超过极限强度而导致失稳。为使混凝土适应钢骨架变形,避免开裂,浇筑第一环(层)混凝土时,可在 $L/4$ 截面处设变形缝,变形缝宽 200 mm,待浇完第一环混凝土后用高一级混凝土填实。

水箱压载法,即在拱圈(或拱肋)顶部布置水箱,随着混凝土浇筑面从拱脚向拱顶推进,根据拱圈(或拱肋)变形和应力的观测值,通过对水箱注水加载和放水卸载来实现对拱轴线竖向变形的控制。

水箱加载的一般规律是,当混凝土浇筑至 $L/4$ 区域时,拱 $L/4$ 截面高程下降,拱顶上升,两者达到最大值,同时水箱加载也达到最大值。这是整个拱圈(拱肋)施工的关键阶段,要及时控制好竖向、横向变位,防止钢骨架弦杆应力超限而导致失稳。

4)用斜拉扣挂分环连接浇筑劲性骨架混凝土拱圈(拱肋)时,应选择可靠和操作方便的扣挂及张拉系统,选好扣点和索力,设计好扣索的张拉与放松程序,以便有效地控制拱圈截面应力和变形,确保混凝土从拱脚向拱顶连续浇筑。

斜拉扣挂法就是在拱圈(拱肋)适当位置选取扣点,用钢绞线作为扣索(斜拉索),两岸设置临时塔架,在混凝土浇筑过程中,根据各断面的应力情况进行张拉或放松,实现从拱脚到拱顶连续浇筑混凝土。

扣点作为施加在拱肋上拉力的作用点,其位置很重要,可根据受力要求并考虑钢骨架吊装大段的接头位置合理选择。

扣索的索力可采用指定应力法来确定。即指定拱肋断面的应力在某一范围内,在浇筑某一环混凝土时,如应力在此范围内,可不张拉扣索,如超出指定范围,则用扣索来调整应力。扣索的张拉与放松过程,一般是从拱脚往上浇筑混凝土时,拱脚附近的截面上缘受拉,这时就需要靠张拉扣索来调整应力,浇至一定长度后,拱脚转而受压,趋于全拱均匀受荷,就要逐渐放松扣索。混凝土浇完扣索已松完,转变为纯拱受荷体系。

5)浇筑劲性骨架混凝土拱圈(拱肋)时,应严格控制钢骨架及先期混凝土层的竖、横向变形,其变形值应符合设计要求,相对高差和横向位移应符合检测标准,否则应采取纠正措施。

◆装配式拱圈安装

1. 装配式桁架拱和刚构拱预制

(1)装配式桁架拱和刚构拱的拱片宜根据跨径和场地大小及吊装能力等因素,选取整片、分段或分杆件的预制方法。分段或分杆件预制时,其分段长度、接头连接类型和方法应按设计规定执行。拱片预制时应设置预拱度,拱顶预拱度确定后,其余各点预拱度可按直线变化设置。

(2)拱肋预制应符合下列规定。

1)拱肋预制可依跨径大小、安装方法、分段预制,分段数量及分段长度,并按设计规定或施工设计办理。

2)拱肋宜立式浇筑,便于起吊。

3)拱肋卧式预制时,对起吊、扶正应有可靠措施,不得直接搬起扶正。

4)箱形、U 形拱肋必须立式预制,混凝土浇筑可采取一次浇筑或二次浇筑法,二次浇筑时施工缝位置应设在腹板下加掖以上。

(3)桁架拱片预制时应符合下列规定。

1)桁架拱片可依跨径大小、架设方法,采取整片、分段或分杆件预制,分段与杆件分解长度及接头构造应按设计规定执行。

2)拱片一般采取卧式预制。拱片起吊、扶正必须水平吊起后,悬空翻身竖立,起吊过程要求各点受力均匀、拱片保持平面状态,不得扭、折。

3)拱片起吊时,对其薄弱部位应依受力情况予以加固。

(4)卧式预制拱片脱模吊移时应符合下列规定。

1)卧式预制的拱片不得就地掀起竖立,必须将全片水平吊起后,再悬空翻身竖立。在拱片悬空翻身整个过程中,各吊点受力应均匀,并始终保持在同一平面内,不得扭、折。

2)拱片起吊前,对拱片的薄弱部位应根据构件受力情况予以加固。

3)预制拱片前应对预制场拱片翻身技术设备、技术状况进行详细研究计算,必要时在预制拱中按吊装应力进行加筋处理。

(5)拱片宜采用平卧运输,运输和装卸过程中应严格控制支点或吊点位置,使拱片受力均匀,防止损坏。

(6)桁架拱和刚构拱的拱片多采用平卧预制,吊装时由平卧改为竖立时最易发生杆件折断事故。拱片由平卧改为竖立时一般设有 4~8 个吊点,防止拱片起吊时折断的主要措施,是在拱片吊起翻身竖立过程中使各个吊点始终保持在同一平面内。

2. 装配式桁架拱和刚构拱安装

(1)装配式桁架拱和刚构拱的安装程序为:在墩台上安装预制的桁架(刚架)拱片,同时安装横向联系构件,在组成的桁架拱(刚架拱)上铺装预制的桥面板。

(2)拱片采用少支架安装时可按有关规定办理。少支架安装后一般采用一次卸架成拱,卸架宜安排在气温较高的时间进行。

(3)多孔桁架拱(刚构拱)采用少支架安装时宜逐孔进行,卸架应安排在各孔拱片都合龙后进行,卸架程序应按照设计要求或根据桥墩所能承受的最大不平衡推力计算确定。

(4)拱片采用无支架安装时,可采用分段、分杆件或悬臂拼装等方法进行。在成拱过程中,应及时安装横向连接系和横向临时稳定风缆等。拱片分杆件安装时,宜先安装由下弦杆与跨中实腹段组成的"拱肋"单元,再由实腹段两端向拱脚对称地逐个安装由斜杆、竖杆和上弦杆组成的三角形单元。拱片采用悬臂拼装方案时,应注意张拉预应力筋必须在相邻两段拱片吊装好并横向联系牢固,形成较稳定的框架之后进行,防止单拱片张拉时发生横向失稳。

（5）装配式桁架拱、刚构拱无支架安装的接头类型应符合设计规定，大跨径桁式组合拱的拱顶接头施工还应符合下列规定。

1）两岸合龙段构件吊装就位，在封顶以前，应对拱顶接头施加预压力调整应力，然后浇筑拱顶湿接头混凝土，待接头混凝土达到规定强度后方可松索合龙。

2）湿接头混凝土宜采用较构件混凝土强度高一级的早强混凝土。

3. 少支架安装拱圈

（1）为了便于拱肋吊装和减少扣索，在条件许可的情况下，可采用少支架施工。支架的构造，应根据支架高度及荷载大小而定，并满足稳定性要求。地基必须有足够的承载力，对漂浮物要有可靠的防护措施。

（2）支架架设应符合下列要求。

1）少支架安装拱肋，支架只设在拱肋分段接头处，支架只考虑拱肋与横系梁自重及其施工荷载，拱肋合龙成拱后即可卸落支架，由拱肋支承下阶段荷载。

2）支架可依河床情况设在天然地基或桩基础上，支架基础必须有足够的承载力，且不得受冲刷、冻胀影响。

3）支架构造应根据支架高度及荷载大小确定，要有足够的强度、刚度和稳定性，支架顶部要设组合楔、砂箱、千斤顶等落架装置，满足多次落架需要。

4）拱肋安装根据现场条件可选用通用起重机、龙门起重机、缆索吊机、起重扒杆、浮吊等起重设备安装。

5）拱肋安装就位后，应立即检测安装位置、轴线高程，符合设计要求后，方可固定、松索。

6）拱肋分段吊装在支架上后，应及时敷设支撑及横向联系，防止倾倒及滑动。

7）拱肋接头连接及合龙应按设计要求进行，接头及合龙缝混凝土宜用补偿收缩混凝土，拱圈横系梁混凝土宜与接头混凝土一并浇筑。

（3）支架卸落应符合下列要求。

1）当拱肋接头混凝土及拱肋横向联结构件混凝土的强度达到设计强度75%或满足设计规定后，方可开始卸架，为避免一次卸架突然发生较大变形，可在主拱安装完成时，分两次或多次卸架，使拱圈及墩、台逐渐成拱受力。

2）卸架前应对主拱圈的混凝土质量、拱轴线的坐标尺寸、卸架设备情况、气温引起拱圈变化情况、台后填土情况进行全面检查，符合设计要求后可卸架。卸架时应观测拱圈挠度和墩、台变位情况。

3）支架卸落宜分次进行，使拱圈受力逐渐成拱。

4）多跨拱桥卸架应在各孔拱肋合龙后进行，若必须提前卸架时，应验算桥墩承受不平衡推力后确定。

（4）吊装构件时，应结合实际情况和设备条件采用独脚扒杆、人字扒杆、自行式吊机或缆索吊机进行吊装，河中有水时可在船上设立人字扒杆进行吊装。

（5）拱肋分段吊装搁在支架上以后，拱肋接头的连接处理应符合设计规定。

（6）支架基础不得设置在有冻胀影响的土上。在严寒地区，主拱圈不宜在支架上过冬，支架宜在冰冻前拆除。

4. 无支架安装拱圈

(1)拱圈无支架吊装可依据河床、地形、桥梁跨径、吊装设备等情况选择适当方案,起重设施、设备均应按有关规定设计、计算确定。

(2)缆索吊机的架设应符合下列要求。

1)承重主索、塔架、索鞍、风缆、地锚等设施的强度及稳定性以及地基承载力均应按有关规定验算,符合规定要求。

2)主索的设计垂度可采用塔架间距 1/20~1/15,主索的计算荷载应计入 1.2 冲击系数。

3)因塔顶受水平分力作用,为防止失衡、摆动,应设缆索加固。

4)缆索吊机组装完毕应全面检查,并进行试吊、试拉、试运行,试吊荷载应不小于使用荷载的 130%。

(3)扣索、扣架应符合下列要求。

1)扣索、扣架应布置合理,扣架底座应与墩、台固定,扣架顶部应设风缆,扣索、扣架的强度及稳定性应经验算符合有关规定。

2)各扣索位置必须与所吊拱肋在同一竖直面内。

3)扣架顶面高程应高于拱肋扣环高程。

(4)构件拼装应结合桥梁规模、河流、地形及设备等条件采用适宜的吊装机具,各项机具设备和辅助结构的规格、型号、数量等均应按有关规定经过设计计算确定,缆索吊机在吊装前必须按规定进行试拉和试吊。

(5)拱肋吊装时,除拱顶段以外,各段应设一组扣索悬挂。

(6)整根拱肋吊装或每根拱肋分两段预制、吊装,对中、小跨径的箱形拱桥,当其拱肋高度大于 0.009~0.012 跨径,拱肋底面宽度为肋高的 0.6~1.0 且横向稳定安全系数不小于 4 时,可采取单肋合龙,嵌紧拱脚后,松索成拱,如图 3.34(a)所示。

(7)大、中跨径的箱形拱,其单肋合龙横向稳定安全系数小于 4 时,可先悬扣多段拱脚段或次拱脚段拱肋,然后用横夹木临时将相邻两肋连接后,安装拱顶段单根肋合龙,松索成拱,如图 3.34(b)、(c)所示。

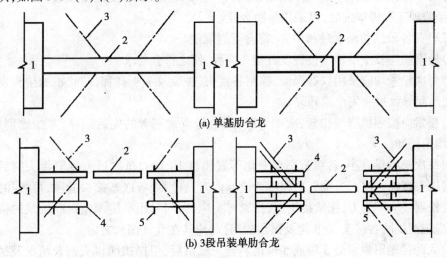

(a)单基肋合龙

(b)3段吊装单肋合龙

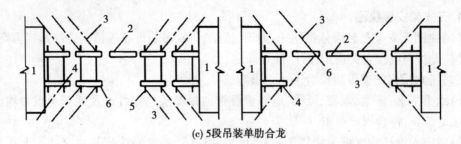

(c) 5段吊装单肋合龙

1—墩台;2—基肋;3—风缆;4—拱脚段;5—横尖木;6—次拱脚段

图 3.34 拱肋合龙方式示意图

拱肋的合龙温度应符合设计规定,如设计无规定,宜在气温接近年平均温度(一般在 5~15 ℃)时进行;天气炎热时可在夜间洒水降温进行合龙。

(8)当拱肋跨径不小于 80 m 或横向稳定安全系数小于 4 时,应采用双基肋合龙松索成拱的方式,即当第一根拱肋合龙并校正拱轴线,楔紧拱肋接头缝后,稍松扣索和起重索,压紧接头缝,但不卸掉扣索和起重索,待第二根拱肋合龙,两根拱肋横向连接固定好并拉好风缆后,再同时松卸两根拱肋的扣索和起重索。

(9)当拱肋分 3 段吊装,采用阶梯形搭接接头时,宜先准确扣挂两拱脚段,调整扣索使其上端头较设计值抬高 30~50 mm,再安装拱顶段使之与拱脚段合龙。采用对接接头,宜先悬扣拱脚段初步定位,使其上端头高程比设计值抬高 50~100 mm,然后准确悬扣拱顶段,使其两端头比设计值高出 10~20 mm,最后放松两拱脚段扣索使其两端均匀下降与拱顶段合龙。

(10)当拱肋分 5 段吊装时,宜先从拱脚段开始,依次向拱顶分段吊装就位,每段的上端头断面不得扭斜。首先使拱脚段的上端头较设计高程抬高 150~200 mm,次边段定位后,使拱脚段的上端头抬高值下降为 50 mm 左右,应保持次边段的上端头抬高值约为拱脚段的上端头抬高值的 2 倍的关系,否则应及时调整,以防拱肋接头处开裂。

(11)7 段拱肋吊装,受施工条件或地形限制无法采用双肋合龙时,在对风缆系统进行专门设计,确保拱肋横向稳定安全系数不小于 4,拱肋接头强度满足该施工阶段设计要求,并经监理工程师审批后,可采用单肋合龙。

(12)在各段拱肋松索过程中,应符合下列规定。

1)松索前应校正拱轴线位置及各接头高程,使之符合要求。

2)每次松索均应采用仪器观测,控制各接头、拱顶及 1/4 高程,防止拱肋接头发生非对称变形而导致拱肋失稳或开裂。

3)松索应按照拱脚段扣索、次拱脚段扣索、起重索三者的先后顺序,并按比例定长、对称、均匀松卸。

4)每次松索量宜小,各接头高程变化不宜超过 10 mm,每次松索压紧接头缝后应普遍旋紧接头螺栓一次。当接头高程接近设计值时,宜用钢板嵌塞接头缝隙,再将扣索、起重索放松到基本不受力,压紧接头缝,拧紧接头螺栓,同时用风缆调整拱肋轴线的横向偏位,并应观测拱肋各接头、1/8 跨及拱顶的高程,使其在允许偏差之内。

5)大跨径箱形拱桥分 3 段或 5 段吊装合龙成拱后,根据拱肋接头密合情况及拱肋的稳定度,可保留起重索和扣索部分受力,等拱肋接头的连接工序基本完成后再全部松索。

(13)拱肋接头电焊作业应在调整完轴线偏差、嵌塞并压紧接头缝钢板之后和全部松索成拱之前进行。拱肋接头部件电焊时,应采取分层、间断、交错方法施焊,每层不可一次焊得过厚,以免周围混凝土烧坏,最后应将各接头螺栓拧紧并焊死。

◆钢管混凝土拱

1. 钢管拱肋(桁架)加工

(1)材料要求。

1)钢管混凝土拱桥所用钢管直径超过600 mm的应采用卷制焊接管,卷制钢管宜在工厂进行。在有条件的情况下,优先选用符合国家标准系列的成品焊接管。钢管混凝土拱圈用600以下小直径钢管可直接采用无缝钢管或焊缝钢管。大直径钢管宜在工厂用钢板卷焊螺旋焊管和直缝焊管,钢管卷制、焊接应符合国家标准,焊缝质量应不低于Ⅱ级;钢管对接时竖向焊缝错位应不小于300 mm。

2)成品管及制管用的钢材和焊接材料等应符合设计要求和国家现行标准的规定,具备完整的产品合格证明。

3)钢管中浇筑混凝土强度等级宜选用C30~C50,直径大于500 mm的管内混凝土宜用补偿收缩混凝土或微膨胀混凝土。

(2)钢管拱肋加工要求。

1)钢管拱肋(桁架)加工的分段长度应根据材料、工艺、运输、吊装等因素确定,在加工制作前,应根据设计图的要求绘制施工详图,包括零件图、单元构件图、节段单元图及组焊、拼装工艺流程图等。

2)钢管拱肋加工前应按设计图及施工结构设计在放样台上精确放样,样台长度应大于1/2跨径,放样时应同时计入预拱度,并考虑焊接变形影响。在大样图中要标出分段尺寸、混凝土压注孔、截流阀、排气孔位置尺寸等,加工时直接套样板下料。

3)拱肋分段长度应依吊装方法、起重设备、运输条件等因素在施工结构设计中确定,运输有困难时可在现场二次组拼,现场拼装时应设拼装台座,台座上精确放线并设置限位装置。

4)钢管对接端头应校圆,椭圆度不得大于外径0.3%;钢管对接焊缝可采用加衬管的单面坡口焊,或无衬管的双面熔透焊。主拱焊缝应达到Ⅱ级标准,对接焊缝100%进行超声波探伤。

两条对接环焊缝的间距应符合设计要求,设计无规定时,直缝焊接管不小于管的直径,螺旋焊接管不小于3 m。对接径向偏差不得超过壁厚的0.2倍。为减少运输及安装过程中对口处的失圆变形,应适当在该处加设内支撑。

5)桁架式钢管拱主管与腹管采用相贯焊接时,宜采用自动或半自动的加工方式来保证相贯线和坡口的制作精度,对焊接材料和工艺的选择在满足焊接接头强度的原则下,应尽量提高接头的韧性指标,要力求避免和减少焊缝多次相交的不良结构细节。

6)在钢管拱肋(桁架)加工过程中,应注意设置混凝土压注孔、防倒流截止阀、排气孔及扣点、吊点节点板。如拱肋(桁架)节段采用法兰盘连接,为保证螺栓连接的精度,宜采用3段啮合制孔工艺。对压注混凝土过程中易产生局部变形的结构部位（如腹箱）应设置内拉杆。

7）钢管拱肋（桁架）节段形成后，钢管外露面应按设计要求做长效防护处理，宜采用热喷涂防护，其喷涂方式、工艺及厚度应符合设计要求。

2. 钢管拱肋（桁架）安装

（1）钢管拱肋（桁架）的安装采用少支架或无支架缆索吊装、转体施工或斜拉扣索悬拼法施工的。

（2）钢管拱肋成拱过程中，应同时安装横向连接系，未安装连接系的不得多于一个节段，否则应采取临时横向稳定措施。

（3）节段间环焊缝的施焊应对称进行，施焊前需保证节段间有可靠的临时连接并用定位板控制焊缝间隙，不得采用堆焊。合龙口的焊接或栓接作业应选择在结构温度相对稳定的时间内尽快完成。

（4）采用斜拉扣索悬拼法施工时，扣索与钢管拱肋的连接件应进行设计计算。扣索根据扣力计算采用多根钢绞线或高强钢丝束，安全系数应大于2。

3. 钢管混凝土浇筑

（1）管内混凝土应采用泵送顶升压注施工，由两拱脚至拱顶对称均衡地一次压注完成，除拱顶外不宜在其余部位设置横隔。

（2）钢管混凝土应具有低泡、大流动性、收缩补偿、延后初凝和早强的工程性能。

（3）钢管混凝土压注前应清洗管内污物，润湿管壁，泵入适量水泥浆后再压注混凝土，直至钢管顶端排气孔排出合格的混凝土时停止。完成后应关闭设于压注口的倒流截止阀，管内混凝土的压注应连续进行，不得中断。

（4）钢管混凝土的质量检测办法应以超声波检测为主，人工敲击为辅。

（5）为保证混凝土泵送工艺的顺利进行，对大跨径钢管混凝土拱桥，需按实际泵送距离和高度进行模拟混凝土压注试验。

（6）钢管混凝土的泵送顺序应按设计要求进行，宜采用先钢管后腹箱的程序。

4. 桥面系安装

（1）带有可靠锚头的吊杆宜采用具有良好力学性能和防腐效果的挤包护层扭绞成型拉索。纵、横梁安装完成后，按高程控制的吊杆应按设计要求进行内力调整（内力测定），再进行桥面施工。

（2）预应力系杆应有可靠的防腐措施。位于拱肋及横梁上的吊杆锚头应做防水、防老化的构造措施。

（3）预应力系杆的张拉应与加载相对应。施工过程中除了严格控制系杆的内力和伸长量外，尚应监测和控制关键结构的变位，不得超过设计允许范围。

◆拱上结构

（1）拱上结构的立柱、横墙的基座，在施工前对其位置和高程复测检查，如超过允许偏差应予以调整，基座与主拱的联结应牢固。

（2）大跨径拱桥的拱上结构，应严格按照设计加载程序进行，使施工过程中的拱轴线与设计拱轴线尽量吻合,如有拱架应先卸除。如无设计加载程序,一般应根据施工验算由拱脚至拱顶均衡、对称加载,并加强施工观测。

(3)在支架上浇筑的上承式拱桥,其拱上结构混凝土浇筑应在拱圈及间隔槽混凝土浇筑完成且封拱间隔槽混凝土强度达到设计要求强度以后进行;如设计无规定,可按达到混凝土设计强度的30%以上控制。如封拱前需在拱顶施加预压力,应达到设计强度的75%以上。在支架上浇筑的下承式或中承式拱桥,其悬吊桥面系混凝土应在拱架松落后进行浇筑,其吊杆混凝土应在桥面系完成后对称地浇筑。

(4)在支架上浇筑的拱桥,其拱上结构混凝土的浇筑应符合下列规定。

1)立柱底座应与拱圈(拱肋)同时浇筑,立柱上端施工缝应设在横梁承托底面上。

2)桥面系的梁与板应尽量同时浇筑。

3)两相邻伸缩缝间的桥面板应一次浇筑完成。

(5)中、小跨径装配式拱桥的拱上结构施工,应待主拱圈混凝土和砂浆强度达到设计强度的75%以上,少支架施工的应先卸除支架,一般可由拱脚至拱顶对称进行。

(6)拱上腹拱圈施工时,应注意腹拱圈所产生的推力对立柱或横墙的影响,相邻腹板的施工进度应同步。

(7)采用无支架施工的大、中跨径的拱桥,其拱上结构宜充分利用缆索吊装施工。

第4章 管道工程

4.1 管道工程施工基础知识

【基 础】

◆给水管道系统组成

　　城镇给水系统是保障城市、工矿企业等用水的各项构筑物和输配水管网的总称。通常由取水构筑物、水处理构筑物、泵站、输水管道、配水管网、调节构筑物六部分组成,图4.1为给水系统的组成示意图。

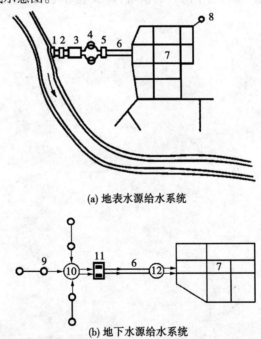

(a) 地表水源给水系统

(b) 地下水源给水系统

1—取水构筑物;2—一级泵站;3—水处理构筑物;4—清水池;5—二级泵站;
6—输水管;7—配水管网;8—调节构筑物;9—井群;10—集水池;11—泵站;12—水塔

图4.1 给水系统组成示意图

　　市政给水管道主要是指配水管网(一般由配水干管、配水支管组成)及配套设施部分,其基本是将水厂成品水配送到各用户,并在不影响水质的前提下,保证用户对水量和水压的需求。

◆排水管道系统的组成

排水管道系统主要由管渠、检查井、泵站等设施组成。其作用是收集和输送污(废)水。污水管道系统是收集、输送综合生活污水和工业废水的管道及附属构筑物;雨水管道系统是收集、输送、排放雨水的管道及其附属构筑物;合流制管道系统是收集、输送综合生活污水、工业废水和雨水的管道及其附属构筑物。

1. 污水管道系统

城市污水管道系统包括小区污水管道系统和市政污水管道系统两部分。

(1)小区污水管道系统。小区污水管道系统主要是收集小区内各建筑物排除的污水,并将其输送到市政污水管道系统中。通常由接户管、小区支管、小区干管、小区主干管及检查井、泵站等附属构筑物组成,如图4.2所示。

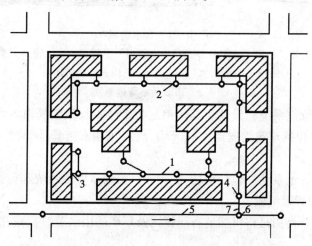

1—小区污水管道;2—检查井;3—出户管;4—控制井;
5—市政污水管道;6—市政污水检查井;7—连接管
图 4.2　小区污水管道系统

接户管承接某一建筑物出户管排出的污水,并将其输送到小区支管;小区支管承接若干接户管的污水,并将其输送到小区干管;小区干管承接若干个小区支管的污水,并将其输送到小区主干管;小区主干管承接若干个小区干管的污水,并将其输送到市政污水管道系统中。

(2)市政污水管道系统。市政污水管道系统主要承接城市内各小区的污水,并将其输送到污水处理系统,经处理后再排放利用。通常由支管、干管、主干管和检查井、泵站、出水口及事故排出口等附属构筑物组成,如图4.3所示。

支管承接若干小区主干管的污水,并将其输送到干管中;干管承接若干支管中的污水,并将其输送到主干管中;主干管承接若干干管中的污水,并将其输送到城市污水处理厂进行处理。

2. 雨水管道系统

此系统承担排除城镇的雨水、雪水,包括冲洗街道及消防用水,主要组成部分包括:

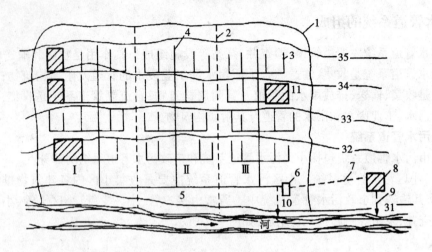

Ⅰ、Ⅱ、Ⅲ—排水流域
1—城市边界;2—排水流域分界线;3—支管;4—干管;5—主干管;6—总泵站;
7—压力管道;8—城市污水厂;9—出水口;10—事故排出口;11—工厂

图4.3 市政污水管道系统

（1）房屋雨水管道系统和设备。其作用是收集建筑物屋面的雨雪水,并将其排入室外管渠中去。主要包括建筑物屋面上的天沟、雨水斗和水落管,同时包括雨水室内排水系统。

（2）室外雨水管道系统。包括街坊、庭院或厂区雨水管道系统和街道雨水管道系统,由雨水口检查井和管道组成。

（3）排洪沟。其作用是将可能危害居住区及厂矿的山洪及时拦截并将其引至附近的水体。

（4）雨水泵站。

（5）雨水出水口。

◆供热系统的组成

集中供热系统的供热管网是由将热媒从热源输送及分配到各热用户的管线系统所组成。在大型热网中有时为确保管网压力工况、集中调节及检测热媒参数,还设置中继泵站或控制分配站。

供热管线的敷设分为地上敷设和地下敷设两类。

供热管线的构造包括供热管道及其附件、保温结构、补偿器、管道支座以及地上敷设的管道支架、操作平台和地下敷设的地沟、检查室等构筑物。

◆供热系统的分类

集中供热系统向许多不同的热用户供给热能,供应范围广,热用户所需的热媒种类和参数不一,锅炉房或者热电厂供给的热媒及参数,通常不能完全满足所有热用户的要求。

因此，必须选择与热用户要求相适宜的供热系统形式及其管网与热用户的连接方式。

(1) 按照热媒不同分为蒸汽供热系统和热水供热系统。其中蒸汽热网可分为高压、中压和低压蒸汽热网；热水热网可分为高温热水热网($t \geq 100$ ℃)和低温热水热网($t \leq 95$ ℃)。

(2) 按照热源不同分为热电厂供热系统和区域锅炉房供热系统。此外也有核供热站、地热、工业余热等供热系统。

(3) 按照管网所处的地位不同分为一级管网和二级管网。一级管网是指从热源至热力站的供回水管网；二级管网是指从热力站至用户的供回水管网。

(4) 按照管网敷设方式不同分为地沟敷设、架空敷设和直埋敷设。

(5) 按照系统形式不同分为闭式系统和开式系统。闭式系统是指一次热网与二次热网采用换热器连接，一次热网热媒损失很小，但中间设备多，实际使用较为广泛；开式系统是指直接消耗一次热媒，中间设备极少，但一次补充量大。

(6) 按照供回管道不同分为供水管和回水管。

◆燃气管道的分类

我国城镇燃气管道根据输气压力(MPa)通常分为以下几种。

1. 低压燃气管道

$P < 0.01$ MPa，居民用户和小型公共建筑用户一般直接由低压管道供气。低压管道输送人工燃气时，压力不大于 2 kPa；输送天然气时，压力不大于 3.5 kPa。

2. 中压燃气管道

分为中压燃气管道 A：0.2 MPa $< P \leq 0.4$ MPa 及中压燃气管道 B：0.01 MPa $\leq P \leq 0.2$ MPa，中压管道必须通过区域调压站或用户专用调压站才能给城镇分配管网中的低压和中压管道供气，或给工厂企业、大型公共建筑用户以及锅炉房供气。

3. 次高压燃气管道

分为次高压燃气管道 A：0.8 MPa $< P \leq 1.6$ MPa 及次高压燃气管道 B：0.4 MPa $< P \leq 0.8$ MPa。

4. 高压燃气管道

高压燃气管道分为高压燃气管道 A：2.5 MPa $< P \leq 4.0$ MPa 及高压燃气管道 B：1.6 MPa $< P \leq 2.5$ MPa。高压 A 输气管通常是贯穿省、地区或连接城镇的长输管线，它有时也构成大型城镇输配管网系统的外环网。

城镇燃气管网系统中各级压力的干管，尤其是中压以上压力较高的管道，应连成环网，初建时也可以是半环状或枝状管道，但应逐步构成环网。

【实　务】

◆给水管网的布置形式

给水管网的布置分为树枝式和环状式。

树枝式:给水管网像树枝一样从干管到支管,如果管网中有一处损坏,影响它以后管线的用水。

环状式:将管网连接成环,一旦部分管线损坏,断水范围较小。

从水源到水厂或水厂到管网之间的输水管道距离很长时,通常不接配水管,同时在管线最高处设放气阀,在最低处设放水阀,并在适当距离设置阀门,以便于检修。管道尽端、转弯、分支处,当管径大于 350 mm 时,应设混凝土支墩,以防止管子接头脱节。管线上设置的水表、闸门、排气阀、泄气阀等附件,通常设置在检查井中。

室外消火栓有地上式和地下式两种,一般设置消火栓直径不小于 100 mm,消火栓间距为 120 m,消火栓到灭火地点距离不大于 150 m,具体安装形式可以按照给水排水国家标准图集 S117 选用。

◆配水管网的布置形式

配水管网的布置形式按照区域规划、用户分布及对供水的安全可靠性要求等,可分为两种基本形式(图 4.4):树状管网和环状管网(表 4.1)。通常在城市建设初期可采用树状管网,以后逐步连成环状管。现有城市的给水管道多数是将树状管网和环状管网结合起来,在中心地区或主要用水区布置成环状,在郊区则以树状网形式向四周延伸。

表 4.1 配水管网的布置形式

布置形式	树 状 管 网	环 状 管 网
管线分布	呈树枝状	呈闭合环状
优 点	管道总长度短,构造简单,投资省	供水可靠性好,不会产生"死水"
缺 点	如果某管道损坏会影响其以后各用户的供水,供水可靠性差	管线长,构造复杂,投资大
适用对象	通常在允许间断供月的小城镇、小型工业企业或生活小区中采用	一般用在大、中城镇

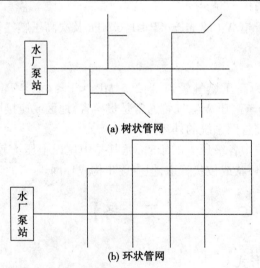

(a) 树状管网

(b) 环状管网

图 4.4 市政给水管网布置形式

◆排水管道系统的布置形式

在城市中,市政排水管道系统在平面上的布置,应根据城市地形、城市规划、污水厂的位置、土壤条件、河流情况以及污水的种类和污染程度等因素而定。在一定条件下,地形一般是影响排水系统布置的主要因素。排水管道系统应尽可能在管线较短和埋深较小的情况下,让最大区域的污水能自流排出。管道布置一般按照主干管、干管、支管的顺序进行。首先确定污水厂或出水口的位置,然后再依次确定主干管、干管和支管的位置。

1. 干管的布置形式

(1) 正交式布置。各排水流域的干管以最短的距离沿与水体垂直相交布置,这种布置的干管长度短,管径小,排水迅速,投资最省;它适用于地势向水体适当倾斜地区的雨水排水系统。

(2) 截流式布置。其干管的布置形式如正交式,主干管沿河岸敷设;这种布置形式具有与正交式布置相同的优点。它适用于地势向水体适当倾斜的污水排水系统和截流式河流制排水系统。

(3) 平行式布置。在正交式布置的基础上,如果沿水体岸边敷设主干管,将各流域干管的污水截流送至污水厂,就形成了截流式布置。截流式布置减轻了水体的污染,保护和改善了环境。它适用于地势向水体适当倾斜的污水排水系统和截流式河流制排水系统。

(4) 分区式布置。在排水区域内按地势不同分为高地区、低地区两排水区域。高地区排水区域靠重力流直接流入污水处理厂,而低区的污水水泵抽送到高区干管或污水厂,它适用于排水区的地势高低相差很大,低区污水不能靠重力流流至污水厂时。

(5) 分散式布置。在排水区域内划分若干个排水流域,各排水流域具有各自的排水系统,这种布置的干管有长度短,管径小、管道埋深浅等优点,但是污水厂数量较多,适用于排水区域内地形复杂,形成天然分区或地势平坦面积大的城市。

(6) 区域集中式。将两个或两个以上城镇地区的污水排水系统合并将污水输送到一个大型污水处理厂处理。

区域集中式布置可以大大地降低污水厂的基建和运行费用,节约用地而且便于管理和提高处理效果,减少对环境的污染,对水资源的综合治理有利。但是整个工程规模大,排水管道长,总投资大,施工难度大。

在选用区域集中式时必须慎重,按照城市规划、环境要求、自然条件、污水情况、建设投资等方面进行综合考虑,选出最佳方案。

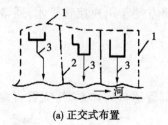

(a) 正交式布置

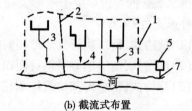

(b) 截流式布置

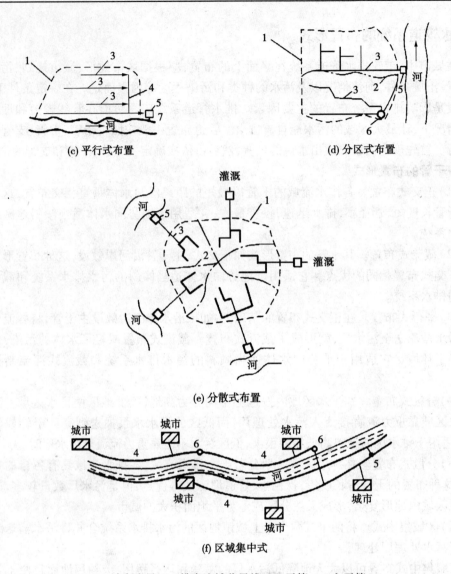

1—城市边界;2—排水流域分界线;3—干管;4—主干管;
5—污水厂;6—污水泵站;7—出水口

图 4.5　干管的布置形式

2.支管的布置形式

排水支管的布置取决于地形及建筑特征,同时还要方便于用户接管排水,通常有以下三种形式(图 4.6)。

(1)低边式,街坊狭长或地形倾斜时采用。

(2)围坊式,街坊地势平坦且面积较大时采用。

(3)穿坊式,街坊内部建筑规划已确定,或街坊内部管道自成体系时,支管可穿越街坊布置。

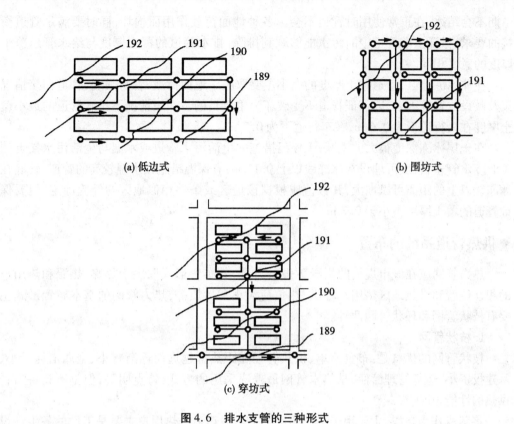

图 4.6 排水支管的三种形式

◆排水管道的构造

排水管道的构造一般包括基础、管道和覆土三部分。其中,管道是指符合设计要求的管材,排水管道为重力流,由上游至下游管道坡度逐渐增大,一般情况下管道埋深也会逐渐增加,在施工时除保证管材及其接口强度满足要求外,还应保证在使用中不致因地面荷载引起损坏。由于排水管道的管径大、重量大、埋深大,这就要求排水管道的基础要牢固可靠,以免发生基础断裂、错口等事故。

1. 基础

(1)地基。沟槽底的土层,它承受管道及基础的重量、管内水重、管上土压力和地面上的荷载。基础是地基与管道之间的设施,当地基的承载力不足以承受上面的压力时,要依靠基础增加地基的受力面积,把压力均匀地传给地基。

(2)基础。基础是指管子及地基间经人工处理过的或专门建造的设施,作用是将管道较为集中的载荷均匀分布,以减少对地基单位面积的压力,或由于土的特殊性质的需要,为使管道安全稳定的运行而采取的一种技术措施。

(3)管座。管座是管道底侧与基础顶面之间的部分,使管道与基础连成一个整体,以增强管道的刚度和稳定性。

2. 覆土

排水管道埋设在地面以下,其管顶以上应有一定厚度的覆土,以确保管道内的水在冬期不会结冰;在正常使用时管道不会因各种地面荷载作用而损坏;同时要满足管道衔接的要求,保证上游管道中的污水能够顺利排除,排水管道的覆土厚度与给水管道覆土厚度的意义相同。

在非冰冻地区,管道覆土厚度的大小主要取决于地面荷载、管材强度、管道衔接情况以及敷设位置等因素,以保证管道不受破坏为主要目的。一般情况下排水管道的最小覆土厚度在人行道下为 0.6 m,在车行道下为 0.7 m。

在土层冰冻深度很大的地区,无保温措施的生活污水管道或水温与生活污水接近的工业废水管道,管底可埋设在冰冻线以上 0.15 m;有保温措施或水温较高的管道,管底在冰冻线以上的距离可以加大,其数值应根据该地区或条件相似地区的经验确定,但要保证管道的覆土厚度不小于 0.7 m。

◆供热管道系统的布置

热力管网应在城市规划的指导下进行布置,其布置形式取决于热媒、热源和热用户的相互位置和供热地区热用户种类、热负荷大小和性质等,热力管网的基本布置形式主要有枝状管网和环状管网两种。

1. 枝状管网

枝状管网的优点是:布置简单、供热管径随距热源越远而逐渐减小、金属消耗量小、基建投资小、运行管理简便,是热水管网最普遍采用的方式,特点明显,但是不具备后备供热的性能。

将蒸汽作为热媒,主要用于工厂的生产工艺用热上。热用户主要是工厂的各生产设备,比较集中且数量不多,单根蒸汽管和凝结水管的热网系统形式是最普遍采用的方式,采用枝状管网布置。

2. 环状管网

目前还考虑采用多热源联合供热系统,主要有两种热源组合方式:热电厂与区域锅炉房联合供热和几个热电厂联合供热。这样进行供热,其热网系统图最大的特点是网路的输配干线呈环状。环状管网最大的优点是具有较高的供热后备能力。当输配干线某处出现事故时,可以切除故障段后,通过环状管网由另一方向保证供热。与枝状管网相比,热网投资增大,运行管理更为复杂,要有较高的自动控制措施,目前国内开始使用这种形式。

◆燃气管道的布置形式

按照用气建筑物的分布情况和用气特点,室外燃气管网的布置方式可分为四种形式,如图 4.7 所示。

1. 树枝式

此种形式工程造价较低,便于集中控制和管理,但当干线上某处发生故障时,其他用户的供气会受影响。

2. 双干线式

采用双管布置干线,为确保居民或重要用户的基本用气,平时两根干管均投入使用,而当一根干管出现故障需要修理时,另一根干管仍能使用。

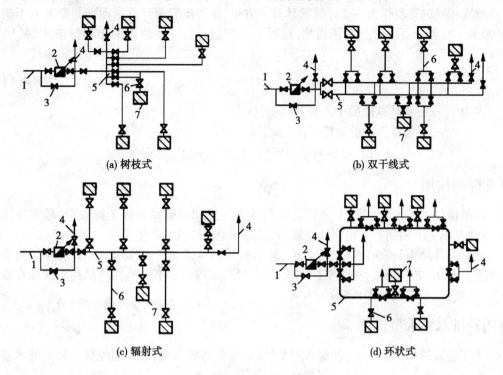

1—燃气源;2—气表;3—旁通管;4—放散管;5—主干管;6—支管;7—用气点

图4.7 室外管网的布置形式

3. 辐射式

此种管网布置方式适合于区域面积不大且用户比较集中时采用。从干管上接出各支管,形成辐射状,由于支管较长而干管较短,因此,干管的可靠性增加,其他用户的用气不会由于某个支管的故障或修理而受影响。

4. 环状式

环状管网的供气可靠。要尽量将城市管网或用气点较分散的工矿企业设计成环状式,或逐步形成环状管网。

为便于在初次通入燃气之前排除干管中的空气,或在修理管道之前排除剩余的燃气,上述四种布置形式都设有放散管。

4.2 土方工程施工

【基 础】

◆沟槽土方量的计算

沟槽土方量通常按照沟槽的断面形式,采用平均断面法进行计算。由于管径的变化和地势高低的起伏,要精确地计算土方量,须沿长度方向分段计算。通常重力流管道以敷设坡度相同的管段作为一个计算段计算土方量;压力流管道计算断面的间距最大不超过100 m。将各计算段的土方量相加,即得总土方量。每一计算段的土方量按式(4.1)计算:

$$V_i = \frac{1}{2}(A_1 + A_2)L_i \tag{4.1}$$

式中 V_i——各计算段的土方量,单位为(m^3);

　　L_i——各计算段的沟槽长度,单位为(m);

　　A_1、A_2——各计算段两端断面面积,单位为(m^2)。

◆支撑的作用

在基槽(坑)挖土期间挡土、挡水,确保基槽开挖和基础结构施工能安全、顺利地进行,并在基础施工期间不对相邻的建筑物、道路和地下管线等产生危害。

通常支撑结构是临时性结构,管道、基础施工完毕就会失去作用。一些支撑结构也回收重复利用(如钢板桩、型钢支柱木板桩、工具式支撑),也有一些支撑结构永久埋在地下。(如灌注桩、混凝土木板桩)

◆明沟排水涌水量计算

为了合理选择排水设备,确定水泵型号,应计算总涌水量,水泵的流量一般为涌水量的1.5~2.0倍。

在市政管道开槽施工时,沟槽一般为窄长式,此时可忽略沟槽两端的涌水量,认为地下水主要由沟槽两侧渗入。因此,沟槽的总涌水量可按裘依式(4.2)进行计算:

$$Q = \frac{KL(2H-S)S}{R} \tag{4.2}$$

式中 Q——沟槽总涌水量,单位为(m^3/d);

　　K——渗透系数,单位为(m/d),见表4.2;

　　H——离沟槽边为R处的地下水含水层厚度,单位为(m);

　　R——影响半径,单位为(m),见表4.2;

　　S——地下水位降落深度,单位为(m)。

表4.2 K、R 参考值

含水层种类	K/(m·d^{-1})	R/m
粉砂	1~5	25~50
细砂	5~10	50~100
中砂	10~25	100~200
粗砂	25~50	200~400
极粗砂	50~100	400~500
砾石类砂	75~150	500~600
小砾	75~100	600~1 500
中砾	100~200	600~1 500
大砾	200~500	1 500~3 000

【实 务】

◆沟槽开挖

1. 沟槽开挖断面形式

沟槽断面形式有直槽、梯形槽、混合槽及联合槽等。跟排水管道相比,市政给水管直径较小,埋深不大,则常用直槽断面形式,如图4.8所示。

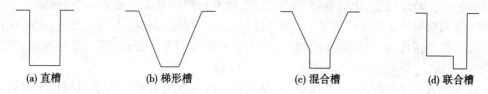

(a) 直槽　　(b) 梯形槽　　(c) 混合槽　　(d) 联合槽

图4.8 沟槽开挖断面形式

选择沟槽断面形式,要对土的种类、地下水情况、管道断面尺寸、管道埋深、施工方法和施工现场环境等因素进行综合考虑,具体情况具体分析,合理的沟槽断面形式,可为市政管道施工创造良好的作业条件,在确保工程质量和施工安全的前提下,减少土方开挖量,降低工程造价,加快施工速度。

2. 沟槽开挖方法

沟槽开挖有人工开挖和机械开挖两种施工方法。

(1) 人工开挖。

1) 使用工具。人工挖土使用的主要工具为铁锹、镐。

2) 开挖施工。沟槽开挖须按开挖断面先求出中心到槽口边线距离,并按照在施工现场施放开挖边线。槽深在2 m以内的沟槽,人工挖土与沟槽内出土结合在一起进行。较深的沟槽,分层开挖,每层开挖深度通常在2~3 m为宜,利用层间留台人工倒土出土。在开挖过程中要控制开挖断面将槽帮边坡挖出,槽帮边坡应不陡于规定坡度,检查时可用坡度尺检验,外观检查不得有亏损、鼓胀现象,表面应平顺。

槽底土壤严禁扰动。挖槽在接近槽底时,要加强测量,注意清底,不要超挖。若发生超挖,应按规定要求进行回填,槽底保持平整,槽底高程及槽底中心每侧宽度均要符合设计要求。

3) 注意事项。沟槽开挖时要注意施工安全,操作人员要有足够的安全施工工作面,防止铁锹、镐碰伤。槽帮上如果有石块碎砖应清走。原沟槽每隔50 m设一座梯子,上下沟槽应走梯子。在槽下作业的工人应戴安全帽。当在深沟内挖土清底时,沟上要有专人监护,注意沟壁的完好,确保作业的安全,防止沟壁塌方伤人。每日上下班前,应检查沟槽是否有裂缝、坍塌等现象。

4) 适用对象。人工开挖适用于管径小,土方量少或施工现场狭窄,地下障碍物多,不易采用机械挖土或深槽作业时,底槽需支撑无法采用机械挖土时。

(2) 机械开挖。

1)使用工具。挖土机械主要包括推土机、单斗挖土机、多斗挖土机、装载机等。

2)机械挖土的特点。效率高、速度快、占用工期少,为了充分发挥机械施工的特点,提高机械利用率,保证安全生产,施工前的准备工作应做细,并合理选择施工机械。沟槽(基坑)的开挖方法,多是采用机械开挖人工清底的施工方法。

3)机械施工。机械挖槽,要保证槽底土壤不被扰动和破坏,通常来说机械不可能准确地将槽底按规定高程整平,设计槽底以上应留20 cm左右不挖,而用人工清挖的施工方法。

采用机械挖槽时,应向司机详细交底,交底内容一般包括挖槽断面(深度、槽帮坡度、宽度)的尺寸、堆土位置、电线高度、地下电缆、地下构筑物及施工要求,并根据情况会同机械操作人员制定安全生产措施后,方可进行施工。机械司机进入施工现场,应听从现场指挥人员的指挥,对现场涉及机械、人员安全的情况应及时提出意见,妥善解决,保证安全。

指定专人与司机配合,保质保量,安全生产。其他配合人员应熟悉机械挖土有关安全操作规程,掌握沟槽开挖断面尺寸,算出应挖深度,及时测量槽底高程和宽度,防止超挖和亏挖,经常检查沟槽是否有裂缝、坍塌迹象,注意机械工作安全。挖掘前当机械司机施放喇叭信号后,其他人员应离开工作区,维护施工现场安全。工作结束后指引机械开到安全地带,当指引机械工作和行动时,注意上空线路及行车安全。

配合机械作业的土方辅助人员,如清底、平地、修坡人员应在机械的回转半径以外操作,如果必须在半径以内工作时,如拨动石块的人员,则应在机械运转停止后方允许进入操作区。机上机下人员应彼此密切配合,当机械回转半径内有人时,应严禁开动机器。如果在架空线路一侧工作时,单斗挖土机与线路的安全距离不应小于表4.3的规定。

表4.3 单斗挖土机与架空输电线路的安全距离

输电线路电压/kV	<1	1~20	35~110	154	220
垂直安全距离/m	1.5	1.5	2.5	2.5	2.5
水平安全距离/m	1.5	2.0	4.0	5.0	6.0

禁止用单斗挖土机的任何部位去破碎石块和冻土块。在地下电缆附近工作时,必须查清地下电缆的走向并做好明显的标志。采用挖土机挖土时要严格保持在1 m以外距离工作。其他各类管线也应查清走向,开挖断面应在管线外保持一定距离,一般以0.5~1 m为宜。

◆沟槽支撑

1.沟槽支撑的结构形式及其适用条件

常用的支撑种类有以下几种。

(1)横撑和竖撑。由撑板、横梁或纵梁、横撑组成,如图4.9、图4.10所示。

(2)板桩撑。板桩撑俗称板桩,可分为企口木板桩和钢板桩。

按照工程具体情况、土质及地下水位等条件,可在开槽前或挖至0.5~1.0 m深时,垂直打入地下一定深度,然后继续开挖,但要始终保持板桩在开挖工作面以下一定深度,以防止地下水从槽帮渗入沟槽内,也可阻挡一些流沙。挖土深度至 1.2 m 时,必须撑好头挡板,以后挖土与撑板应交替进行,一次撑板高度宜为 0.6~0.8 m,如果遇到土层松软或天气恶化,要提前撑好挡板。

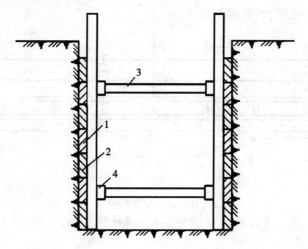

1—撑板;2—纵梁;3—横撑;4—木楔
图 4.9 横板密撑

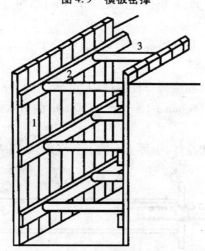

1—撑板;2—横梁;3—横撑
图 4.10 立板密撑

(3)倒撑。倒撑是指在施工过程中,更换立柱和撑杠的位置。当原支撑妨碍下一工序进行时、原支撑不稳定时、一次拆撑有危险时或由于其他原因必须重新安设支撑时,都应倒撑。

2. 常用支撑材料

支撑材料的尺寸要满足强度及稳定性的要求。通常取决于现场已有材料的规格,施工时常根据经验确定。

(1)撑板。撑板有木撑板及金属撑板两种。

1)木撑板。不应有裂纹等缺陷,通常长度为 2~6 m,宽度为 200~300 mm,厚度为 50 mm。

2)金属撑板。由钢板焊接于槽钢上拼成,槽钢间用型钢联系加固,每块撑板按长度分为 2 m、4 m、6 m 等种类,如图 4.11 所示。

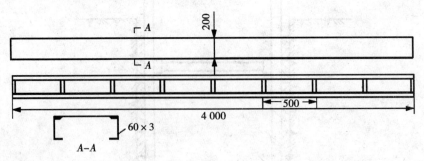

图 4.11 金属撑板

(2)立柱和横梁。立柱和横梁通常采用槽钢,其截面尺寸为 100 mm×150 mm~200 mm×200 mm。

1)立柱。其间距按照槽深而定,槽深在 4 m 以内时,间距为 1.5 m 左右;槽深为 4~6 m 时,在疏撑中间距为 1.2 m,在密撑中间距为 1.5 m;槽深为 6~10 m 时,间距为 1.2~1.5 m。

2)横梁。其间距也是按照开槽深度而定,通常为 1.2~1.5 m。沟槽深度小时取大值;反之,取小值。

(3)撑杠,撑杠有木撑杠和金属撑杠两种。

1)木撑杠。100 mm×100 mm~150 mm×150 mm 的方木或 150 mm 的圆木,长度根据具体情况而定。

2)金属撑杠。为工具式撑杠,由撑头和圆套管组成,如图 4.12 所示。

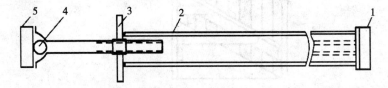

1—撑头板;2—圆套管;3—带柄螺母;4—球铰;5—撑头板

图 4.12 工具式撑杠

撑头为一丝杠,以球铰连接于撑头板上,带柄螺母套于丝杠上。使用时,将撑头丝杠插入圆套管内,旋转带柄螺母,柄把止于套管端,丝杠伸长,则撑头板就紧压立柱或横梁,使撑板固定。丝杠在套管内的最短长度应为 200 mm,以确保安全。

此工具式撑杠的优点是支设方便,而且可更换圆套管长度,适用于各种不同的槽宽,撑杠间距通常为 1.0~1.2 m。

3. 支撑的支设

挖沟槽到一定深度或到地下水位以上时,开始支设支撑,然后逐层开挖支设。

支撑程序:先支设撑板,并要紧贴槽壁,然后安设立柱和撑杠,要横平竖直,支设牢固。

当沟槽内有排水沟时,排水沟及集水井内也应设支撑。为防止流沙,可用草袋护撑,或用小撑杠。施工过程中,要进行随时检查,发现松动或损坏及时加固,排水沟及集水井内支撑更应密切注意,防止涌入流沙。

4. 支撑的拆除

沟槽内工作全部完成后,才可将支撑拆除,需要注意以下几个方面。

(1)拆除支撑要与沟槽回填同时进行,边回填边拆支撑时必须注意安全。

(2)拆撑前仔细检查沟槽两侧的建筑物、电杆及其他外露管道是否安全,必要时进行加固。

(3)有地下水的情况要继续排除地下水,为避免材料损耗。遇撑板和立木较长时,可在还土或倒撑后拆除。

(4)采用排水井排水的沟槽,从两座排水井的分水岭向两端延伸拆除。

(5)多层支撑的沟槽,要自下而上的顺序逐层拆除,必须等下层槽拆撑还土完成后,再拆除其上层槽的支撑。

(6)立板密撑或板桩,先填土至下层横撑底面,再拆除下面横撑,然后还土至半槽,拆除上层横撑,拔出木板或板桩。

(7)水平撑板的密撑或稀撑,依次拆除有危险时,必须进行倒撑,另用横撑将上半槽撑好后,再拆原有横撑及下半槽撑板;下半槽还土后,再拆上半槽的支撑。

(8)如拆撑确有困难或拆撑后可能影响附近建筑物的安全时,应研究采取妥善的措施。

◆沟槽回填

市政管道施工完毕并经检验合格后,应及时进行土方回填,以保证管道的位置正确,避免沟槽坍塌和管道生锈,尽早恢复地面交通。

回填前,应建立回填制度。回填制度是为了保证回填质量而制订的回填操作规程,如根据管道特点和回填密实度要求,确定回填土的土质、含水量、还土虚铺厚度、压实后厚度、夯实工具、夯击次数及走夯形式等。

回填施工通常包括还土、摊平、夯实、检查四道工序。

1. 还土

还土一般用沟槽原土,但土中不要含有粒径大于 30 mm 的砖块;粒径较小的石子含量不超过 10% 回填土土质应保证回填密实度,不能用淤泥土、液化状粉砂、黏土、砂土等回填。当原土为上述土时,应换土回填,回填土要具有最佳的含水量。还土不应带水进行,沟槽要继续降水,防止出现沟槽坍塌和管道漂浮事故。采用明沟排水时,还土要从两相邻集水井的分水岭处开始向集水井延伸。在雨期进行施工时,必须及时回填。还土可以采用人工还土或机械还土,通常管顶小于 500 mm 采用人工还土,大于 500 mm 采用机械还土。

2. 摊平

管道两侧及管顶以上 50 cm 范围内的覆土必须分层整平。

管顶 50 cm 以上覆土时,要进行分层整平及夯实,每层厚度要根据采用的夯(压)实工具和密实度要求而定。

如果使用推土机械或碾压机械碾压,管顶以上的覆土厚度不小于 70 cm。

3. 夯实

夯实分为人工夯实及机械夯实。人工夯实工具有木夯和铁夯,机械夯实工具有蛙式夯、内燃打夯机(火力夯)、压路机、振动压路机等,要注意以下几个方面:

(1)根据不同的压实工具、土质、密实度要求、夯击次数、走夯形式等确定还土厚度和夯实厚度,回填土每层虚铺厚度见表 4.4。

表 4.4 每层回填土的虚铺厚度 单位:mm

压实工具	虚铺厚度
木夯、铁夯	≤200
轻型压实设备	200~250
压实工具	虚铺厚度
压路机	200~300
振动压路面	≤400

(2)按照要求的压实度、压实工具、虚铺厚度和含水量,经现场试验确定回填土每层的压实遍数。

(3)两侧胸腔应同时分层还土摊平、夯实,也应同时以同一速度前进。管子上方土的回填,从纵断面上看,在厚土层与薄土层之间,已夯实土与未夯实土之间,均应有一较长的过渡地段,以避免管道受压不匀发生开裂,相邻两层回填土的分装位置应错开。

(4)轻夯压实适用于管道的两侧和管顶以上 50 cm 范围内夯土,管道两侧压实面的高差不应超过 30 cm。每层土夯实后,要测定密实度。回填后应使沟槽上土面呈拱形,以避免日久因土沉降而造成地面下凹。

◆ 施工排水

市政管道开槽施工时,经常遇到地下水。土层内的水分主要以水汽、结合水、自由水三种状态存在,结合水没有出水性,自由水对市政管道开槽施工起主要影响作用。当地下水流入沟槽和基坑时,常会引起土壁坍塌、流沙、滑坡等现象,如果没有一个可靠的降低地下水措施,将会耽误工期,影响工程质量,甚至造成工程失败、造成经济损失,市政施工排水包括排除地下自由水、地表水和雨水,施工排水的方法包括明沟排水和人工降低地下水位两种。

1. 明沟排水

明沟排水也称集水井排水,排水系统组成如图 4.13 所示。在开挖沟槽内先挖出排水沟,将沟槽内的地下水流入排水沟,再汇集到集水井内,然后再用水泵将水排除。它是一种常用的简易的降水方法,适用于槽内少量的地下水、地表水和雨水的排除,对软土、淤泥层或土层中含有细砂、粉砂的地段以及地下水量较大的地段均不宜采用。

第4章 管道工程

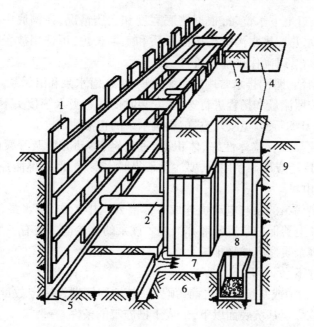

1—竖撑板;2—撑杠;3—进水口;4—集水井;5—排水沟;
6—反滤层;7—进水口;8—集水井;9—撑板

图4.13 明沟排水系统

(1)集水井。通常将集水井布置在沟槽一侧,距沟槽底边1.0~2.0 m,每座井的间距与含水层的渗透系数、出水量的大小有关,其间距为50~80 m左右。井底要低于沟槽底1.5~2.0 m,保持有效水深1.0~1.5 m,并使集水井水位低于排水沟内水位0.3~0.5 m为佳。

施工时注意事项如下:要在开挖沟槽之前先施工。集水井井壁可以用木板密撑、直径600~1 250 mm的钢筋混凝土管、竹材等支护通常带水作业,挖至设置深度时,井底要用木盘或填卵石封底,防止井底涌砂,造成集水井四周坍塌。

(2)排水沟。集水井明沟排水法,施工简单,所需设备较少,是目前工程中常用的一种施工排水方法。排水沟断面尺寸通常为30 cm×30 cm。排水沟底低于槽底30 cm,以3%~5%坡度坡向集水井,如图4.14所示。

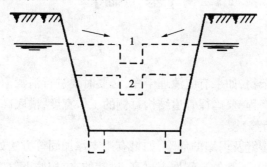

1、2—排水沟开挖顺序

图4.14 排水沟的开挖示意图

当沟槽开挖接近地下水位时,根据槽底宽度和土质情况,在槽底中心或两侧挖出排水沟,使水流向集水井。排水沟结构按照土质和工期长短,可选用放置缸瓦管填卵石或者用木板支撑等形式,以确保排水畅通。

(3)设备的选择。明沟排水常用的水泵有离心泵、潜水泵和潜污泵。

1)离心泵。按照流量和扬程进行选型,安装时要注意吸水管接头不漏气及吸水头部至少沉入水面下 0.5 m,以免吸入空气,影响水泵的正常使用。

2)潜水泵。此泵具有整体性好、体积小、重量轻、移动方便及开泵时不需灌水等优点,在施工排水中广泛应用。使用时,要注意不得脱水空转,也不得抽升含泥砂量过大的泥浆水,以免烧坏电机。

3)潜污泵。潜污泵的泵与电动机连成一体潜入水中工作,由水泵、三相异步电动机以及橡胶圈密封和电器保护装置四部分组成。该泵的叶轮前部装有一搅拌叶轮,它可将作业面下的泥沙等杂质搅起抽吸排送。

2. 人工降低地下水

(1)概念。在沟槽或基坑开挖之前,预先在基坑周侧埋设一定数量的井点管利用抽水设备将地下水位降至基坑底面以下,形成干槽施工的条件。

(2)适用对象。当基坑开挖深度较大、地下水位较高、土质较差等情况下,可以使用人工降低地下水位的方法。

(3)常用方法。通常采用井点排水的方法,具体做法是在基坑周围或一侧埋入深于基坑的井点滤水管或管井,以总管连接抽水,使地下水低于基坑底,以便在干燥状态下挖土,这样不但可预防流沙现象和增加边坡稳定,而且便于施工。

具体方法包括轻型井点、喷射井点、电渗井点、深井井点和管井井点等,可以按照土层的渗透系数、要求降低水位的深度和工程特点,进行技术经济和节能比较后适当加以选择,其中最为常用的方法是轻型井点和管井井点法。

4.3 地下管道的敷设

【基 础】

◆沟槽的检查

(1)槽底是否有杂物,如果有应清理干净,必要时要进行消毒。

(2)槽底宽度及高程,要确保管道结构每侧的工作宽度,槽底高程应符合现行的检验标准,不合格者应进行修整。

(3)槽帮是否有裂缝及坍塌的危险,如果有用支撑加固等方法处理。

(4)槽边堆土高度,下管的一侧堆土过高、过陡的,应按照下管需要进行整理,并须符合安全要求。

(5)地基、基础,如果有被扰动的,要进行处理,冬期管道不得铺设在冻土上。

(6)在混凝土基础上下管时,除了检查基础面高程必须符合质量标准外,同时混凝土强度要达到5.0 MPa才能在基础上下管。

管道下沟前,要将管沟内塌方土、石块、油污、雨水及积雪等清除干净;要检查管沟或涵洞深度、标高及断面尺寸,并要符合设计要求;石方段管沟,松袜垫层厚度不能低于300 mm,沟底要平坦、无石块。

◆管材的质量检查

下管前,除对沟槽进行质量检查外,还必须对管材、管件进行质量检验。

管道和管件的质量直接影响到工程的质量,必须做好对管道和管件的质量检查工作,检查的内容主要有。

(1)管道和管件必须有出厂质量合格证,要符合国家或部委颁发的技术标准要求。

(2)要按照设计要求认真核对管道和管件的型号、规格、材质和压力等级。

(3)要进行外观质量检查。

(4)非金属管道通过观察进行破裂检查,金属管道要用小锤轻轻敲打管口和管身进行破裂检查。

(5)对无出厂合格证的压力流管道或管件,如无制造厂家提供的水压试验资料,则每批应抽取10%的管道做试件进行强度检查。如试验有不合格者,则应逐一进行检查。

(6)对压力流管道,还要检查管道的出厂日期,对于出厂时间过长的管道经水压试验合格后才能使用。

◆管材的修补

(1)钢管防腐层质量不符合要求时,要用相同的防腐材料进行修补。

(2)钢筋混凝土管的缺陷部位,可用环氧腻子或环氧树脂砂浆进行修补。修补时,先将修补部位凿毛,清洗晾干后刷一薄层底胶,然后抹环氧腻子,并用抹子压实抹光。

(3)对管材本身存在的不影响管道工程质量的微小缺陷,要在确保工程质量的前提下进行修补使用,以降低工程成本。铸铁管道要对承口内壁、插口外壁的沥青用气焊或喷灯烤掉;对飞刺及铸砂可用砂轮磨掉。内衬水泥砂浆防腐层如有缺陷或损坏,要按照产品说明书的要求修补、养护。

【实 务】

◆下管

所谓下管也就是将管道从沟槽上下到沟槽内的过程,常用的下管方法有人工和机械两种方法。

1. 人工下管

人工下管一般适用于管径较小、管重较轻的管道,如塑料管、陶土管、直径400 mm以下的铸铁管、直径600 mm以下钢筋混凝土管等,如施工现场狭窄,不便于机械操作,工程量小,或机械供应有困难的条件下,也可采用人工下管。

(1)压绳下管。压绳下管法是一种最常用的人工下管方法,适用于管径为400～800 mm的中小型管子,方法较为灵活且经济实用。

下管时,可在管子的两端各套一根大绳,把管子下面的半段绳用脚踩住,上半段用手拉住,两组大绳用力一致,将管子徐徐下入沟槽,直至将管节放至沟槽底部。为了节省人力,保证安全,有时也在槽边打入两根撬棍,利用大绳和撬棍的摩擦力,帮助下管,如图4.15所示。

1—大绳;2—撬棍

图4.15 压绳下管法

(2)贯绳下管法。贯绳下管法适用于管径小于300 mm,管节长度不超过1 m的混凝土管。用一端带有铁钩的粗绳钩住管子一端,绳子的另一端从管子内部穿过后由人工徐徐放松直至沟槽底部,如图4.16所示;也可用绳勾住管端,沿靠槽帮缓缓滑下。为保护管道不受磕碰,可在底部垫些草袋、麻袋、砂土等。

图4.16 贯绳下管法

(3)竖管压绳法。当管径较大时,如大于900 mm的钢筋混凝土管等,可采用此方法,如图4.17所示。在沟槽坡线以外立着埋下与所下管子直径相同的管柱,一般选用要下管的钢筋混凝土管。将绳子一端固定拴在管柱上,另一端绕过管道也拴在管柱上,利用绳子间的摩擦力控制下管速度,同时也可在下管处槽部开挖一下管马道,其坡度不应陡于1∶1,宽度一般比管长50 mm。管道沿马道慢慢下入沟槽内,当管径较大时,也可设置两个立管做管柱,使操作更安全、稳妥。

下管用的大绳应质地坚固、不断股、不糟朽、无夹心,其直径选择可参照表4.5。

表4.5 下管用大绳截面直径 单位:mm

管子直径			大绳截面直径
铸铁管	预应力钢筋混凝土管	钢筋混凝土管	
≤300	≤200	≤400	20
350~500	300	500~700	25
600~800	400~500	800~1 000	30
900~1 000	600	1 100~1 250	38
1 100~1 200	800	1 350~1 500	44
		1 600~1 800	50

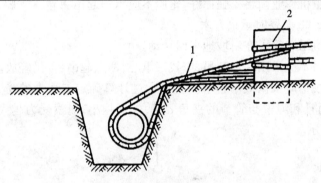

1—大绳;2—竖管
图4.17 竖管压绳下管

(4)塔架下管法。先在沟槽上口铺设横跨沟槽的方木,然后将管节滚至方木上,利用塔架上的吊链将管节吊起,再撤去架设的方木,操作葫芦或卷扬机使管节徐徐下至沟槽底。为防止下管过猛,撞坏管节或平基,可在平基上先铺一层草垫子,再顺铺两块撑板,该方法适用于较大管径的集中下管。

使用该方法下管时,塔架各承脚应用木板支设牢固、平稳、较高的塔架,应有晃绳。塔架劈开程度较大时,塔架底脚应有绊绳。

2. 机械下管

机械下管一般采用履带起重机或汽车式起重机,如图4.18所示。

下管时,机械沿沟槽移动,因此土方开挖最好单侧堆土,另一侧作为下管机械的工作面。若必须双侧堆土时,其一侧的土方与沟槽之间应有足够的机械行走和保证沟槽不致塌方的距离。如果采用集中下管,也可以在堆土时每隔一定距离留设豁口,起重机在堆

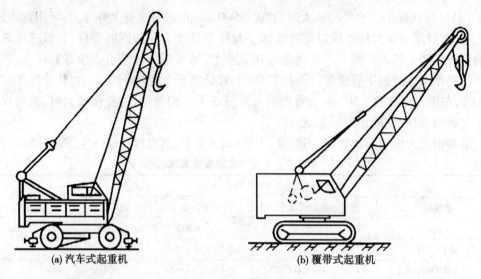

(a) 汽车式起重机　　　　　(b) 覆带式起重机

图 4.18　下管用起重机

土豁口处进行下管操作。

(1)机械下管时,应注意以下几方面问题。

1)轮胎式起重机作业前将支腿撑好,轮胎不应承担起吊重量。支腿或履带距槽边的距离一般不小于 2 m,必要时承垫方木。

2)严禁起重机吊着管子在斜坡地来回转动。

3)吊装下管时不应采用一点起吊,应找好重心,两点起吊,平吊轻放。

4)各点绳索规格应根据被吊管节的重量通过计算确定。绳索的受力大小不但和管节的重量有关,而且和绳索与管节的夹角 α 有关,α 越小,绳索受力越大,因此角宜大于 $45°$,如图 4.19 所示。

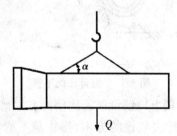

图 4.19　吊钩受力图

5)起吊时,速度应均匀,回转平稳,下落时低速轻放,不得忽快忽慢和突然制动。

6)严禁在被吊管节上站人。槽下施工人员必须远离下管处,以免发生人员伤亡事故。

7)起重臂回转半径范围内严禁站人和车辆通行,起重臂或绳索、吊钩以及被吊管节必须与架空线按规定保持一定安全距离。

(2)组合下管。采用组合下管时,应防止由于起吊重量过大及下管时管道受力不均匀而引起接口裂缝,常用于管材及其接口有足够强度的长段钢管,每段管长可达数十米以上。一个管段吊装所用的起重机不要多于 3 台,太多不易协作。当吊装铸铁管或钢筋混凝土管时,如是刚性接口则不宜采用组合下管法,因极易影响接口的水密封,一般只能吊一根,吊绳接管位置应在使管身处于中间正负力矩相等处。

◆稳管

稳管是将管道按设计的高程与平面位置稳定在地基或基础上。管道应放在管沟中心,其允许偏差不得大于100 mm。管道应稳贴地安放在管沟中,管下不得有悬空现象,以防管道承受附加应力。重力流管道的高程和平面位置应严格符合设计要求,一般由下游向上游进行稳管;压力流管道对高程和平面位置的要求精度可低些,一般由上游向下游进行稳管。稳管通常包括中线控制和高程控制两个环节。中线控制是使管道中心线和沟槽中心线在同一平面上重合。如果中心线偏离较大,则应调整管道位置,直到符合要求为止。

1. 中线控制

中线控制主要用于重力流的排水管道。有下述两种方法:

(1)中心线法。在连接两块坡度板的中心钉之间的中线上挂一垂球,如果垂球线通过水平尺中心时,表示管子已对中,如图4.20所示。

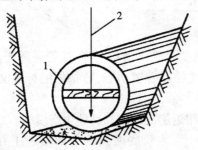

1—水平尺;2—中心垂线
图4.20 中心线对中法

(2)边线法。边线两端拴在槽底或槽壁的边桩上。稳管时控制管子水平直径处外皮与边线间的距离为一常数,则管道处于中心位置,如图4.21所示。用这种方法对中,比中心线法速度快,但准确度不如中心线法。金属给水管对中时,目估垂线在管道中心位置即可。

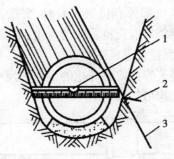

1—水平尺;2—边桩;3—边线
图4.21 边线法

2. 高程控制

较为常用方法是使用一个丁字形高程尺,尺上刻有管底内皮和坡度线之间的距离,即相对高程的下反数。将高程尺垂直放置在管底内皮上,当标记与坡度线重合时,则高程准确,高程以量管内底为准。

此法适用于管道椭圆度及管壁厚度误差较小时,可量管顶外皮。但是当管壁厚度尺寸误差较大时,此法不易准确,应慎重从事。

◆管道安装基本技术要求

管道安装工程的最终目的是使管道系统满足使用功能的要求,保证安全运行,安装施工时必须达到如下基本技术要求。

(1)管道流程、材质及安装位置等均应符合设计要求,材质必须检验合格。

(2)接口应严密及坚固,接口时不得强行对口,注意消除接口的附加应力;强度试验及严密性试验要合格。

(3)立管垂直,横管坡度符合设计要求,应能正常排水或放气。

(4)支架和管座应牢固稳定,支架位置恰当,管道使用时转弯处与末端应稳定。

(5)阀类等附件及仪表安装正确。

(6)管道防腐、绝热良好。

(7)在进行管道安装时,要将管内清扫干净,让管道的产品标记座位于管道的顶部。安装时,使用边线或中心垂线控制管道中心,砂垫层的标高必须准确,以控制安管高程,并以水准仪校核。

(8)管道安装时不损坏附近房屋结构和其他生产设施。

(9)管道安装后不得移动,将管底两侧均匀回填砂土并夯实,或用垫块等将管道固定。

◆开挖工作坑

管道接口是管道铺设中的一个关键性工序,在管道施工过程中对接口质量要严格控制。按照材质的不同、接口形式的不同,安装工艺也就不同。接口工作坑要根据管材与管件尺寸,在沟内测量,确定其位置,在下管前挖好。图4.22、图4.23为两种管道接口的工作坑。事先挖出的焊接工作坑如果有位置误差时,要按实际需要重新开挖。挖土时,不可损伤管道的防腐层。管道对口前应将管内的泥土、杂物清除干净,沟内组对时,对口间隙与错边量应符合要求,并保持管道成一直线。

铸铁管、球铁管、钢筋混凝土管接口时开挖的工作坑尺寸见表4.6、表4.7,聚乙烯燃气管材接口工作坑比金属管道接口工作坑略小。

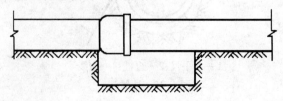

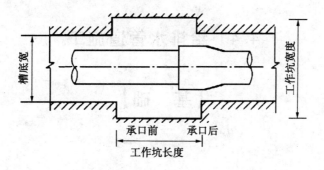

图 4.22 铸铁管接口工作坑

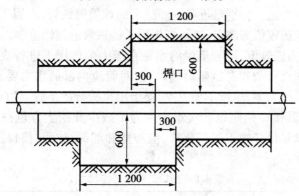

图 4.23 钢管焊接工作坑平面

表 4.6 铸铁管接口工作坑开挖尺寸

管径 D/mm	宽 度	工作坑尺寸/m		深度
		长度		
		承口前	承口后	
75~300	D+0.8	0.8	0.2	0.3
400~700	D+1.2	1.0	0.4	0.4
800~1 200	D+1.2	1.0	0.45	0.5

表 4.7 混凝土管、滑入式柔性接口铸铁和球墨铸铁管接口工作坑开挖尺寸

管径 D/mm	宽 度	工作坑尺寸/m		深度
		长度		
		承口前	承口后	
≤500	承口外径+0.8	0.2	承口长度+0.2	0.2
600~1 000	承口外径+1.0	0.2	承口长度+0.2	0.4
1 100~1 500	承口外径+1.6	0.2	承口长度+0.2	0.45
≥1 600	承口外径+1.8	0.2	承口长度+0.2	0.5

4.4 给排水管道施工

【基 础】

◆铸铁管槽

由于铸铁管具有抗腐蚀性能好、锈蚀缓慢,价格较钢管便宜等优点,因此,在给水排水工程中,应用最为普遍。特别是近年发展起来的球墨铸铁管,克服了传统铸铁管质脆、不耐振动和弯曲、承压较低等缺点,进一步拓展了铸铁管的使用范围。

铸铁管属于压力流管道,即管道中的水是在压力的作用下进行流动的,故而其埋深只需满足冰冻线、地面荷载和跨越障碍物即可,对管道内部的水力要素没有影响。因此沟槽较浅,以放坡开槽为主,尽量不加支撑,便于用机械分散下管。由于铸铁管的管节较长,一般为5~6 m,其接口间距也相应增大。为了减少开挖土方量,一般开挖的宽度较小,但接口部必须满足接口施工工艺要求,应加宽和加深,故而,接口工作坑的尺寸应满足表4.8的要求。

表4.8 接口工作坑开挖尺寸

管材种类	管外径 D_o/mm	宽度/mm	长度/mm		深度/mm
			承口前	承口后	
预应力、自应力混凝土管、滑入式柔性接口球墨铸铁	≤500	承口外径加 800	200	承口长度加 200	200
	600~1 000	1 000			400
	1 100~1 500	1 600			450
	>1 600	1 800			500

铸铁管一般可直接铺设在天然地基上,这就要求地基原状土不得被扰动,如果超挖,应用碎石或砂子进行回填,并振密捣实。当沟槽为岩石或坚硬地基时,应按设计规定施工;若设计无规定时,为保证管身受力的合理性,防止管身防腐层的破坏,管子下方铺设砂垫层,其厚度应符合表4.9的规定。

表4.9 砂垫层厚度

管道种类/管外径	垫层厚度/mm		
	D_o≤500	500<D_o≤1 000	D_o>1 000
柔性管道	≥100	≥150	≥200
柔性接口的刚性管道	150~200		

◆管道交叉处理原则

处理管道交叉时,参照以下几方面原则。

(1)给水管要设在污水管上方。如果给水管与污水管平行设置时,管外壁净距应不小于1.5 m。

(2)当给水管设在污水管侧下方时,给水管必须使用金属管材,并应按照土壤的渗透水性及地下水位情况,妥善确定净距。

(3)生活饮用水给水管道及污水管道或输送有毒液体管道交叉时,给水管道应敷设在上面,且不能有接口重叠;当给水管敷设在下面时,应采用钢管或钢套管,套管伸出交叉管的长度每边不小于3 m,套管两端采用防水材料封闭。

(4)给水管道从其他管道上方跨越时,如果管间垂直净距不小于0.25 m,不予处理;否则在管间夯填黏土,如果被跨越管回填土欠密实,尚需自其管侧底部设置墩柱支撑给水管。

【实 务】

◆普通铸铁管的安装

普通铸铁管的安装需要进行以下三步:下管、稳管及承插铸铁管接口。

下管前的准备工作主要是对管子及其配件的检查和沟槽的验收。包括对其外观的检查及清理,下管以前,应按照图纸对开挖好的沟槽复测一遍,看其平面位置和高程是否符合要求;沟槽内应无软泥及杂物,基面无扰动,清底合格;检查沟槽的边坡或支撑的稳定性。槽壁不能有裂缝,有隐患处除采取加固措施外并应说明,施工中注意观察。铸铁管道在经检验、修复后,被运送到现场时,应按照设计管件结合图配齐管件,如果条件允许,尽可能沿槽边顺序排列,承口应向来水方向,各种管件也应按计划放在指定地点。

1.下管

下管即把管道从地面下入沟槽的过程。通常分为人工下管(图4.24)和机械下管法。当管径较小,管重较轻时,可以采用人工方法下管。常用的方法有压绳法和三脚架法。机械下管通常使用汽车式或履带式起重机械进行下管。

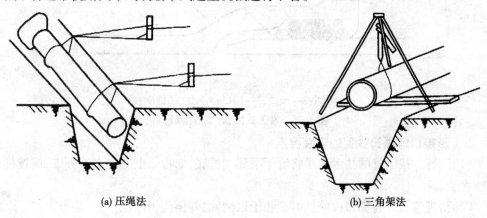

(a) 压绳法   (b) 三角架法

图4.24 人工下管方法

2. 稳管

在稳管时要注意在高程、轴线位置及接口处应符合管道安装的质量标准,管道在对好口稳定在基础上后,应采取措施防止管道再次移动。在稳管工作完成后应及时进行接口,以免管道位置移动。

3. 承插铸铁管接口

铸铁管承插式接口是在已挖好的工作坑中进行的。

承插铸铁管接口是管道安装过程中的一个关键性工序,在管道施工过程中应对接口及安装质量严格控制:

(1)沿直线安装管道时,宜选用管径公差组合最小的管节组对连接,确保接口的环向间隙应均匀。

(2)管道沿曲线安装时,接口的允许转角应符合表4.10中的规定。

表4.10 沿曲线安装接口允许转角

管径 D_i/mm	允许转角/°
75~600	3
700~800	2
≥900	1

◆球墨铸铁管的安装

以下主要介绍滑入式接口球墨铸铁管的安装。

1. T形接口球墨铸铁管的安装程序

滑入式接口(T形接口)形式如图4.25所示。滑入式接口球墨铸铁管的安装程序为:下管→管口清理→清理胶圈→上胶圈→安装机具设备→在插口外表面和胶圈上涂刷润滑剂→顶推管子使插口插入承口→检查。

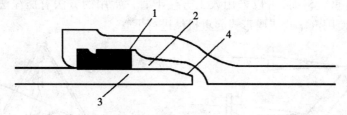

1—胶圈;2—承口;3—插口;4—坡口(锥度)
图4.25 滑入式接口(T形接口)

2. T形接口球墨铸铁管的安装要点

(1)下管。按下管的技术要求将管子下到沟槽底,如管子上有向上的标志,应按标志摆放管子。

(2)清理管口。将插口内的所有杂物予以清除,并擦洗干净。

(3)清理橡胶圈、上胶圈。将胶圈上的黏结物擦揩干净;手拿胶圈,把胶圈弯成心形或花形(大口径)装入口槽内,并用手沿整个胶圈按压一遍,确保胶圈各个部分下翘、不扭,均匀地卡在槽内,如图4.26所示。

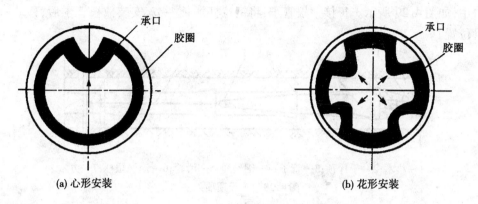

(a) 心形安装　　　　　　　(b) 花形安装

图 4.26　胶圈安装

(4)安装机具设备。将准备好的机具设备安装到位,安装时注意不要将已清理的管子部位再次污染。

(5)在插口外表面和胶圈上刷涂润滑剂。润滑剂宜用厂方提供的,也可用肥皂水,将润滑剂均匀地涂刷在承口内已安装好的胶圈内表面,在插口外表面刷润滑剂时应注意刷至插口端部的坡口处。

(6)顶推管子使之插入承口。球墨铸铁管柔性接口的安装一般采用顶推和拉入的方法,可根据现场的施工条件、管道规格、顶推力的大小以及现场机具及设备的情况确定。

(7)检查。检查插口插入承口的位置是否符合要求;用探尺伸入承插口间隙中检查胶圈位置是否正确。

3. 顶推方法

滑入式接口(T形接口)球墨铸铁管的安装方法有:撬杠顶入法、千斤顶顶入法、吊链拉入法和牵引机拉入等方法。

(1)撬杠顶入法。撬杠顶入法如图4.27所示,将撬杠插入已对口连接管承口端工作坑的土层中,在撬杠与承端面间垫以木板,扳动撬杠使插口进入已连接管的承口,将管顶入。

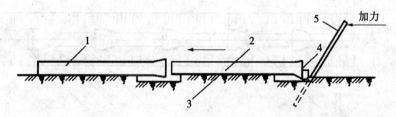

1—已安装好的管子;2—待安装的管子;3—管沟底;4—垫木;5—撬杠

图 4.27　撬杠顶入法

(2)千斤顶顶入法。先在管沟两侧各挖一竖槽,每槽内埋一根方木作为后背,用钢丝绳、滑轮及符合管节模数的钢拉杆与千斤顶连接。启动千斤顶,将插口顶入承口,如图4.28所示。每顶进一根管子,加一根钢拉杆,一般安装10根管子移动一次方木。

(3)吊链(手拉葫芦)拉入法。在已安装稳固的管子上拴住钢丝绳,在待拉入管子承口处放好后背横梁,用钢丝绳和吊链(手拉葫芦)连好绷紧对正,拉动吊链,即将插口拉入承口中,如图4.29所示。每接一根管子,将钢拉杆加长一节,安装数根管子后,移动一次拴管位置。

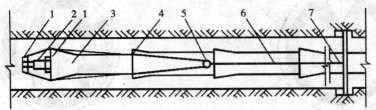

1—垫木;2—千斤顶;3—管子;4—钢丝绳;5—滑轮;6—钢筋拉杆;7—方木

图4.28 千斤顶顶入法

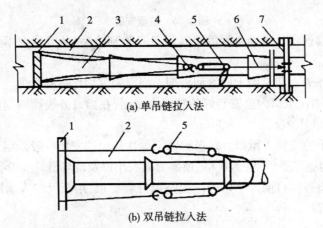

1—管道垫木;2—钢丝绳;3—管子;4—滑轮;5—吊链;6—后背方木;7—钢筋拉杆

图4.29 吊链拉入法

(4)牵引机拉入法。在待连接管的承口处,横放一根后背方木,将方木、滑轮(或滑轮组)和钢丝绳连接好,启动牵引机械(如卷扬机、绞磨)将对好胶圈的插口拉入承口中,如图4.30所示。

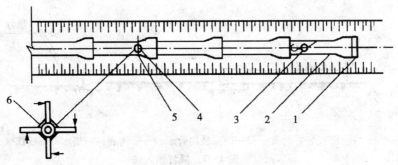

1—横木;2—钢丝绳;3—滑轮;4—转向滑轮;5—转向滑轮固定钢丝绳;6—绞磨

图4.30 牵引机拉入法

4. 推进工具

安装球墨铸铁管T形接口所使用的工具,按照顶推工艺的要求不同而有所差异,常用的工具有吊链、手扳葫芦、环链、钢丝绳、钩子、扳手、撬棍、探尺、钢卷尺等,也有一些专用工具,如连杆千斤顶(图4.31)和专用环(图4.32)。这些工具使对球墨铸铁管T形接口进行安装拆卸比较方便。连杆千斤顶适用的管径为$Dn80 \sim Dn250$,专用环适用的管径为$Dn300 \sim Dn2000$。

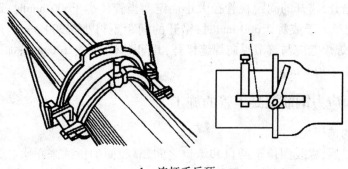

1—连杆千斤顶

图4.31 连杆千斤顶

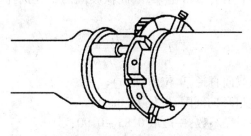

图4.32 专用环

◆钢管的施工

1. 钢管的下管

钢管的强度高、韧性好,且为压力流管道,其地基和基础的施工与铸铁管道类同,由于钢管外表面常敷有防腐层,因此,钢管施工要尽可能不采用压绳下管法,以免槽下运管,多采用塔架或吊车分散下管。

钢管在下管前一定要检查其质量是否符合要求,钢管在运输及安装过程中一定要注意保护防腐层不被破坏。

下管时为了保护钢管的防腐层,钢管的下管尽可能不用压绳法施工,也不要在槽下运管,所以,施工中多进行分散下管;又因钢管的管材和接口具有足够强度,可在地面上先将几节管道焊接成长串,并检查合格后,再下管,这种方法称为组合下管(长串下管),通常可以用塔架或吊车进行。

2. 钢管的敷设

(1)钢管铺设应逐根测量、编号进行,宜选用管径公差最小的管节组对铺设。

(2)若为长串下管时,管段的长度、吊距,应根据管径、壁厚、外防腐材料的种类及下管方法,在施工设计中应加以规定。

(3)在铺管中如遇不同壁厚的管节对口时,管壁厚度相差不宜大于3 mm;当大于

3 mm时,接口边缘处削成坡口,使壁厚一致,坡口切削长度等于两管壁差值的4倍。不同管径的管道相连时,如两管径差值大于小管管径的15%时,可用渐缩管连接,渐缩管的长度不应小于两管径差值的2倍,且不应小于200 mm。

(4)铺管时,还应注意使管道的纵向焊缝放在管道中心垂线上半圆的45°左右处,并应使纵向焊缝错开,错开的间距视管径大小而定。当管径小于600 mm时,错开间距不得小于100 mm;管径大于或等于600 mm时,错开的间距不得小于300 mm。有加固环的钢管,加固环的对焊焊缝应与管节纵向焊缝错开,其间距不应小于100 mm;加固环距管节的环向焊缝不应小于50 mm。

◆ 自应力和预应力钢筋混凝土管的施工

1. 橡胶圈的选择

管道安装以后,橡胶圈位于插口和承口之间,靠胶圈的压缩来止水。为达到密封不漏水的目的,橡胶圈必须安装在钢筋混凝土管接口的正确位置上,并具有一定的压缩率,以保证在管内水压作用下不会被挤出来,因此橡胶圈的直径选择非常重要,可依据下式进行选择:

$$d = \frac{D}{(1-\rho)\sqrt{k}} \tag{4.3}$$

式中 d——橡胶圈截面直径,单位为(mm);

E——管子接口环向间隙,单位为(mm);

k——胶圈的环径系数,一般取0.85~0.90;

ρ——胶圈压缩率,铸铁管取34%~40%,预应力、自应力混凝土管取35%~45%。

橡胶圈内环直径的选择,可依据下式进行计算:

$$d_1 = KD_2 \tag{4.4}$$

式中 d_1——安装前橡胶圈内环直径,单位为(mm);

D_2——管子插口工作面外径,单位为(mm)。

管子在出厂时,一般都盖有所配橡胶圈直径的字样,插口工作面由插口钢圈控制,一般误差都不大,橡胶圈尺寸及公差可参见表4.12。

表4.12 橡胶圈尺寸与公差表

管内径/mm	400	600	800	1 000
胶圈直径/mm	22 ± 0.5	24 ± 0.5	24 ± 0.5	26 ± 0.5
胶圈内环径/mm	439 ± 5	622 ± 5	807 ± 5	1 000 ± 5
环境系数	0.87	0.87	0.87	0.87

2. 安装

(1)清理承插口。对接前,应把承插口工作面和胶圈上的污物用水洗刷干净,然后用布擦拭干净。

(2)套橡胶圈。应在管子两侧,同时把橡胶圈由管子下部向上套起。套好后的橡胶圈应平直,没有扭曲等现象。

(3)对口。管子对口时,应利用吊车或塔架等机械将插口轻轻吊起,并使管子慢慢移动到承口处;也可在承口端用撬棍往前拨管,以观测高程和位置是否满足设计要求,并轻轻进行调整。为了使插口和胶圈能够均匀地进入承口,到达预定位置,除了使管子高程保持一致之外,初步对口之后,承插口之间的间隙和距离也必须保持一致。否则,橡胶圈受压不均,进入速度不同,极易反弹,造成橡胶圈扭曲等现象。

(4)顶装。钢筋混凝土管是靠挤压在环向间隙内的橡胶圈来起密封作用的。为了使橡胶圈能均匀而紧密地达到工作位置,必须采用具有产生推力或拉力的安装工具进行顶装。

◆普通钢筋混凝土管的施工

普通钢筋混凝土管包括混凝土管和钢筋混凝土管两种。为了减少对地基的压力及对管子的反力,管道应设置基础和管座。管座包角一般有 90°、135°、180°三种,应视管道覆土深度及地基土的性质选用。

混凝土管和钢筋混凝土管的接口可以分为刚性和柔性两类,在给水排水工程中,常用的有水泥砂浆抹带接口、钢丝网水泥砂浆抹带接口、预制套管接口、水泥砂浆承插接口、石棉沥青卷材接口等。

◆给水管网上的支墩施工

1. 支墩施工

(1)管道安装过程中的临时固定支架,应在支墩的砌筑砂浆或混凝土达到规定强度后拆除。

(2)平整夯实地基后,用 MU7.5 砖、M10 水泥砂浆进行砌筑。遇到地下水时,支墩底部应铺 100 mm 厚的卵石或碎石垫层。

(3)水平支墩后背土的最小厚度应不小于墩底到设计地面深度的 3 倍。

(4)支墩后背必须为原状土,支墩与土体应紧密接触,如有空隙需用与支墩相同的材料填实。当采用砌筑支墩时,原状土与支墩间应采用砂浆填塞。

(5)对水平支墩,为防止管件与支墩发生不均匀沉陷,应在支墩与管件间设置沉降缝,缝间垫一层油毡。

(6)为确保弯管与支墩的整体性,向下弯管的支墩,可将管件上箍连接,钢箍用钢筋引出,与支墩浇筑在一起,钢箍的钢筋指向弯管的弯曲中心,钢筋露在支墩外面部分,应有不低于50 mm厚的1:3 水泥砂浆作保护层;向上弯管要嵌入支墩内,嵌进部分中心角宜不小于135°。

(7)垂直向下弯管支墩内的直管段,应包玻璃布一层,缠草绳两层,再包玻璃布一层。

2. 支墩施工注意事项

(1)位置设置要准确,锚定要牢固。

(2)支墩应在密实的土基或坚固的基础上修筑。

(3)支墩应在管道接口做完和管道位置固定后修筑。

(4)支墩修筑后,要加强养护、确保支墩的质量。

(5)在管径大于700 mm 的管线上选用弯管,水平设置时,避免使用90°弯管,垂直设置时,应避免使用45°弯管。

(6)支墩的尺寸通常随管道覆土厚度的增加而减小。

(7)必须在支墩达到设计强度后,才能进行管道水压试验,试压前,管顶的覆土厚度要大于0.5 m。

(8)经试压支墩符合要求后,方可分层回填土,并夯实。

◆给水管道上的设备井施工

管道上的附属设备包括阀门井(图4.33)、消火栓(图4.34)、排气阀(图4.35)、水表、测压测流设备等都要砌筑井室。各种井室按照设备的形状,使用方面的要求等具有不同的形状及尺寸。井室的尺寸,首先应满足操作方便,使工作人员在地面上能进行操作。其内部空间,以能在井内更换设备零件即可,一般不考虑更换整个设备,而且原则上每座井内只装一个设备。

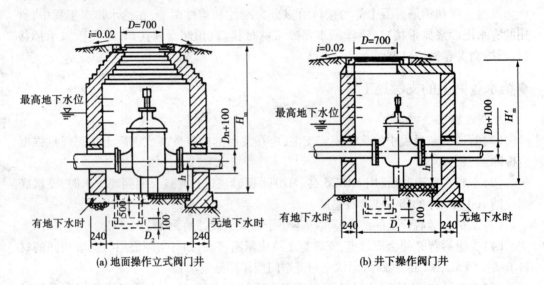

(a)地面操作立式阀门井　　(b)井下操作阀门井

图4.33　阀门井(单位:mm)

一般情况下用砖砌体作为砌筑井身的材料,通常采用 MU7.5 烧结砖及 M5 水泥砂浆砌筑来满足强度的需要。在有地下水的地区井外壁可抹1∶2 水泥砂浆,用混凝土浇筑防水性能会更好。井底很少做封底,除非是绝对防水的井室才用混凝土封底。

井盖大部都是铁制,轻型、重型两种,分别用于便道、庭院或马路上,现在多用球墨铸铁。

井盖的制造,原则以牢固为主,同时也兼顾到轻便。用于给水的井盖要有明显的标志,而且型号要求要统一。

在已成型的道路上,井盖与路面高程要尽量一致。在郊外农田内,为便于寻找检查井可比地面高出10~20 cm。

为了确保井盖质量,建设部颁布了井盖检验标准,按照轻、重型区分,施加不同载荷

并以承重载荷 2/3 作用于井盖上观察其变形,标准规定变形值不得超过。$D/500$(D 为井盖直径)

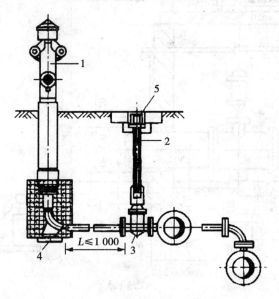

(a) 地下式甲型消火栓安装图

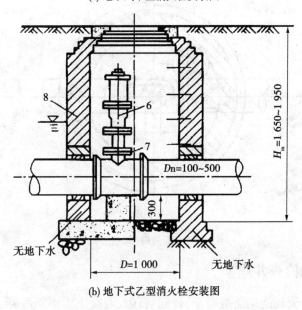

(b) 地下式乙型消火栓安装图

1—SS100 地上式消火栓;2—阀杆;3—阀门;4—弯头支座;
5—阀门套筒;6—SX100 消火栓;7—消火栓三通;8—阀门井

图 4.34 消火栓

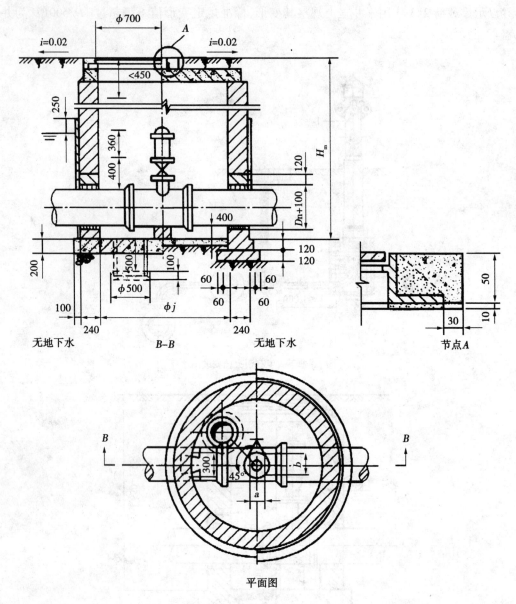

图 4.35 排气阀(单位:mm)

◆排水管网上的检查井施工

检查井一般分为现浇钢筋混凝土、砖砌、石砌、混凝土或钢筋混凝土预制拼装等结构形式,以砖(或石)砌检查井居多。

1.砌筑检查井施工

(1)在开槽时应计算好检查井的位置,挖出足够的肥槽。浇筑管道混凝土平基时,应将检查井基础宽度一次浇够,不能采用先浇筑管道平基,再加宽的办法做井基。

(2)排水管道检查井内的流槽及井壁应同时进行浇筑,当采用砌块砌筑时,表面应用水泥砂浆分层压实抹光,流槽与上、下游管道接顺。

(3)砌筑时管口应与井内壁平齐,必要时可伸入井内,但不宜超过30 mm。不准将截断管端放入井内;预留管的管口应封堵严密,并便于拆除。

(4)检查井的井壁厚度常为240 mm,用水泥砂浆砌筑。圆形砖砌检查井采用全丁式砌筑,收口时,四面收口则每次收进不超过30 mm;三面收口则每次收进不超过50 mm,矩形砖砌检查井采用一顺一丁式砌筑。检查井内的踏步应随砌随安,安装前应刷防锈漆,砌筑时用水泥砂浆埋固,在砂浆未凝固前不得踩踏。

(5)检查井内壁应用原浆勾缝,有抹面要求时,内壁用水泥砂浆抹面并分层压实,外壁用水泥砂浆搓缝严实,抹面和搓缝高度应高出原地下水位以上0.5 m。

(6)井盖安装前,井室最上一皮砖必须是丁砖,其上用1∶2水泥砂浆坐浆,厚度为25 mm,然后安放盖座和井盖。

(7)检查井接入较大管径的混凝土管道时,应按规定砌砖券。管径大于800 mm时砖券高度为240 mm;小于800 mm时砖券高度为120 mm,砌砖券时应由两边向顶部合龙砌筑。

(8)有闭水试验要求的检查井,应在闭水试验合格后再回填土。

(9)砌筑井室应符合下列要求。

1)砌筑井壁应位置准确、砂浆饱满、灰缝平整、抹平压光,不得有通缝、裂缝等现象。

2)井底流槽应平顺、圆滑、无杂物。

3)井圈、井盖、踏步应安装稳固,位置准确。

4)砂浆标号和配合比应符合设计要求。

2. 预制检查井安装

(1)应根据设计的井位桩号和井内底标高,确定垫层顶面标高、井口标高及管内底标高等参数,作为安装的依据。

(2)按设计文件核对检查井构件的类型、编号、数量及构件的重量。

(3)垫层施工不得扰动井室地基,垫层厚度和顶面标高应符合设计规定,长度和宽度要比预制混凝土底板的长、宽各大100 mm,夯实后用水平尺校平,必要时应预留沉降量。

(4)标示出预制底板、井筒等构件的吊装轴线,先用专用吊具将底板水平就位,并复核轴线及高程,底板轴线允许偏差为±20 mm,高程允许偏差为±10 mm。底板安装合格后再安装井筒,安装前应清除底板上的灰尘和杂物,并按标示的轴线进行安装,井筒安装合格后再安装盖板。

(5)当底板、井筒与盖板安装就位后,再连接预埋连接件,并做好防腐。然后将边缝润湿,用1∶2水泥砂浆填充密实,做成45°抹角。当检查井预制件全部就位后,用1∶2水泥砂浆对所有接缝进行里、外勾平缝。

(6)最后将底板与井筒、井筒与盖板的拼缝,用1∶2水泥砂浆填满密实,抹角应光滑平整,水泥砂浆标号应符合设计要求。当检查井与刚性管道连接时,其环形间隙要均匀、砂浆应填满密实;与柔性管道连接时,胶圈应就位准确、压缩均匀。

3. 现浇检查井施工

(1)按设计要求确定井位,井底标高、井顶标高、预留管的位置与尺寸。

(2)按要求支设模板。

(3)按要求拌制并浇筑混凝土。先浇底板混凝土、再浇井壁混凝土、最后浇顶板混凝土,混凝土应振捣密实,表面平整、光滑,不得有漏振、裂缝、蜂窝和麻面等缺陷;振捣完毕后进行养护,达到规定的强度后方可拆模。

(4)井壁与管道连接处应预留孔洞,不得现场开凿。

(5)井底基础应与管道基础同时浇筑。

4.5 供热管道施工

【基　础】

◆**热力管道的特点**

(1)热媒具有较高的温度,对管道材质强度要求较高,中高压或输送干管采用无缝钢管,低压或配热支管采用焊接钢管。

(2)工作状态与非工作状态管内温度变化很大。按照金属热胀冷缩的特点,热力管道易产生应力变形,对管道支架有较特殊的要求,管路中设置伸缩器,满足其补偿要求。

(3)由于金属是热的良导体,热力管道需要解决表面热损失的问题,需要进行保温。

(4)由于热水中所含的气体要不断地析离出来,积聚在管道的最高处,妨碍热水的循环,增加管道的腐蚀,须加设排气装置。

(5)停止使用热水时,膨胀水量会增加管道的压力,有胀裂管道的危险,设置膨胀管、释压阀或闭式膨胀水箱。

(6)蒸汽管道内易产生凝结水,增加蒸汽输送阻力,管道要内置一定的坡度并在最低点设泄水装置。

(7)为了避免热量浪费,常采用循环管路,回收余热。

◆**通行地沟**

当管道数目较多,管线较长,地沟内任一侧的排列高度应不小于1.5 m时可设通行地沟。通行地沟的截面尺寸大,检修通行方便。在通行地沟内,按照人可以自由通行的要求,人行道净高应不小于1.8 m,净宽度应不小于0.7 m。除了结构强度要求外,排水及通风也很重要。沟底的纵向坡度通常与管道相同。沟内设自然通风或机械通风设备,沟内空气温度按照工人检修条件的要求不超出40~50 ℃。沟内管道应有良好的保温,安全方面还要求地沟内设照明设施,照明电压不高于36 V。在一定的距离上,应设人孔,使运行人员出入方便。在整体浇筑的钢筋混凝土通行地沟内每隔一定长度应有安装孔,如图4.36所示。

通行地沟土方量大、造价高,因此,除了管道数目很多,用不通行地沟会使地沟宽度过大的情况外,只在有防空的需要,或者与公路、铁路交叉,不允许在检修时开挖路面的地段,才采用通行地沟。

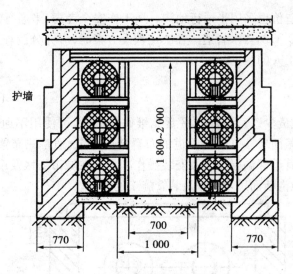

图 4.36 通行地沟

此法的优点是不影响交通和不受雨期影响。缺点是管道在地沟中运输量大,工作面窄,光线不充足。因此,在不致影响交通及少雨地区的情况下,应采用先安装管道,再加地沟盖板的施工方案。

◆半通行地沟

半通行地沟和通行地沟类似,当管道的种类和数量不多,且不能开挖路面进行管道的维修时,可以使用半通行地沟,如图 4.37 所示。半通行地沟的断面尺寸按照工人能弯腰走路并进行一般的维修工作的要求而定出,其截面尺寸较通行地沟小,通常净高应大于 1.5 m,通道净宽为 0.6~0.7 m,人孔间距应不大于 60 m,人只能弯腰行走进行维修工作,里面的照明及通风设施可以具体情况具体分析,通常半通行地沟只考虑单侧敷设管道。

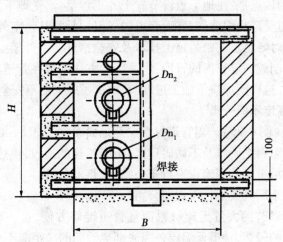

图 4.37 半通行地沟(单位:mm)

有时为了节省造价也采用半通行地沟。从工作安全考虑,半通行地沟用于低压蒸汽管道及温度低于130 ℃的热水管道。在决定敷设方案时,应充分调查当时当地的具体条件,征求管理、运行工人的意见。

◆不通行地沟

当管道种类、数量少,管径较小,平常无维修任务时,可使用不通行地沟,如图4.38所示。此种地沟的截面尺寸可根据管道的布置情况而定,通常只布置单层管道,管道之间的距离应考虑到管道保温层厚度及安装操作净距。在城市街区及中小型工厂内,广泛采用不通行地沟,地沟断面尺寸只满足装管施工的需要。

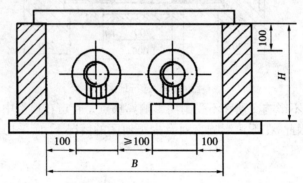

图4.38 不通行地沟(单位:mm)

◆架空敷设的形式

管道架空敷设所用的支架按照其制成材料可分为砖砌、毛石砌、钢筋混凝土预制或现场浇灌、钢结构、木结构等类型。我国使用较多的是钢筋混凝土支架。坚固耐久,能承受较大的轴向推力,且节省钢材,造价较低。

管道架空敷设的优点是:比地下敷设节省土方工程量,不受地下水的影响,维护检查方便,其缺点是:管道受风吹雨淋和日晒,管道的保温层易损坏。室外架空敷设管道安装多属空中作业,施工时要制定周密的施工技术及安全措施。室外架空敷设管道尽量在地面上做接口,将其预制成一定长度的管段,用吊装的方法安放在管道的支架上,以减少在空中做管道的接口。这样既加快了施工进度,又减少了施工的不安全因素。

1.按照支架的高度不同分类

(1)低支架敷设(图4.39)。当管道保温层至地面净空为0.5~1.0 m时为低支架敷设,低支架敷设在不阻碍交通以及不妨碍厂区、街区扩建的地段,供热管道可以采用低支架敷设,这时最好是沿工厂的围墙或平行于公路、铁路来布线。

其适用范围:用于厂区或平行于铁路公路的管道敷设。

特点:低支架可以节约大量土建材料而且管道维修方便,是一种经济的敷设方式。为了避免地面水、雪的侵袭,管道保温层外壳底部离地面的净距应不小于0.3 m。当遇到障碍,可将管道局部升高并敷设在桁架上跨越,同时还可起到补偿器的作用。低支架因轴向推力矩不大,考虑使用毛石或砖砌结构,以节约投资,方便施工。

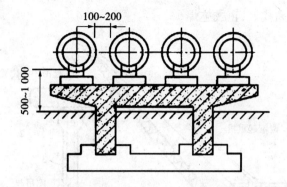

图 4.39 低支架(单位:mm)

(2)中支架敷设(图4.40)。当管道保温层至地面净空为 2.5~3 m 时为中支架敷设。适用范围:在人行频繁,需要通行大车的地方,常使用中支架敷设。

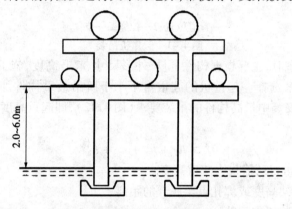

图 4.40 中、高支架敷设

(3)高支架敷设(图4.40)。其净空高度为 4~6 m 时,为高支架敷设。适用范围:常常用于跨越铁路、公路等处的管道敷设。特点:因其支架高、截面尺寸大、耗材料多。

2.按照支架承受的载荷分类时,支架分为中间支架及固定支架

(1)中间支架。中间支架承受管道、管中热媒及保温材料等的重量以及由于管道发生温度变形伸缩时产生较小的摩擦力水平载荷。按照其结构的力学特点,可有三种不同受力性能的支架形式:刚性支架、铰接支架和柔性支架。

(2)固定支架。固定支架处的管道不允许移动,所以固定支架主要承受水平推力及管道的重力。管道因温度变化引起的膨胀收缩会使水平推力产生较大变化,因此,固定支架通常做成空间的立体支架形状。

支架的形式很多,有独立式支架,也可采用各种形式的组合式支架以加大支架间距。在厂区内,架空管道要尽量利用建筑物的外墙或其他永久性的构筑物,把管道架设在埋于外墙或构筑物上的支架上。这是一种最简便的方法,但在地震活动区,采用独立支架或地沟敷设比较可靠。

◆起吊高度

当管径较大或支架较高时,要用起重机械将管道吊起(图4.41),放在支架上,而后对口、点焊,将位置、标高找好,正式施焊。

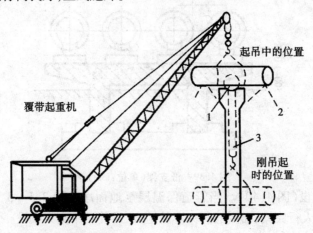

1—管道位置;2—拉绳;3—支架
图4.41 起重机吊装

在选择起重机械时,主要根据构件重量、外形尺寸、起升高度、施工现场条件、当地现有起重机的性能等来选择。起重机的起重量不小于所吊最重构件加上索具重量之和。起重高度必须满足安装中最高构件的吊装要求(图4.42),即起重高度 H 应满足式(4.5)要求:

$$H \geq h_1 + h_2 + h_3 + h_4 \tag{4.5}$$

式中 H ——起重机所需最大起重高度;

h_1 ——支架高度或绑扎点至底部的距离;

h_2 ——安装工作间隙;

h_3 ——构件高度,如管道外径、阀门高度等;

h_4 ——索具高度。

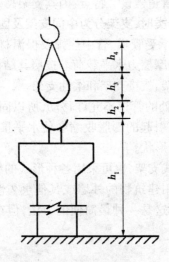

图4.42 起重高度

在选择起重机械时,除了考虑起重量、起重高度外,还需考虑回旋半径(R)使起重机械的起重量、起重高度和回旋半径均满足要求。

管道架空安装时,需要注意钢丝绳的绑扎位置,应尽量使管道不受弯曲或少受弯曲。当已把管道吊在支架上还没有焊接时,应用绳索牢牢地将管道绑在支架上,以免管道从支架上滚落下来。

【实 务】

◆管道热膨胀的补偿

管道热补偿有两种方式:自然补偿及补偿器补偿。热力管道的温度变形要充分利用管道的转角管段进行自然补偿。选用补偿器时,要按照敷设条件采用维修工作量小与价格较低的补偿器。

1. 自然补偿

利用热力管道系统的自然转弯所具有的弹性来消除管道因受热介质作用而产生的膨胀伸长量。自然补偿器如图 4.43 所示,是一种最简单、最经济的补偿器。

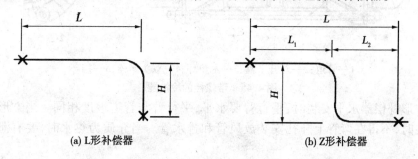

(a) L形补偿器　　　　　　　(b) Z形补偿器

图 4.43　自然补偿器

2. 补偿器

在自然补偿不能满足要求时,要加设补偿器补偿。常用的补偿器有:方形补偿器、波形补偿器、套管式补偿器、球形补偿器等。

(1)方形补偿器。方形补偿器须用优质无缝钢管弯制,最好用一根钢管弯制。尺寸较大时也可用两根或三根管焊接而成,焊缝放在伸缩壁上,严禁放在水平臂上。

1)特点。制造方便,不用专门维修,所以不需要设置检查室,工作可靠,作用在固定支架上的轴向推力相对较小,在供热管道上应用很普遍,但介质流动阻力大,占地多。

2)安装要求。在固定支架和管道安装完以后,才能安装方形补偿器。安装方形补偿器时应进行预拉也称为冷紧,预拉量为 $\frac{\triangle L}{2}$,$\triangle L$ 为管道的热伸长值。预拉采用冷拉器和采用千斤顶(图 4.44)两种方法,带螺栓的冷拉器如图 4.45 所示。

用冷拉器进行预拉时,将一块厚度等于 $\frac{\triangle L}{4}$ 的木块或者木垫圈夹在冷拉接口间隙中,再在接口两侧的管壁上焊接挡环,把冷拉器安装在管道上。拿掉木块或木垫环,然后对称、均匀地拧紧螺母,当管道两端的间隙达到对口要求时,停止拧紧螺母。进行点焊、检查,正式施焊。预拉值允许误差不大于 10 mm。预拉时,应在两端靠近固定支架处同时、均匀、对称地进行,预拉完成后要填写方形补偿器或弯管冷拉记录表。

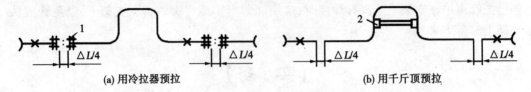

(a) 用冷拉器预拉　　　　　　　(b) 用千斤顶预拉

1—冷拉器;2—千斤顶

图 4.44　方形补偿器预拉

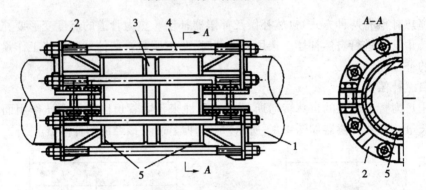

1—管道;2—对开卡箍;3—木垫环;4—双头螺栓;5—挡环

图 4.45　带螺栓的冷拉器

当方形补偿器水平安装时,垂直臂要水平,平行臂与管道坡度相同。当方形补偿器垂直安装时,不得在弯管上开孔安装放风管和排水管。当介质为热水时,要有泄水排气装置。

在方形补偿器两侧的 1~2 个支架上,要向膨胀的反方向偏心安装。

当两个固定支架之间的管道长度超过表 4.13 规定的数值时,要按照图 4.46 所示,设导向支架。

表 4.13　不设导向支架的固定支架管道长度范围

公称直径 D_N/mm	管道长度 L/mm
25	30
32	35
40	45
50	50
65	55
80	60
100	65
125	70
150	80
200	90

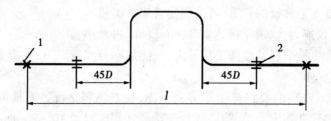

1—固定支架；2—导向支架
图 4.46　导向支架的设置

(2)波形补偿器。利用波纹管壁的弹性来吸收管道的热膨胀,多用不锈钢制造。

适用范围:变形与位移量大而空间位置受到限制的管道;变形与位移量大而工作压力低的大直径管道;由于工艺操作条件或者从经济角度考虑要求阻力降及湍流程度尽量小的管道;需要限制接管载荷的敏感设备进口管道;要求吸收隔离高频机械振动的管道;考虑吸收地震或地基沉陷的管道。

1)特点。占地小,不用专门维修,介质流动阻力小。内压轴向式波纹管补偿器在国内热网工程中应用逐步增多,但其造价较贵。

2)安装要求。采用波纹管轴向补偿时,管道上要安装防止波纹管失稳的导向支座。采用铰接波纹管补偿器,且补偿管段较长时应采取减小管道摩擦力的措施。波纹补偿器可与管道焊接连接或用法兰连接。

安装前,检查波纹补偿器的外部尺寸。管口周长的允许偏差是:公称直径大于 1 000 mm 时为 ±6 mm;不大于 1 000 mm 时为 ±4 mm;波顶直径偏差为 ±5 mm。

内套有焊缝的一端,在水平管道上安装时,焊缝要在介质流入端;在垂直管道上安装时应将焊缝置于上部。

波纹补偿器应与管道保持同轴,不得偏斜。靠近波纹补偿器的两个导向支架的要求如图 4.47 所示。

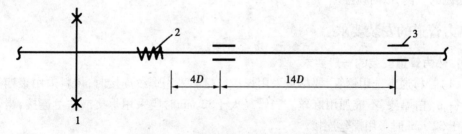

1—固定支架；2—波纹补偿器；3—导向支架
图 4.47　波纹补偿器导向支架安装间距

要按照安装时的大气温度,确定波纹补偿器的安装长度。吊装波纹补偿器时,只能用吊环作为吊点,不能把钢丝绳直接绑扎在波纹管上。波纹补偿器不能作为电焊的引弧部位,焊接时要防止焊渣溅到波纹管内部。已点焊完的波纹补偿器,必须在 24 h 内焊完。安装前,要进行预拉伸或预压缩试验,不得有变形不均现象。

(3)套管式补偿器。套管式补偿器是由用填料密封的套管和外壳组成,两者同心套装并可轴向补偿的补偿器。当敷设热力网管道的场地狭小,且工作压力不大于 1.6 MPa

时,地下敷设和低支架敷设的管道,可采用套管式补偿器。

1)特点。补偿能力大,通常可达 250~400 mm,占地小,介质流动阻力小,造价低,但是其压紧、补充和更换填料的维修工作量大,只能用在直线管段上,在弯管或阀门处需要设置加强的固定支座。

2)安装要求。安装前要将补偿器清洗干净,检查填料情况。石棉绳在煤焦油中浸过,接头处要有斜度并加润滑油,防脱环与支承环之间应保留 10~20 mm 的间隙,压盖压入的深度不能高于压盖长度的 20%~30%。

单向的补偿器外套筒要固定在固定支架附近,双向的补偿器要安在固定支架中间,且外套管要固定。

膨胀管道一侧设置导向支架,确保管道运行时不偏离中心线,并自由伸缩。芯管外露长度不能小于设计规定的伸缩长度,芯管端部与套管内外壳支撑环之间的距离不能小于管道冷收缩量。套管补偿器与管道保持同轴,不得歪斜。在靠近套管补偿器两侧,应至少各设一个导向支架。单向套管补偿器芯管应安装在介质流入端。

套管补偿器的填料品种、规格应符合设计要求,填料应逐圈装入并压紧,每圈之间的填料接口应成 45°斜面,各圈接口要相互错开。芯管外露部分涂凡士林油。储运套管补偿器时要直立放置。

(4)球形补偿器。球形补偿器是由球体和外壳组成,球体与外壳可相对折曲或旋转一定的角度(通常为 30°),以此进行热补偿。球形补偿器的球体与外壳间的密封性良好,寿命较长。

1)特点。能做空间变形,补偿能力大,适用于架空敷设。

2)安装要求。球形补偿器安装前要在工作温度下进行试验,应转动灵活,密封良好。当球形补偿器安装在垂直管道上时,必须把球体露出部分向下安装,以防积存污物。采用球形补偿器,且补偿管段较长时宜采取减小管道摩擦力的措施。球形补偿器存放在干燥、通风的室内,以防锈蚀。

◆热力管道的安装要求

1. 热力管道安装的一般要求

(1)管材通常选用钢管,要尽量采用焊接连接。采用螺纹连接时,填料采用聚四氟乙烯生料带、白厚漆,不准加用麻丝。当管径大于 32 mm 时应采用焊接或法兰连接,当管径不大于 32 mm 时采用螺丝连接。

(2)热力管道存在着热胀冷缩现象,要选用适当形式的补偿器。

(3)地沟内的管道位置与沟壁净距为 100~200 mm,与沟底净距为 150~200 mm;不通行地沟与沟顶的净距为 50~200 mm;半通行及通行地沟与沟顶净距为 200~300 mm。架空供热管道的高度:人行地区要高于 2.5 m;通行车辆地区,要高于 4.5 m;跨越铁路地区,距轨顶要高于 6 m。

(4)蒸汽管道最低点要设疏水器,热水管道最高点设排气阀。

(5)水平管道的变径采用偏心大小头,热水管道采用顶平偏心大小头有利于空气排除。

(6)蒸汽管道、冷凝水管道采用底平偏心大小头,利于排放凝结水。

(7)对于用汽质量要求较高的场所,蒸汽管道的支管从主管的上部或侧部接出,避免凝结水流入支管。

(8)减压阀安装在水平进户管上,前后装压力表,低压侧装安全阀,阀上的排气管应接出室外。减压阀的公称直径与进气端管径相同,阀后管径比阀前管径大1~2号。

(9)热力管道在安装时按照设计位置设固定支架、活动支架,固定支架受力较大,安装时要牢固,确保管道不能移动。

(10)供热管网的供水管或蒸汽管要敷设在载热介质前进方向的右侧。

(11)热水管道在最低点应装设放水管和泄水阀,放水管直径见表4.14。热水管道在最高点和相对高点应设放气管和放气阀,放气管的直径见表4.14。

表4.14 放水管、放气管的直径

单位:mm

热水、凝结水管公称直径	放水管公称直径	放气管公称直径
<80	25	15
100~125	45	
150~200	50	20
250~300	80	
350~400	100	
450~500	125	32
>600	150	40

(12)在靠近胀力两侧的活动支架,要向膨胀的反方向偏心安装。

(13)在 $Dn \geqslant 125$ mm 水平管道上的阀门两侧,设专用支架,不得用管道承重。

(14)需热处理的预拉伸管道焊缝,在热处理完毕后,方可拆除预拉伸时所装的临时卡具。

2. 热力管道的排水和排气

热力管道安装时,水平管道要具有一定的坡度:通常为0.003,不能低于0.002,气水逆向时坡度不小于0.005。蒸汽管道的坡向最好与介质流向相同,这样管内蒸汽同凝结水流动方向相同,避免噪声。热水管道的坡向最好与介质流向相反,这样管内热水及空气流动方向相同,减少了热力流动的阻力,也有利于排气,防止噪声。热力管道的每段管道最高点或最低点分别安装排气和泄水装置。方形补偿器水平安装时,与管道坡度和坡向一致;垂直安装时,最高点应安装排气阀,在最低点应安装排水阀,便于排水与放水。热力管道的排水、放气装置如图4.48所示。

水平热力管道的变径采用偏心变径。蒸汽管的变径以管底相平安装在水平管路上,有利于排除管内凝结水;热水管的变径以管顶相平安装在水平管路上,有利于排除管内空气,偏心变径管安装如图4.49所示。

通常排气阀门公称直径要选用 $Dn15 \sim Dn20$,放水阀门的直径选用热水供热管道直径的1/10左右,要不小于20 mm。

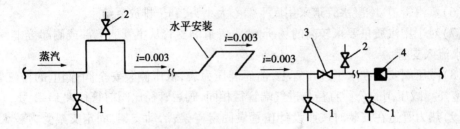

1—排水阀；2—放气阀；3—控制阀；4—流量孔板

图 4.48　热力管道的排水、放气示意图

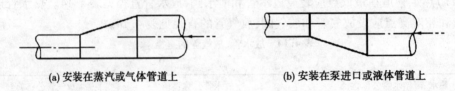

(a) 安装在蒸汽或气体管道上　　　　(b) 安装在泵进口或液体管道上

图 4.49　偏心变径管安装

3. 支管的引接

蒸汽管道的支管要从主管上方或两侧接出，防止凝结水流入支管；热水管道的支管要从主管的下方或两侧接出，以防止空气流入支管。不同压力或不同介质的疏、排水管不能接入同一排水干管。

4. 热力管道的支架

由于热力管道的支架较多，热力管道中最常用的有固定支架、活动支架及导向支架等，固定支架主要用于两个补偿器中间，同管道两个补偿器中间只能安一个固定支架而在每个补偿器的另一侧，与中间固定支架等距离的点上，也各安装一个固定支架。由于固定支架受力很大，安装必须牢固，要保证管子在这点上不能移动。热力管道两个固定支架之间要设置导向支架，导向支架能确保管子沿着规定的方向做自由收缩。补偿器两侧的第一个支架，应设置在距补偿器弯头起弯点 0.5～1 m 处，而且设活动支架，不得设置导向支架或固定支架，补偿器平行臂上的中点设置活动支架。

◆热力管道地沟敷设

1. 地沟施工

供热管道地沟敷设，将供热管道敷设在由砖砌或钢筋混凝土构筑物的地沟内。这种敷设方法可以保护管道不受土压力的作用，而且管道不与土壤直接接触，可以防止地下水的侵袭，应用较广泛。地沟敷设有关尺寸要求见表 4.15，地沟敷设热力管网施工程序如图 4.50 所示。

表 4.15　地沟敷设有关尺寸要求

地沟类型	通行地沟	半通行地沟	不通行地沟
地沟净高/m	≥1.8	≥1.4	—
人行通道宽/m	≥0.6	≥0.5	—

续表 4.15

地沟类型	通行地沟	半通行地沟	不通行地沟
管道保湿表面与沟墙净距/m	≥0.2	≥0.2	≥0.1
管道保湿表面与沟顶净距/m	≥0.2	≥0.2	≥0.05
管道保湿表面与沟底净距/m	≥0.2	≥0.2	≥0.15
管道保湿表面与净距/m	≥0.2	≥0.2	≥0.2

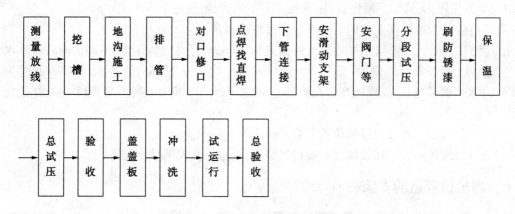

图 4.50　地沟敷设热力管网施工程序

地沟要求尽量做到严密不漏水。当地面水、地下水或管道不严密处的漏水侵入地沟后,会使管道保温结构破坏,管道遭受腐蚀。通常要求将沟底设于当地近 30 年来的最高地下水位以上,此时,对于常用地沟结构,地沟壁内表面要有抹灰,最好是防水砂浆抹灰。地沟盖板要做出 0.01~0.02 的横向坡度,其上面的覆土层要不小于300 mm。盖板之间及盖板与沟壁之间要用水泥砂浆或热沥青封缝,以防地面水渗入。沟底做不小于0.002 的坡度。以使偶尔渗入地沟中的水可以集中在检查井的集水坑内,用泵或自流排入附近下水道。

若地下水位高于沟底,则必须采取排水、防水,或局部降低地下水位的措施。地沟外壁敷用沥青粘贴数层油毛毡并外涂沥青,或利用防水布构成的防水层。局部降低地沟敷设处地下水位的方法,是在地沟底部铺上一层粗糙的砂砾,在离沟底约 200~250 mm 的下边,敷设一根或两根直径为 100~150 mm 的排水管,管上有为数众多的小孔。为了清洗及检查排水管,每隔 50~70 m 需要设置一个检查井。

2. 地沟内管道安装

地沟内敷设的供热管道安装,要在地沟土建结构施工结束后进行。在土建施工中,要配合管道施工预留支架孔及预埋金属件。在供热管道施工前,对地沟结构验收,按照设计要求检查地沟的坐标、沟底标高、沟底坡度、地沟截面尺寸和地沟防水等内容,做好验收记录。

地沟内管道安装,应首先安装支座。在滑动支座两侧的管道保温,不能影响支座自由滑动。安装支座时,应按施工图要求画出各支座的位置,正确安装。

管道的大量接口尽可能在沟外地面上焊接,操作方便,易确保焊口的质量。按照施工条件,将管道在地面上连接成一定长度的管段,然后再放入地沟,减少在地沟内的焊接口。管道接口做完后,按照规范要求检查、调整管道的安装位置,最后将管道固定在支座上。

在对地沟内供热管道进行安装时其注意事项如下。

(1)供热管道的热水、蒸汽管,若设计无要求,要敷设在载热介质前进方向的右侧。

(2)管道安装位置,其净距宜符合表4.15的规定。

(3)管道对焊时,如果接口处缝隙过大,不允许使取强力推拉,使管头密合,以免管道中受应力作用,应另加一段短管,短管长度不小于管径,最短不小于100 mm。

(4)供热管道坡度要求同室内采暖管道坡度要求。

(5)供热管道中心线水平方向允许偏差为20 mm;标高允许偏差为±10 mm;每米水平管道纵、横弯曲允许偏差:管径不大于100 mm时为0.5 mm;管径大于100 mm时为1 mm;水平管道全长纵、横向弯曲允许偏差:管径不大于100 mm时不高于13 mm;管径大于100 mm时为25 mm。

(6)每段蒸汽管道的最低位置要安装疏水器。

(7)每段热水管道在最高点安装排气装置,在最低点安装放水装置。

◆直埋敷设管道的安装

直埋敷设可以克服地沟敷设管网工程的投资高、施工周期长的缺点。直埋敷设即将管道直接放置于土壤中,由于省去了地沟结构,使得工程造价大大降低。施工时,要注意其固定支座、补偿器和管道安装的其他要求,以确保供热管网的安装质量。

直埋敷设管道的安装的具体步骤如下:

直埋敷设管道安装,首先要测量放线、开挖沟槽,还要注意直埋敷设管道安装的特点,即埋地管道的保温结构与土壤接触,所以,直接承受土压力和向下传递的地面载荷的作用,同时又受地下潮湿气的影响。对直埋管道的保温结构,除了要求其具有较好的保温性能外,还要具有一定的机械强度、防水和防腐蚀的性能。目前,直埋敷设管道的保温材料以聚氨酯硬质泡沫塑料应用最多。直埋管道外壳顶部埋深应符合国家现行标准《城镇直埋供热管道工程技术规程》(CJJ/T81—1998)和《城镇供热直埋蒸汽管道技术规程》(CJJ104—2005)的有关规定。当直埋管道穿道路时,宜加套管或采用管沟进行防护,管沟上应设钢筋混凝土盖板。

使用简单的起重设备将做好保温壳的管道下到沟槽内,相连接的两个管口对正,按照设计要求焊接,最后将管道接口处的保温层做好。如果设计上有要求,也可在做完水压试验后做此项工作。在直埋管道验收合格后,进行沟槽回填的工作,按设计要求分层回填、分层夯实,回填后应使沟槽上土面呈拱形,避免日久因土沉降而造成地面下凹。

聚氨酯硬质泡沫塑料必须满足以下主要技术条件,见表4.16。

表 4.16 聚氨酯硬质泡沫塑料技术条件表

密度	60~80 kg/m³
热导率	≤0.126 kJ/(m·h·℃)
抗拉强度	200 kPa
黏结强度	200 kPa

直埋管道的管材、壁厚、弹性模量和屈服强度等指标必须符合设计规定；须在环境温度要超过 5 ℃的条件下施工，若环境温度不能满足要求，则要对液体加热，使其温度达到 20~30 ℃；调配聚醚混合物时，要随用随调，以防材料失效；管道位置允许偏差及标高允许偏差为 25 mm；在保护套管中伸缩的管道，套管不得妨碍管道伸缩且不得损坏保温外部的保护壳。在保温层内部伸缩的管道，套管不得妨碍管道伸缩，且不得损坏管道防腐层。

◆架空敷设管道的安装

1. 架空敷设管道的安装要求

架空敷设管道的安装高度若设计无要求，应符合下述规定：

(1)人行地区，应不小于 2.5 m；通行车辆地区，应不小于 4.5 m；跨越铁路，距顶轨应不小于 6 m。

(2)架空管道支架允许偏斜值应不小于 20 mm，每个支架的标高偏差不应低于 2 mm。

(3)管道焊缝不应设在支架上，应离开支架一段距离。最好设在距支架为两支架距离 1/5 的位置上，此处弯矩接近于零。

(4)管道空中对口焊接时，要采取措施保证管道不塌腰，当管径大于 300 mm 时，用弧形承托板在下面托住接口处，将接口点焊定位，然后去掉承托板施焊。管径大于 300 mm 时，使用搭接板辅助对口。

(5)架空敷设管道位置允许偏差为 20 mm，标高允许偏差为 ±10 mm。

(6)管道受热膨胀后，滑动支架的管座中心线落在支撑板的中心线上，安装时应将管座中心偏向管道受热膨胀的反方向 50 mm 左右。

2. 架空管道安装的注意事项

(1)架空管道在不妨碍交通的地段，适合低支架敷设，其保温层与地面的净空距离应不低于 0.3 m。在人行交通频繁地段，适合中支架敷设，支架高通常高于 2.5 m。在交通要道及跨越公路时，适合高支架敷设，支架高于 4.5 m。跨越铁路时，支架高距铁轨要高于 6 m。

(2)架空管道沿建筑物或构筑物敷设时，应考虑建筑物或构筑物对管道荷载的支承能力。

(3)架空管道沿建筑物或构筑物敷设时，管道的布置及排列要使支架负荷分布均匀，并使所有管道便于安装和维修，并不得靠近易受腐蚀的构筑物附近。

(4)供热管道架设在大型煤气管道背上时，两管的补偿器宜布置在同一位置，以消除管道不同热胀冷缩造成的相互影响。

(5)管子下料时,短管的长度不得低于该管子的外径,同时也不得小于200 mm,对管径大于500 mm 的管子,短管长度可小于管子外径,但应不小于500 mm。管子焊接时,必须严格遵守焊接检验规范,达到合格标准,还要注意焊缝与支架间的距离应大于150~200 mm。

(6)架空管道的吊装,可使用汽车吊或桅杆配卷扬机等方法。钢丝绳绑扎管子的位置,要尽量使管子不受弯曲或少受弯曲。吊上去刚就位还未焊接的管段,要及时用绳索加以固定,避免管子从支架上滚落下来发生安全事故,架空管道敷设要严格按照安全操作规程施工。

3.架空管道安装程序和方法

(1)架空管道安装程序(图4.51)。室外架空管道敷设管道安装时,首先就是对管道支架的位置及标高进行检查,看其是否符合设计要求,检查支架安装是否牢固,支架顶面预埋钢板是否符合要求。然后再用经纬仪测出支架上管座的位置,并做出标记。在安装活动支架管座的同时,要根据支架处管道的伸缩量,将管座焊在管道上。

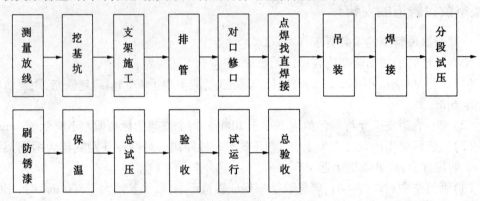

图4.51 架空管道安装程序

(2)架空管道安装方法。管道就位要采用吊装的方法,按照管道的规格及长度,以及现场实际情况,借助起重设备,吊装管道,将其安装在支架上调整好位置后做管道的最后接口。

4.6 燃气管道施工

【基础】

◆**管道敷设坡度**

为使管道符合坡度规定,必须事先对管道基础(沟底土层)进行测量,常用水平仪测量、木制平尺板和水平尺测量两种方法,使用平尺板及水平尺测量方法如下。

按照每根管道长度,选择与管长相等的平尺板,再根据平尺板的长度计算出规定坡

度下的坡高值 h。计算方法如下：

$$h = LK \tag{4.6}$$

式中 h ——相当于每根管长的坡高，单位为(mm)；

L ——平尺板的长度，单位为(mm)；

K ——规定坡度，$K = (h_2 - h_1)/L$，其中 h_1 为管道起点高程，h_2 为管道终点高程。

管道敷设坡度方向是由支管坡向干管，再由干管的最低点用排水器将水排出，所以所有管道严禁倒坡。沟底坡度要严格检查，合格后方准敷设。

【实 务】

◆埋地燃气钢管敷设

(1)燃气管道应按照设计图纸的要求控制管道的平面位置、高程、坡度，与其他管道或设施的间距应符合现行国家标准《城镇燃气设计规范》(GB50028—2006)的相关规定。

管道在保证与设计坡度一致且满足设计安全距离及埋深要求的前提下，管线高程和中心线允许偏差应控制在当地规划部门允许的范围内。

(2)管道在套管内敷设时，套管内的燃气管道不宜有环向焊缝。

(3)管道下沟前，应清除沟内的所有杂物，管沟内积水应抽净。

(4)管道下沟宜使用吊装机具，严禁采用抛、滚、撬等破坏防腐层的做法，吊装时应保护管口不受损伤。

(5)管道吊装时，吊装点间距不应大于 8 m，吊装管道的最大长度不宜大于 36 m。

(6)管道在敷设时应在自由状态下安装连接，严禁强力组对。

(7)管道环焊缝间距不应小于管道的公称直径，且不得小于 150 mm。

(8)管道对口前应将管道、管件内部清理干净，不得存有杂物。每次收工时，敞口管端应临时封堵。

(9)当管道的纵断、水平位置折角大于 22.5°时，必须采用弯头。

(10)管道下沟前必须对防腐层进行 100% 的外观检查，回填前应进行 100% 电火花检漏，回填后必须对防腐层完整性进行全线检查，不合格必须返工处理直至合格。

◆球墨铸铁燃气管敷设

(1)管道安装就位前，应采用测量工具检查管段的坡度，并应符合设计要求。若遇特殊情况，需变更设计坡度时，最小坡度不能小于 0.3%，在管道上下坡度折转处或穿越其他管道之间时，个别地点允许连续 3 根管子坡度小于 0.3%，管道安装在同一坡段内，不得有局部存水现象，管道安装不得大管坡向小管。

(2)管道或管件安装就位时，生产厂的标记宜朝上。

(3)已安装的管道暂停施工时应临时封口。

(4)管道最大允许借转角度及距离不应大于表 4.17 的规定。

表 4.17　管道最大允许借转角度及距离

管道公称直径/mm	80~100	150~200	250~300	350~600
平面借转角度/°	3	2.5	2	1.5
竖直借转角度/°	1.5	1.25	1	0.75
平面借转距离/mm	310	260	210	160
竖向借转距离/mm	150	130	100	80

注：本表适用于6 m长规格的球墨铸铁管，采用其他规格的球墨铸铁管时，可按产品说明书的要求执行。

(5)采用2根相同角度的弯管相接时，借转距离应符合表4.18的规定。

表 4.18　弯管借转距离　　　　　　　　　　单位：mm

管道公称直径	借转距离				
	90°	45°	20°30′	11°15′	1根乙字管
80	592	405	195	124	200
100	592	405	195	124	200
150	742	465	226	124	250
200	943	524	258	162	250
250	995	525	259	162	300
300	1 297	585	311	162	300
400	1 400	704	343	202	400
500	1 604	822	418	242	400
600	1 855	941	478	242	—
700	2 057	1 060	539	243	—

(6)管道敷设时，弯头、三通和固定盲板处均应砌筑永久性支墩。

(7)临时盲板应采用足够的支撑，除设置端墙外，应采用两倍于盲板承压的千斤顶支撑。

(8)铸铁渐缩管不要直接接在管件上，其间必须先装一段短管，短管长度不小于1.0 m。

(9)地下燃气铸铁管线穿越狭窄车道时，以接头少者为佳，非不得已，不得采用短管。

(10)两个承插口接头之间必须确保0.4 m的净距。

(11)敷设在严寒地区的地下燃气铸铁管道，埋设深度要在当地的冰冻线以下，当管道位于非冰冻地区时，通常埋设深度不小于0.8 m。

(12)管道分叉后需改小口径时，要采用异径丁字管，若有困难，可以采用渐缩管。

(13)在铸铁管上钻孔时，孔径要小于该管内径的1/3。当孔径不小于1/3时，要加装马鞍法兰或双承丁字管等配件，不得利用小径孔延接较大口径的支管，钻孔的允许最大孔径见表4.19。

表4.19 钻孔的允许最大孔径　　　　　　　　　　　　　单位:mm

公称直径	连接方法	
	直管连接最大孔径	管卡连接最大孔径
100	25	32~40
150	32	50
200	40	—
250	50	—
300	63	—
350	75	—
400	75	—
450	75	—
500	75	—

(14)铸铁管上钻孔后,若有需堵塞,要采用铸铁实心管堵,不得用白铁管堵。

(15)铸铁管上钻孔数超过1个时,孔与孔之间的距离规定见表4.20。

表4.20 铸铁管上孔与孔间距　　　　　　　　　　　　　单位:m

钻 孔 数	连续2孔者	连续3孔者
孔径不大于铸铁管本身口径的管堵	0.20	0.50
孔径不小于铸铁管本身口径的管堵	0.30	0.80

◆聚乙烯燃气管敷设

1. 干管、支管敷设

(1)聚乙烯燃气管道应在沟底标高和管基质量检查合格后,方准敷设。

(2)聚乙烯燃气管道应蜿蜒状敷设,并可随地形弯曲敷设,其允许弯曲半径应符合规定。

(3)聚乙烯燃气管道埋设的最小管顶覆土厚度应符合规定。

(4)聚乙烯燃气管道敷设时,应随管走向埋设金属示踪线;距管顶不小于300 mm处应埋设警示带,警示带上应标出醒目的提示字样。

(5)聚乙烯燃气管道下管时,应防止划伤、扭曲及过大的拉伸和弯曲。

(6)盘管敷设采用拖管法施工时,拉力不得大于管材屈服拉伸强度的50%。

(7)盘管敷设采用煨管法施工时,管道允许弯曲半径应符合规定。

2. 插入管敷设

(1)聚乙烯燃气管道插入管敷设,插入起始段应挖出一段工作坑,其长度应满足施工要求,并保证管道允许弯曲半径应符合规定。

(2)聚乙烯燃气管道插入施工前,应使用清管设备清除旧管内壁沉积物、锐凸缘及其他杂物,并应用压缩空气吹净管内杂物。

(3)聚乙烯燃气管道插入施工前,应对已连接好的聚乙烯燃气管道进行气密性试验,试验合格后,方可插入施工,插入后应对其进行强度试验。

(4)插入管施工时,必须在旧管插入端加上一个硬度比插入管小的漏斗形导滑口。

(5)插入管采用拖管法施工时,拉力不得大于管材屈服拉伸强度的50%。

(6)插入管各管段端口环形空间应用O形橡胶密封圈、塑料密封套或填缝材料密封。

(7)在两插入段之间,必须留出冷缩余量和管道不均匀沉降余量,并在每段适当长度加以固定。

3. 管道穿越敷设

(1)聚乙烯燃气管道穿越铁路、道路及河流的敷设期限、程序以及施工组织方案,应征得有关管理部门的同意。

(2)聚乙烯燃气管道穿越工程采用打洞机械施工时,必须保证穿越段周围建筑物、构筑物不发生沉陷、位移和破坏。

(3)聚乙烯燃气管道利用柔性自然弯曲改变走向时,其弯曲半径应不小于25倍的管材外径。

(4)聚乙烯燃气管道敷设时,应从在管顶同时随管道走向敷设示踪线,示踪线的接头应有良好的导电性。

(5)聚乙烯燃气管道敷设完毕后,应对外壁进行外观检查,不得有影响产品质量的划痕、磕碰等缺陷,检查合格后,方可对管沟进行回填,并做好记录。

◆燃气管道的安装

1. 燃气管道的安装要求

(1)地下燃气管道埋设的最小覆土厚度(路面至管顶)应满足表4.21的要求。如果采取有效的防护措施后,表中的数值均可适当降低。

表4.21 地下燃气管道埋设的最小覆土厚度　　　　　　　　单位:m

埋设位置	最小覆土厚度
车行道下	≥0.9
非车行道下(含人行道)	≥0.6
庭院内	≥0.3
水田下	≥0.8

(2)地下燃气管道穿过排水管、热力管沟、联合地沟、隧道及其他各种用途沟槽时,应将燃气管道敷设于套管内。套管伸出构筑物外壁不应小于燃气管道与该构筑物的水平净距,套管两端应采用柔性的防腐、防水材料密封。

(3)燃气管道穿越铁路、高速公路、电车轨道和城镇主要干道时应符合下列要求。

1)穿越铁路和高速公路的燃气管道,其外应加套管。

2)穿越铁路的燃气管道的套管,应符合下列要求。

①套管埋设的深度:铁路轨底至套管顶不应小于1.20 m,并应符合铁路管道部门的要求。

②套管宜采用钢管或钢筋混凝土管。

③套管内径比燃气管道外径大 100 mm 以上。

④套管两端与燃气管的间隙应采用柔性的防腐、防水材料密封,其一端应装设检漏管。

⑤套管端部距路堤坡脚外距离不应小于 2.0 m。

3)燃气管道穿越电车轨道和城镇主要干道时宜敷设在套管或地沟内;穿越调整公路的燃气管道的套管、穿越电轨道和城镇主要干道的燃气管道的套管或地沟,并应符合下列要求。

①套管内径应比燃气管道外径大 100 mm 以上,套管或地沟两端应密封,在重要地段的套管或地沟端部宜安装检漏管。

②套管端部距电车道边轨不应小于 2.0 m;距道路边缘不应小于 1.0 m。

4)燃气管道宜垂直穿越铁路、高速公路、电车轨道和城镇主要干道。

(4)燃气管道通过河流时,可采用穿越河底或采用管桥跨越的形式。当条件许可也可利用道路桥梁跨越河流,并应符合下列要求。

1)路桥梁跨越河流的燃气管道,其管道的输送压力不应大于 0.4 MPa。

2)当燃气管道随桥梁敷设或采用管桥跨越河流时,必须采取安全防护措施。

3)燃气管道随桥梁敷设,宜采取如下安全防护措施。

①敷设于桥梁上的燃气管道应采用加厚的无缝钢管或焊接钢管,尽量减少焊缝,对焊缝进行 100% 无损探伤。

②跨越通航河流的燃气管道底标高,应符合通航净空的要求,管架外侧应设置护桩。

③在确定管道位置时,应与随桥敷设的其他可燃的管道保持一定间距。

④管道应设置必要的补偿和减震措施。

⑤过河架空的燃气管道向下弯曲时,向下弯曲部分与水平管夹角宜采用 45°形式。

⑥对管道应做较高等级的防腐保护。

对于采用阴极保护的埋地钢管与随桥管道之间应设置绝缘装置。

(5)燃气管道穿越河底时,应符合下列要求。

1)燃气管道宜采用钢管。

2)燃气管道至规划河底的覆土厚度,应根据水流冲刷条件确定,对不通航河流不应小于 0.5 m;对通航的河流不应小于 1.0 m,还应考虑疏浚和投锚深度。

3)稳管措施应根据计算确定。

4)在埋设燃气管道位置的河流两岸上、下游应设立标志。

5)燃气管道对接安装引起的误差不得大于 3°,否则应设置弯管,次高压燃气管道的弯管应考虑盲板力。

(6)室外架空的燃气管道,可沿建筑物外墙或支柱敷设,并应符合下列要求。

1)中压和低压燃气管道,可沿建筑耐火等级不低于二级的住宅或公共建筑的外墙敷设;次高压 B、中压和低压燃气管道,可沿建筑耐火等级不低于二级的丁、戊类生产厂房的外墙敷设。

2)沿建筑物外墙的燃气管道距住宅或公共建筑物门、窗洞口的净距:中压管道不应小于0.5 m,低压管道不应小于0.3 m。燃气管道距生产厂房建筑物门、窗洞口的净距不限。

3)架空燃气管道与铁路、道路、其他管线交叉时的垂直净距不应小于表4.22的规定。

表4.22 架空燃气管道与铁路、道路、其他管线交叉时的垂直净距

建筑物和管线名称		最小垂直净距	
		燃气管道下	燃气管道上
铁路轨顶		6.0	
城市道路路面		5.5	
厂区道路路面		5.0	
人行道路路面		2.2	
架空电力线电压	3 kV 以下		1.5
	3～10 kV		3.0
	35～66 kV		4.0
其他管道管径	≤300 mm	同管道直径,但不小于0.10	同左
	>300 mm	0.30	0.30

注:1.厂区内部的燃气管道,在保证安全的情况下,管底至道路路面的垂直净距可取4.5 m;管底至铁路轨顶的垂直净距,可取5.5 m。在车辆和人行道以外的地区,可在从地面到管底高度不小于0.35 m的低支柱上敷设燃气管道。
2.电气机车铁路除外。
3.架空电力线与燃气管道的交叉垂直净距尚应考虑导线的最大垂度。

4)输送湿燃气的管道应采取排水措施,在寒冷地区还应采取保温措施,燃气管道坡向凝水缸的坡度不宜小于0.002。

5)工业企业内燃气管道沿支柱敷设时,尚应符合现行的国家标准《工业企业煤气安全规程》(GB6222—2005)的规定。

(7)室外燃气管道的安装应符合《城镇燃气输配工程施工及验收规范》(CJJ33—2005)的规定与要求。

(8)埋地钢管应按照土壤腐蚀性,进行不同的防腐绝缘,防腐绝缘前应进行彻底除锈,要求露出金属本色。已做好防腐绝缘层的管道,在堆放、装卸和安装时,必须采取有效措施,以确保涂层不受损伤。

2.燃气管道的安装

燃气管道通常都很长,应采取分段流水作业,即按照施工力量,合理安排,分段施工。管沟开挖后应立即安装管道,同时开挖下一段。完成一段,立即回填,避免长距离管沟长期暴露而影响交通发生安全事故、使管口锈蚀、防腐层损坏,或由于地面水进入管沟造成沟壁塌方、沟底沉陷、管道下沉或上浮、管内进水、管内壁锈蚀等各种事故。

分段施工是保证工程质量,减少事故,加快工程进度,降低工程造价的有效措施,这就需要合理组织挖土、管道组装、焊接、分段进行强度试验与严密性试验、分段吹扫、钢管

焊口防腐包口、回填土等,尽可能地缩短工期。

天然气经过脱水为干式输送。天然气中不含水分,天然气管道的坡度随地形而定,要求不是很严格。人工湿煤气管道运行中,会产生大量冷凝水,因此,敷设的管道必须保持一定的坡度,以使管内的水能汇集于排水器排放。

地下人工煤气管道坡度规定为:中压管道不低于0.3%;低压管道不低于0.4%。按照此规定和待敷设的管长进行计算,可选定排水器的安装位置与数量。但在市区地下管线密集地带施工时,如果取统一的坡度值,将会因地下障碍而增设排水器,故在市区施工时,应根据设计与地下障碍的实际情况,然后对各段管道的实际敷设坡度综合布置,保持坡度均匀变化并不小于规定坡度要求。

◆ **阀门的安装**

在燃气管道上常用的阀门的种类有截止阀、球阀、闸阀、蝶阀、旋塞,闸阀、蝶阀在给水管件中已做介绍,这里对截止阀、球阀、旋塞进行介绍。

(1)截止阀是依靠阀瓣的升降来达到开闭和节流的目的,如图4.52所示。截止阀使用方便,安全可靠,但阻力较大。

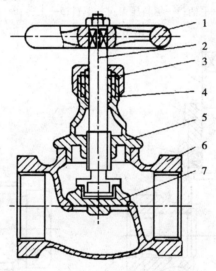

1—手轮;2—阀杆;3—填料压盖;4—填料;5—上盖;6—阀体;7—阀瓣
图4.52 截止阀

(2)球阀的体积小,流通断面与管径相等,动作灵活,阻力损失小,能满足通过清管球的需要,如图4.53所示。

(3)截止阀及球阀主要作用于液化石油气与天然气管道上,闸阀及驱动装置的截止阀、球阀只允许装在水平管道上。

(4)旋塞是一种动作灵活的阀门,阀杆转90°便可达到启闭的目的,广泛用于燃气管道上。

常用的旋塞有两种,如图4.54所示。一种称为填料旋塞,利用填料来堵塞阀体与阀芯之间的间隙以避免漏气,这种旋塞体积较大,但是安全可靠。另一种是利用阀芯尾部螺母的作用,使阀芯与阀体紧密接触,不致漏气,这种旋塞只允许用于低压管道上,称为无填料旋塞。

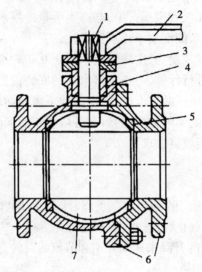

1—阀杆;2—手柄;3—填料压盖;4—填料;5—上盖;6—阀体;7—球
图4.53　球阀

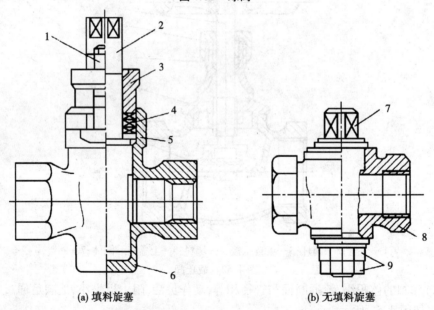

(a) 填料旋塞　　　　　　　　(b) 无填料旋塞

1—螺栓螺母;2—阀芯;3—填料压盖;4—填料;
5—垫圈;6—阀体;7—阀芯;8—阀体;9—拉紧螺母
图4.54　旋塞

◆**检漏管的安装**

燃气泄漏易造成重大安全事故,因此不能疏忽大意,可以通过检漏管进行检测。检查检漏管内有无燃气,即可鉴定套管内的燃气管道的严密程度。检漏管应按设计要求装在套管一端或在套管两端各装 1 个,一般是根据套管长度而定。

检漏管由检漏管、管箍丝堵与防护罩组成,检漏管常用 50 mm 的镀锌钢管,一端焊接在套管上,另一端安装管箍与螺堵,要伸入安设在地面的保护罩内。检漏管与套管焊接处以及检漏管本身要涂防腐涂料。保护罩上侧应与地面一致。在检漏时,打开防护罩,拧开螺堵,然后把燃气指示计的橡胶管插入检漏管内即可。

◆ **补偿器的安装**

补偿器是消除管道由于胀缩所产生的应力的设备,通常用于架空管道及需要进行蒸汽吹扫的管道上。此外,补偿器安装在阀门的下游,利用其伸缩性能,方便阀门的拆卸与检修。在埋地燃气管道上,多用钢制波形补偿器,如图 4.55 所示,其补偿量约为 10 mm。为防止补偿器中存水锈蚀,由套管的注入孔灌入石油沥青,安装时注入孔要在下方。补偿器的安装长度是螺杆不受力时补偿器的实际长度,否则不但不能发挥其补偿作用,反而使管道或管件受到不应有的应力。

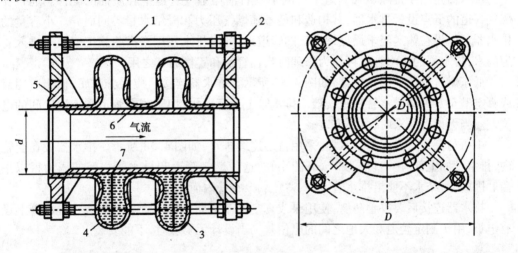

1—螺杆;2—螺母;3—波节;4—石油沥青;5—法兰盘;6—套管;7—注入孔
图 4.55 波形补偿器

在通过山区、坑道及地震多发区的中、低压燃气管道上,可以使用橡胶-卡普隆补偿器,如图 4.56 所示。它是带法兰的螺旋皱纹软管,软管是用卡普隆布作夹层的胶管,外层用粗卡普隆绳加强。其补偿能力在拉伸时为 150 mm,压缩时为 100 mm,特点是纵横方向均可变形。

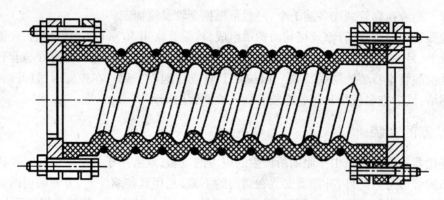

图4.56　橡胶–卡普隆补偿器

◆ **排水器的安装**

排水器是用于排除燃气管道中冷凝水及石油伴生气管道中轻质油的配件。通常在燃气管道的低点设置排水器，其构造和型号随燃气压力和凝结水量不同而异。小容量的排水器可以设在输送经干燥处理燃气的管道上，此时排水器用来排除施工安装时进入管道的水，排水器的排水管也可作为修理时吹扫管道和置换通气之用。

低压燃气管道上的排水器，如图4.57所示。排水器连接后应妥善防腐，使用后用泵或真空槽车定期经排水管抽走凝液。排水管上设有电极，用于测定管道和大地之间的电位差。当无设计要求时，可不安装。

中压与高压管道上的排水器，采用自动连续排水，如图4.58所示。排水器设在套管内，排水管的上部有一直径为2 mm的小孔，这使燃气管道和排水管之间的压力得以平衡。因此，凝结水不能沿排水管上升，避免剩余在管内而冻结。

排水器连接后要妥善防腐，使用泵或真空槽车定期经排水管抽走凝液。排水管上设有电极，用于测定管道和大地之间的电位差。当设计无要求时，不能安装。

◆ **阀门井的安装**

燃气管道阀门安装前要做渗漏试验。方法是将阀门关严，阀板一侧擦干净，涂上大白，从另一侧灌入煤油，1 h后，未发现煤油渗出即为合格。为确保管网的安全与操作方便，地下燃气管道上的阀门通常都设置在阀门井中。阀门井应坚固、耐久，有良好的防水性能，并确保检修时有必要的空间。考虑到人员的安全，井筒不应过深。阀门井的构造如图4.59所示。

对于直埋设置的专用阀门，可以不设阀门井。阀体以下部分可直接埋在土内，但匀料箱、传动装置、电动机等必须露出地面，可用不可燃材料制作轻型箱子或筒盖加以保护。

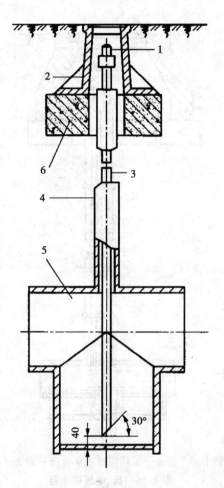

1—丝堵;2—防护罩;3—抽水管;4—套管;5—集水器;6—底座
图 4.57 低压排水器

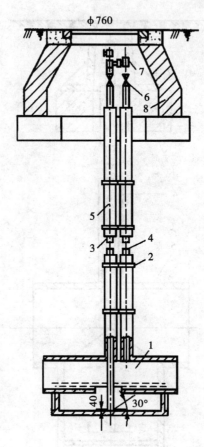

1—集水器;2—管卡;3—管;4—循环管;5—套管;6—旋塞;7—丝堵;8—井圈

图4.58 高、中压排水器

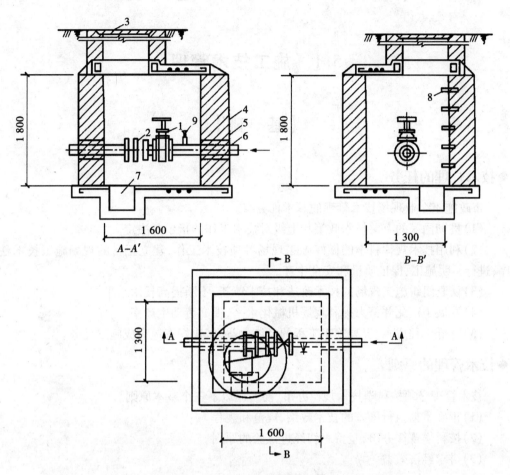

1—阀门；2—补偿器；3—井盖；4—防水层；5—浸沥青麻；
6—沥青砂浆；7—集水坑；8—爬梯；9—放散管
图 4.59 阀门井

第5章 市政工程施工管理

5.1 施工技术管理

【基础】

◆技术管理的任务

市政施工企业现场技术管理的基本任务有。
(1)贯彻国家的有关技术政策和上级对技术工作的指示与决定。
(2)利用技术规律科学的做好施工现场各项技术工作,建立正常的现场施工技术秩序,进行文明施工,保证质量和安全生产。
(3)认真组织施工现场的技术改造和技术革新,不断提高技术水平。
(4)发展工厂化并努力提高现场机械化水平,提高劳动生产率。
(5)降低工程成本,提高施工工程的经济效益,多快好省地完成施工任务。

◆技术管理的原则

技术管理必须按科学技术规律办事,要遵循以下三个基本原则。
(1)正确贯彻执行国家的技术政策、规范和规程。
(2)按科学规律办事,坚持一切经过试验的原则。
(3)讲求经济效益。

◆技术管理的内容

施工企业技术管理可分为基础工作和业务工作两大部分内容。

1. 基础工作

为有效地进行技术管理,必须做好技术管理的基础工作。基础工作包括技术责任制、技术标准与规程、技术原始记录、技术情报工作、技术档案等。

2. 业务工作

技术管理的业务工作,是技术管理中日常开展的各项业务活动。业务工作包括施工技术准备工作(如图纸会审、编制施工组织设计、技术交底,技术检验等)、施工过程中的技术工作(如质量技术检查、技术措施、技术核定、技术处理等)和技术开发工作。(如科学研究、技术革新、技术培训、技术改造、新技术试验等)

【实 务】

◆ 图纸会审制度

图纸会审制度是指每项工程在施工前,均要在熟悉图纸的基础上,对图纸进行会审。目的是领会设计意图;明确技术要求;发现其中的差错和问题,从而及时更正,以避免造成技术事故和经济浪费,这是一项非常严肃的重要的技术工作。

图纸会审应由建设单位组织设计单位和施工单位及监理单位参与进行,图纸会审的主要内容有:

(1)设计是否符合国家的有关政策和规定。

(2)设计计算的假定条件和采用的处理方法是否切合实际,是否会影响安全施工。

(3)图纸及说明是否齐全、清楚、明确,坐标、标高、图纸尺寸及管线、道路等交叉连接是否相符。

(4)原地下管网位置与新图有无矛盾,水文地质资料是否符合现场实际,建筑物是否配套,建成后能否使用。

(5)设计中提出的新材料、新技术、新结构及特殊工程质量要求实现的可能性及应采取的必要措施。

(6)研究各单位在图纸会审当中提出的其他问题及其解决办法和处理方法。图纸会审后,组织会审单位应将会审中提出的问题和解决办法记录下来,写成正式文件。

◆ 技术交底

技术交底是施工企业技术管理的一项重要制度。它是指开工之前,由上级技术负责人就施工有关技术问题向执行者进行交代的工作。其目的是使参加施工的人员对工程及其技术要求做到心中有数,以便科学地组织施工和按合理的工序、工艺进行作业。要做好技术交底工作,必须明确技术交底的内容,并搞好技术交底的分工。

1. 技术交底的内容

(1)图纸交底。目的是使施工人员了解施工工程的设计特点、做法要求、使用功能等,以便掌握设计关键,认真按图施工。

(2)施工组织设计交底/要将施工组织设计的全部内容向施工人员交代,以便掌握工程特点、施工部署、施工方法、施工进度、任务划分、各项管理措施、平面布置等,用先进的技术手段和科学的组织手段完成施工任务。

(3)设计变更和洽商交底。将设计变更的结果向施工人员和管理人员做统一的说明,便于统一口径,算清经济账,避免差错。

(4)分项工程技术交底。主要包括施工工艺,技术安全措施,质量标准,规范要求,新材料、新工艺、新结构工程的特殊要求等。

2. 技术交底的分工

技术交底应分级进行。重点工程、大型工程和技术复杂的工程,企业总工程师组织有关处室向项目部交底,主要依据是公司编制的施工组织总设计。凡由分公司编制的中小型工程施工组织设计,由分公司主任工程师向分公司有关职能人员及项目部交底。

项目部的项目总工或技术负责人向工长及职能人员进行交底,要求细致、齐全。要结合具体部位,贯彻落实上级技术领导的要求,关键部位的质量要求,操作要点及注意事项。

在施工现场的工长和班长在接受技术交底后,应组织班组工人进行认真讨论,明确任务要求和配合关系,建立责任制,制定保证质量、安全技术措施,对关键项目和工序、新技术推广项目,要反复、细致地向班组交底,必要时要进行文字、图样、样板以及示范操作交底。

◆材料验收制度

建立和健全材料检验制度,做好材料、构件和设备的试验检查工作,是合理使用资源、确保工程质量和节约成本的关键措施。

在施工中,使用的所有原料、材料、构件和设备等物资,必须由供应部门提供检验单和合格证明,对砂浆、混凝土和防水材料要做好配合比和按要求制作试块检验,对钢材、水泥及各种构件,应按规定抽样检查。加强新材料、新构件检验工作的领导,要健全机构,配齐人员,充实试验仪器,提高试验工作质量,同时要抓好施工现场材料及试件的送检工作。

◆技术复核和审批制度

1. 技术复核制度

在施工中,对重要的或影响工程全局的技术工作,必须依据设计文件和有关技术标准进行复核工作,以避免发生重大差错。

施工企业应认真健全现场技术复核制度,明确技术复核的具体项目,复核中发现问题要及时纠正。技术复核除按质量标准规定的复核检查内容外,通常在分项工程正式施工前应着重按施工组织设计交底并复核施工人员掌握情况。

2. 审批制度

审批制度的内容一般包括合理化建议、技术革新方案、技术措施等,对其他工程内容也要按质量标准进行有计划的复核和检查。

◆工程质量检查和验收制度

质量检查和验收制度规定,必须按照有关质量标准逐项检查操作质量和产品质量,根据市政工程的特点分别对隐蔽工程、分项工程和竣工工程进行验收,从而逐项环节地保证工程质量。

1. 隐蔽工程验收

所谓隐蔽工程是指那些在施工过程中上一工序的工作结果,将被下一工序所掩盖,而无法进行复查的工程项目。因此,在其被隐蔽前必须进行质量检查,检查意见应具体明确,检查手续须及时办理。

市政工程的主要隐蔽项目包括：

(1)地基与基础。包括地质情况、地基处理、槽基几何尺寸、标高、回填密实度。

(2)基础、主体结构各部位钢筋。包括钢筋品种、数量、规格、间距、接头位置及除锈、代用变更情况。

(3)现场结构焊接。包括焊条牌号(型号)、焊口规格、焊缝长度、厚度及外观清渣等。

(4)桥梁等结构物预应力筋、预留孔道的直径、位置、接头处理、孔道绑扎牢固等的情况。

(5)桥梁工程桥面防水层下找平层坡度、平整度。

(6)桥面伸缩缝埋件数量、规格以及埋置情况。

(7)钢管管道(包括上水、煤、热管道)外部绝缘防腐检查。

(8)雨水、污水管道、混凝土管座、管带及附属构筑物检查。

(9)热力管道。包括管道保温检查、管沟及小室外部防水检查。

(10)电信管道混凝土基础、安管、抹带情况的检查。

(11)水工构筑物及沥青防水工程。包括水下的各层细部做法、工作缝、防水变形缝、止水带做法等。

2. 分部分项工程的验收

施工单位在某一分部分项工程完工后，应按照工程质量评定标准及有关说明及时填写分部工程质量表，并由单位工程负责人签字，主体分部工程质量应由公司质量检查部门参加评定。分项工程质量评定完毕后应汇总，编写出统计资料及评定结论。

3. 竣工验收

单位工程评定和竣工验收应将工程质量评定表的内容填写齐全，由设计单位、施工单位和建设单位验收后，加盖单位印章。向质量监督部门申请核验，合格后签发核验合格证书，并归档。

总之，所有单位工程和建设项目，都要严格按规定进行验收，评定质量等级，办理验收手续，归入技术档案，不合格的工程不能交付使用。

◆竣工总结制度

竣工总结是基本建设档案的一个重要组成部分，也是施工技术管理制度的一项重要内容。因此，施工单位要在施工过程中经常积累有关资料的前提下，在工程竣工后，即按规定编制竣工总结。

竣工总结的具体的内容及有关编制要求，如下所述。

1. 竣工总结说明。

竣工总结说明应包括以下内容。

(1)工程概况。

1)概括说明工程范围(包括坐落地址)与规模、该地区现场情况，与旧有设施的衔接关系、修建工程要达到的目的。

2)设计部门、设计形式及达到的效益。

3)投资单位(建设单位)及工程总投资额。

4)设计变更的主要情况和原因。

(2)施工过程。

1)简要说明施工组织设计(或施工方案)的实施情况。

2)实际开、竣工日期及施工过程中的停、复工情况。

3)原材料、半成品的供应和使用情况,劳动力配备情况和机械施工情况等。

4)简要说明冬、雨季或常温期间的施工程序、施工方法、采取的主要措施及效果。

5)安全生产、文明施工和拆迁、购地及其他特殊问题的处理等。

(3)工程质量。

1)对工程竣工后的总评价。

2)分析主要质量事故的性质和对工程结构的影响,事故的处理方法和处理后的效果。(重大事故的分析和处理,应专题列入竣工总结)

(4)存在问题与主要经验、教训。

1)简要说明影响使用管理的有关设计、施工等各方面尚未解决的问题(如:由于客观原因而尚留的甩项工作等),以及对解决这些问题的意见。

2)总结、分析施工过程的主要经验和教训,肯定成绩、指出缺点,并对今后工作提出建设性意见。

对竣工总结说明的一般要求是:文字简洁、中心明确,内容具体,条理清楚,行文及标点符号的使用规范、准确。

2. 工程竣工数量表

要严格按规定表式填写。其表头一般包括工程项目、单位、设计预算数量、设计变更(增、减)、实际完成数量及说明、备注等。

3. 设计变更、洽商记录

列入竣工总结内的主要是对工程有保存价值的设计变更和洽商记录,如主体结构变更、构筑物的位移变更、影响管材接口作法的变更。

4. 施工原始记录

一般包括以下内容。

(1)隐蔽工程验收记录。

(2)混凝土及砂浆强度汇总表。

(3)密实度记录。

(4)抗渗试验记录。

(5)打桩记录。

(6)原材料试验记录:包括原材料、成品、半成品出厂证明书及检验记录等。

(7)管道试压记录。(闭水试验、强度及严密性试验)

(8)荷载试验、水文地质及地基情况记录等。

上述记录应按各系统要求分类填报,表式内容必须齐全,并由有关人员或部门签字、盖章。

5. 特殊施工方法技术总结资料

特殊施工方法技术总结的项目,一般是指结合研究推选的新材料、新结构、新技术等。其他某些较特殊的施工方法也可酌情列入,如穿越特殊地段的矩形方涵顶进、盾构施工、水射顶管等。

6. 竣工图

竣工图的绘制应完整地反映设计意图和竣工时的实际现况,绘制时必须严格执行国家和上级有关技术部门颁发的制图标准和有关规定。

(1)竣工图的测绘工作,应在施工的同时陆续进行,在工程竣工后即应绘制完成。竣工图内所有的数据或测量成果必须符合实际情况;必须使用法定计量单位;必须采用规定的竣工图标格式;图面的符号、文字及线条等必须清楚、准确、整洁。

(2)竣工图必须与设计图纸相适应。竣工图纸可按原设计图底晒印复制(不得使用施工用过的设计图复制),或自行测绘晒印(图纸应随竣工总结上报存档);用原设计图复制的竣工图一律用绘图墨水绘制改变的部位(应依据该工程的设计变更洽商记录进行修改),不准使用圆珠笔或彩色笔。

(3)竣工图应附竣工图目录。图纸内容应满足各类工程(道路、桥梁、上下水、煤气、热力、电信管道等)的规定要求,一般包括平面图、纵断面图、横断面图等,每张竣工图右下侧必须附有图标,右上角标明图号。

(4)竣工图一般由项目总工主持绘制(测量员提供测量数据,并协助进行),报上级审核后,附在竣工总结内装订成册。

7. 竣工验收鉴定书

竣工验收鉴定书在竣工验收、签章后,补装于竣工总结内。

8. 其他

如:与上述内容相关的照片资料等。

9. 编制竣工资料总结的其他有关规定

竣工总结一般应由项目部提供全部竣工技术资料,并在规定时间内编好,报公司审定批准。

5.2 施工质量管理

【基 础】

◆**质量的定义**

在 ISO9000:2005 版中,"质量是一组固有特性满足要求的程度"。一般以满足要求的程度来衡量质量的好坏,如果满足了要求,质量就被评价为比较好;如果不满足要求,则称质量比较差。质量可以分成产品、人员、服务和管理等各种质量,其中,产品质量是指满足产品规范要求的程度;人员质量是指满足公司对人员素质要求的程度;服务质量是指满足客户对服务要求的程度。评价质量的优劣,主要是依据符合要求的程度来判断。

质量包括两种含义:一种是狭义的,一种是广义的。狭义的质量是指产品(工程)质量,即产品所具有的满足相应规范和设计要求的属性。它包括可靠性、美观性、环境协调性、经济性和适用性五个方面。广义的质量,除了产品(工程)质量之外,还包括工序质量和工作质量。建设项目的建造过程都是由一道道的工序来完成的,每一道工序的质量,就是它所具有满足下道工序相应要求的属性。工作质量是指施工中所必须进行的组织管理、技术运用、思想政治工作和后勤服务等满足工程施工质量需要的特性。一般情况,工作质量决定工序质量,而工序质量决定产品质量,质量目标分解如图5.1所示。

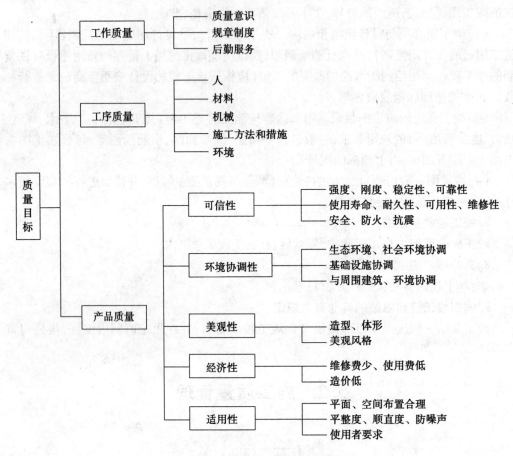

图5.1 质量控制目标分解示意图

◆施工质量管理目标分解

由于形成最终工程产品质量的过程是一个复杂的过程,因此,施工质量管理目标也必须按照工程进展(产品形成)的阶段进行分解,即分为:施工准备质量控制、施工过程质量控制和竣工验收质量控制,如图5.2所示。施工质量责任制如图5.3所示。

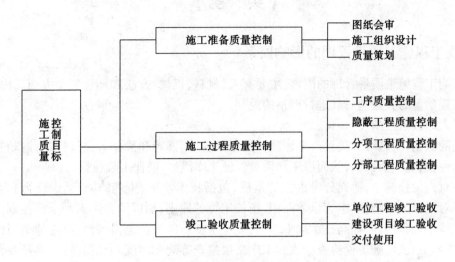

图 5.2 施工质量控制目标分解示意图

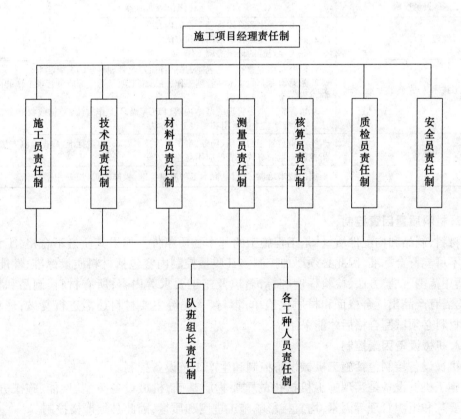

图 5.3 施工质量责任体系图

【实　务】

◆市政工程施工质量管理的影响因素

影响工程施工质量管理的因素,主要有人、材料、机械、方法和环境五个方面。因此,保证工程质量的关键是对其进行严格的控制。

1. 人的因素控制

人的控制,就是对直接参与工程施工的组织者、指挥者和操作者进行控制,调动其主观能动性,避免人为失误,从而以工作质量保证工序质量,确保工程质量。

在对人的控制中,要充分考虑人的素质,包括技术水平、生理缺陷、错误行为和心理行为等对质量的影响,要本着量才而用,扬长避短的原则,加以综合考虑和全面控制。进行专业技术知识培训,提高技术水平,严禁无技术资质的人员上岗操作;建立健全岗位责任制、技术交底、隐蔽工程检查验收和工序交接检查等规章制度和奖罚措施;尽量改善劳动条件,杜绝人为因素对质量的不利影响。岗位培训内容见表5.1。

表5.1　岗位培训内容表

人员层次	岗位培训内容
项目经理、工段长	1. 熟悉掌握生产阶段管理工作的内在联系 2. 熟知施工质量管理的内容和方法 3. 施工全过程的班组协调工作
施工技术人员施工专业管理人员	1. 研究每项专业的管理规律,并把各专业管理科学的组织起来 2. 熟悉本专业的技术和管理工作,并对施工项目的全部质量管理工作的内在联系有一个系统的认识 3. 掌握施工项目管理的基本内容,PDCA循环工作方法,数据收集和处理方法,常用统计技术的运用和图表工作方法
队、班、组长	学习质量管理的性质、任务,本工程的技术要求、质量标准、数据检测方法,分析控制质量的有关图表的应用与绘制方法
工人	岗位技术培训,学习掌握本工种质量标准、操作规程、识表、识图

2. 材料质量因素控制

材料、制品和构配件质量,是工程施工的基本物质条件。如果其质量不合格,工程质量就不可能符合标准,因此必须严加控制。其质量控制内容包括材料质量标准、性能、取样、适用范围、试验方法、检验程度和标准,以及施工要求等内容;所有材料、制品和构配件,均需有产品出厂合格证和材质化验单;钢材、水泥等主要材料还需进行复试;现场配制的材料必须试配合格后才能采用。

3. 机械设备因素控制

机械设备控制包括施工机械设备控制和生产工艺设备控制。

施工机械设备是实现施工机械化的重要物质基础,机械设备类型、性能、施工方案、操作要求和组织管理等因素,均直接影响施工进度和质量,因此必须严格控制。

4. 施工方案因素控制

施工方案是施工组织的核心,它包括主要分部(项)工程施工方法、机械、施工起点流向、施工程序和顺序的确定,施工方案优劣,直接影响工程质量。因此,施工方案控制主要是控制施工方案建立在认真熟悉施工图纸,明确工程特点和任务,充分研究施工条件,从组织、管理、技术、经济各个方面全面分析,正确进行技术经济比较的基础上,切实保证施工方案在技术上可行,经济上合理,有利于提高工程质量。

5. 环境因素控制

影响质量的环境因素很多,有自然环境,如气温、风、雨、雷和电,工程地质和水文条件;有技术经济条件;拆迁问题,如拆迁到位情况、旧有管线迁移、保护,与新上管线单位的协调配合,与沿线居民、单位的关系协调;有人为环境,如上道工序为下道工序创造的环境条件,交叉作业的环境影响等。因此,环境因素的控制,就是通过合理确定施工方法、安排施工时间和交叉作业等,为施工活动创造有利于提高质量的环境。

◆ 施工准备质量管理

(1)复核检查工程地质勘探资料,认真进行图纸会审。

(2)施工组织设计质量策划、技术交底的控制,主要进行两方面工作。

1)确定施工方案、制定施工进度计划时,必须进行技术经济分析,要在保证质量前提下,缩短工期,降低成本。

2)必须考虑选定的施工工艺和施工顺序能保证工程质量。

(3)检查临时工程是否符合工程质量和使用要求;检查施工机械设备是否可以进入正常运行状态;检查各施工人员是否具备相应的操作技术和资格,是否已进入正常作业状态;进行原材料质量合格证和复试检查等。

◆ 施工过程质量管理

施工质量管理的重点是施工过程质量控制,即以工序质量控制为核心,设置质量预控点,严格质量检查,加强成品保护。

1. 工序质量控制

工序质量包括工序作业条件质量和工序作业效果质量。对其进行质量管理,就是要使每道工序投入的人、材、机、方法和环境得以控制,使每道工序完成的工程产品达到规定的质量标准。

工序质量控制的原理,就是通过工序子样检验,来统计、分析和判断整道工序质量,进而实现工序质量控制,其具体步骤如下。

(1)采用相应的检测工具和手段,对抽出的工序子样进行实测,并取得质量数据。

(2)分析检验所得数据,找出其规律。

(3)根据分析结果,对整道工序质量作出推测性判断,确定该道工序质量水平。

工序质量控制的工作方法如下。

(1)主动控制工序作业条件,变事后检查为事前控制。对影响工序质量的诸多因素,如材料、施工工艺、环境、操作者和施工机具等预先进行分析,找出主要影响因素,严加控制,从而防止出现质量问题。

(2)动态控制工序质量,变事后检查为事中控制。及时检验工序质量,利用数理统计方法分析工序所处状态,并使工序处于稳定状态中;如果工序处于异常状态,则应停工。经分析原因,并采取措施,消除异常状态后,才能继续施工。

(3)建立质量管理卡和设置工序质量控制点。根据工程特点、重要性、精度、复杂程度、质量标准和要求,对质量影响大或危害严重的部位或因素,如人的操作、材料、机械、工序、施工顺序和自然条件,以及影响质量关键环节或技术要求高的结构构件等设置质量控制点,并建立质量管理卡,事先分析可能造成质量隐患的原因,采取对策进行预控。混凝土工程质量管理卡见表5.2。

表5.2 混凝土工程质量管理卡

管理点	管理内容	技术实施对策			检查次数										责任者
		测定方法	测定时间	对策	1	2	3	4	5	6	7	8	9	10	
材料	水泥、砂石、外加剂质量合格	观察化验	进场使用前	检查合格证用前复试											材料员、技术员
制备	配合比正确、坍落度符合要求	实测试块	施工中	称量投料控制搅拌时间											投料工人、搅拌机操作者、技术员
浇筑	强度达到要求,表面观感好,无露筋、麻面	观察试块	施工中完工后	充分振捣、控制保护层											操作者
养护	充分养护	观察	养护时	保证养护措施、养护时间、条件											操作者

2. 施工过程质量检查

施工过程质量检查的内容包括。

(1)施工操作质量的巡视检查。如果施工操作不符合操作规程,最终将导致产品质量问题。在施工过程中,各级质量负责人必须经常进行巡视检查,对违章操作,不符合规程要求的施工操作,应及时予以纠正。

(2)工序质量交接检查。工序质量交接检查是保证施工质量的重要环节,每一工序完成之后,都必须经过自检和互检合格,办理工序质量交接检查手续后,方可进行下道工序施工。工序操作质量交接卡见表5.3。如果上道工序检查不合格,则必须返工。待检查合格后,才能继续下道工序施工。

表5.3 工序操作质量交接卡

构件名称				
操作班组		操作日期		年 月 日
对上道工序检查意见	上道工序: 下道工序: 上道工序检查意见:			
工序转交说明及问题处理				
工长:	技术负责:	检查员:	上工序负责人: 下工序负责人:	

(3)隐蔽工程检查验收。施工中坚持隐蔽工程不经检查验收就不准掩盖的原则,认真进行隐蔽工程检查验收。对检查时发现的问题,及时认真处理,并经复核确认达到质量要求后,办理验收手续,才能继续进行施工。

(4)分部(项)工程质量检查。每一分部(项)工程施工完毕,都必须进行分部(项)工程质量检查,并填写质量检查评定表,确信其达到相应质量要求,才能继续施工,分项工程质量检验评定表格式见表5.4。

表5.4 钢筋绑扎分项工程质量检验评定表

建设单位: 工程名称:
施工单位: 检查部位:

序号	保证项目和标准要求	质量情况
1	钢筋的品种和质量必须符合设计要求和有关标准的规定	
2	冷拉冷拔钢筋的机械性能必须符合设计要求和施工规范规定	
3	钢筋的表面应保持清洁,带有颗粒状或片状老锈,经除锈后留有麻点的钢筋严禁按原规格使用	
4	钢筋的规格、形状、尺寸、数量、间距、锚固长度和接头设置必须符合设计要求和施工规范规定	

5.3 施工安全管理

【基 础】

◆安全生产法规和基本方针

《中华人民共和国安全生产法》自2002年11月1日起施行。该法明确指出"安全生产管理,坚持安全第一、预防为主的方针""生产经营单位必须遵守安全生产法和其他有关安全生产的法律、法规,加强安全生产管理,建立、健全安全生产责任制度,完善安全生产条件,确保安全生产。生产经营单位的主要负责人对本单位的安全生产工作全面负责。生产经营单位的从业人员有依法获得安全生产保障的权利,并应当依法履行安全生产方面的义务。"

同时,宪法、刑法中对劳动保护和查处重大安全事故亦作了明确的规定。以上这些法令、法规、规定等,施工中一定要坚决贯彻执行,切实搞好施工安全生产工作。

◆施工安全管理系统

市政工程施工安全管理包括安全施工和劳动保护两方面的管理工作。由于市政工程施工为露天作业,现场环境复杂,手工操作、机械作业、高空作业、地下作业和交叉施工多,劳动条件差,不卫生和不安全的因素多,极易出现安全事故,因此,在施工中要认真从组织上、技术上采取一系列措施,形成安全管理系统,切实做好安全施工和劳动保护工作。

【实 务】

◆ 施工安全组织保证体系和安全管理制度

1. 施工安全组织保证体系

建立安全施工的组织保证体系,是安全管理的重要环节。一般应建立以施工项目负责人(项目经理、工段长)为首的安全生产领导班子,本着"管生产必须管安全"的原则,建立安全生产责任制和安全生产奖惩制度,并设立专职安全管理人员,从组织体系上保证安全生产,如图5.4所示。

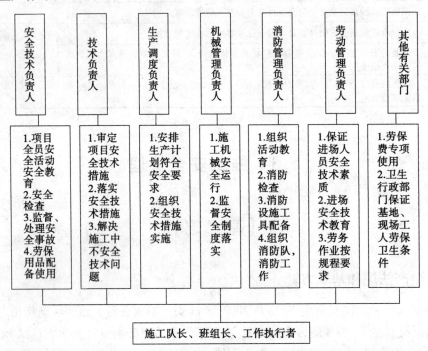

图5.4 施工项目安全生产责任保证体系图

2. 安全管理制度

为了加强安全管理,还必须将其制度化,使施工人员有章可循,将安全工作落到实处,安全管理规章制度主要有:

(1)安全生产责任制。
(2)安全生产奖惩制度。
(3)安全技术措施管理制度。
(4)安全检查制度。
(5)安全教育制度。
(6)工伤事故管理制度。
(7)交通安全管理制度。

(8)安全值班制度。
(9)防暑降温、防冻保暖的管理制度。
(10)特种设备、特种作业的安全管理制度。
(11)工地防火制度。
(12)冬雨期及夜间施工的安全制度。

◆施工安全教育及安全检查

1. 施工安全教育

(1)安全教育内容。

1)安全思想教育。对施工人员进行党和国家的安全生产和劳动保护方针、法令、法规制度的教育,使他们树立安全生产意识,增强安全生产的自觉性。

2)安全技术知识教育。安全技术知识是劳动生产技术知识的重要组成部分,其教育内容一般包括项目施工过程中的不安全因素;危险设备和区域的注意事项;有关职业危害的防护措施;起重设备、压力容器的基本安全知识;电气设备安全技术知识;现场内运输;危险物品管理、防火等基础安全知识;如何正确使用和保管个人劳保用品,如何报告和处理伤亡事故;各工种安全技术操作规程和安全技术交底。

3)典型经验和事故教训教育。通过学习国内外安全生产先进经验,提高安全组织管理和技术水平;通过典型事故的介绍,使全体施工人员吸取教训,检查各自岗位上的隐患,及时采取措施,以免发生同类事故。

(2)安全教育制度。建立公司、分公司(工程处)、项目部(班组)三级安全教育制度,使安全教育工作制度化。

1)新工人入场教育和岗位安全教育。

2)具体操作前的安全教育和技术交底;包括工种安全施工教育和新材料、新设备、新结构、新工艺、新方法的安全操作教育。

3)经常性安全教育,尤其是班前安全教育。

暑期、冬期、雨期、夜间等施工的安全教育,表5.5、表5.6、表5.7分别为安全技术交底记录、安全教育记录和工人班前(后)活动记录的格式。

表5.5 安全技术交底记录表

施工单位: 　　　　　　　　　　　　　　　　　年　月　日

工程名称		分部分项工程		工程	

交底内容:

交底人签字:

接受人(全员)签字:

表5.6 安全教育记录表

时间		地点		主持人	
受教育人员				讲授人	
受教育内容					
受教育人签字					

表5.7 工人班前(后)活动记录表

分项工程名称		班组名称		组
工作部件		活动时间	年 月 日	
活动内容:				
提出的不安全因素:				
消除隐患建议或落实责任者:				
参加活动人:(签字)				

2. 安全检查

安全检查是预防安全事故的重要措施,包括一般安全检查、专业性安全检查、节日前后安全检查和季节性安全检查。

(1)安全检查制度。建立项目部每月或每两周,班组每周的定期安全检查制度和突击性安全检查相结合的安全检查制度。

(2)安全检查内容。

1)安全管理制度落实情况。

2)安全技术措施制定和实施情况,见表5.8、表5.9。

表5.8 分部(分项)工程安全技术措施表

工程名称		分部(分项)工程名称	
施工方法			
不安全因素			
安全技术措施			
审核人		编制人	

表5.9 季节性(冬、雨、风、暑期)安全技术措施表

工程名称		施工季节	
主要施工项目			
不安全因素			
安全技术措施			
审核人		编制人	

3）专业安全检查，并填写相应安全验收记录。

4）季节性安全检查，如防暑、防寒、防湿、防洪、防毒、防台风等检查。

5）防火及安全生产检查，主要检查防火措施和要求的落实情况，如现场使用明火规定的执行情况，现场材料堆放是否满足防火要求等。及时发现火灾隐患，做好工地防火，保证安全生产。

参考文献

[1] 国家标准.GB50028—2006 城镇燃气设计规范[S].北京:中国建筑工业出版社,2006.
[2] 国家标准.GB50268—2008 给水排水管道工程施工及验收规范[S].北京:中国建筑工业出版社,2009.
[3] 行业标准.CJJ1—2008 城镇道路工程施工与质量验收规范[S].北京:中国建筑工业出版社,2008.
[4] 行业标准.CJJ2—2008 城市桥梁工程施工与质量验收规范[S].北京:中国建筑工业出版社,2009.
[5] 行业标准.CJJ33—2005 城镇燃气输配工程施工及验收规范[S].北京:中国建筑工业出版社,2005.
[6] 行业标准.JTJ034—2000 公路路面基层施工技术规范[S].北京:人民交通出版社,2000.
[7] 行业标准.JTJ041—2000 公路桥涵施工技术规范[S].北京:人民交通出版社,2000.
[8] 行业标准.JTGF10—2006 公路路基施工技术规范[S].北京:人民交通出版社,2006.
[9] 行业标准.JTGF30—2003 公路水泥混凝土路面施工技术规范[S].北京:人民交通出版社,2003.
[10] 行业标准.JTGF40—2004 公路沥青路面施工技术规范[S].北京:人民交通出版社,2005.
[11] 邓学钧.路基路面工程[M].北京:人民交通出版社,2001.
[12] 王国鼎,袁海庆,陈开利.桥梁检测与加固[M].北京:人民交通出版社,2003.
[13] 李德英.供热工程[M].北京:中国建筑工业出版社,2005.
[14] 张奎.给水排水管道工程技术[M].北京:中国建筑工业出版社,2005.
[15] 天津市市政工程局.道路桥梁工程施工手册[M].北京:中国建筑工业出版社,2003.
[16] 王云江,邢鸿燕.桥梁施工技术[M].北京:中国建筑工业出版社,2003.
[17] 杨春风.道路工程[M].北京:中国建材工业出版社,2000.
[18] 贾宝等.管道施工技术[M].北京:化学工业出版社,2003.